文化系統学への招待

文化の進化パターンを探る

An Introduction to
Cultural Phylogenetics

An Unified Framework for Studying Patterns
in Cultural Evolution

中尾 央・三中信宏［編著］

Hisashi Nakao　Nobuhiro Minaka

勁草書房

はじめに――分野を越境する方法論

中尾　央

　科学の世界では、方法論やその背後にあるアイディアが分野を横断することは珍しくない。古くはダーウィンがマルサスに影響を受けて自然選択説を構築していったといわれているが、これは経済学のアイディアが生物学に持ち込まれた例だと考えてよいだろう。近年では、進化ゲーム理論や進化経済学などにおいて、再度進化生物学のアイディアが経済学へ持ち込まれている。さらに、生物学における自然選択という考え方は、心理学や人類学、考古学などにも広がりをみせている。

　本書で扱うのは、まさにこの横断の一例である。欧米では、生物学で発展してきた系統学の方法論を文化的構築物の歴史的変遷に適用した、文化系統学の研究が蓄積されてきている。さらには、それと並行して、その成果や方法をめぐる議論も数々なされてきている。だが、日本ではそのような議論のみならず、文化系統学の研究そのものの紹介もほとんどなかった。本書を企画した動機の一つは、このギャップを埋めることにあった。

　では、どうして系統学の方法論あるいは系統樹思考が分野を越境してきているのか。まず、系統学は生物学において大きな成功を収めてきたといってよいだろう。実際、さまざまな生物の遺伝情報にもとづき、系統学はそれらの系譜関係を復元してきた。第4章でトーマス・カリーが引用しているように、有名な系統学者であるジョセフ・フェルゼンスタインによれば「系統発生は比較生物学にとってもっとも重要なものだ。それを考慮することなしに比較生物学を行うことは不可能である」という。

もしかすると、この方法は文化進化にも適用可能かもしれないし、うまくいけば、生物学と同等まではいわないまでも、よい成果が得られるかもしれない。これは、突飛なアイディアというわけでもない。系統学の目的は、対象の系譜関係を明らかにすることだ。第1章でも紹介しているように、文化においても系譜関係は存在し、それを考察することは文化研究においてもなんら不自然なことではない（これこそが系統学の背後にある系統樹思考である）。

しかし、いうまでもなく対象が異なる。そもそも系統学は生物学の方法論ではなかったか。だとすれば、文化進化に生物学的な方法論が適用できるのだろうか。これらの一般的な問題がある程度克服されたとしても、具体的なレベルでどのような現象について系統学の方法論は有効なのだろうか。さらに、文化的構築物において遺伝情報に相当するほどたしかな情報は存在しないかもしれない。何をよりどころにして系譜関係を考察すればよいのだろうか。

本書のもくろみは、以上の疑問に一定の回答を与え、文化における系統樹思考／系統学的な研究を日本でも促進させることにある。ただし、方法論を概説するといった教科書的な構成はとっていない。むしろ、本書では、具体的な事例研究に加え（第2〜6章）、科学史・科学哲学の側面から系統学の構造と形成史を明らかにすることにより（第1、7、8章）、先の疑問への回答を試みている。

編者としては、もちろんあらゆる対象とはいわないまでも、今後もさらにさまざまな対象に対して系統学の方法論が適用され、優れた研究が残されていくであろうことを確信している。本書が日本における文化系統学研究（とそれをめぐる議論）を活性化し、系統学が横断する範囲をさらに拡大するきっかけとなることを願っている。

最後に、以下の方々にはさまざまな経緯でお世話になった。本書の直接のきっかけは、二〇一〇年二月に、京都大学こころの未来研究センターの平石界さんが文化系統学のワークショップを主催され、スピーカーの一人として私を呼んでくださったことである。そこで出会ったのが、当時東京大学の長谷川寿一研究室にポスドクとして在籍していたトーマス・カリーであった（今はユニヴァーシティ・カレッジ・ロンドンに戻っている）。企画が決まってからは、関心のありそうな方々へメールその他で連絡を取っていったが、その際には東京大学の池田功毅さん、佐倉統さんなどにお世話になった。同志社大学の矢野環さんには、いくつかの授業に参加させていただいたうえ、私のために系統学の授業まで開いてくださった（さらに、原稿も寄稿していただいている）。原稿の編集段階では電気通信大学の有賀暢迪さんと京都大学の齋藤有哉さんにもお世話になった。さらに、先述の平石さんには二〇一一年三月に出版前の原稿をもとにした勉強会も開いていただき、参加者の方々からは貴重なコメントをいただいた。この本が成立したのは、若輩者の無理なお願いを快く引き受けてくださった執筆者の方々、そして（もう一人の編者である三中信宏さんと勁草書房の担当編集者鈴木クニエさんを含む）上記の方々のおかげである。感謝したい。

文化系統学への招待——文化の進化パターンを探る

目次

第1章

文化の過去を復元すること

文化進化のパターンとプロセス

中尾　央

生物・文化・進化

　生物界はきわめて多様だ。春から夏にかけて野原を飛び回っているチョウ一つとってみても、羽の色から体のサイズ、さらにはどの花の蜜を吸うか、いつどのように交尾するかなど、さまざまな違いがみられる。他方、じつに遠く離れた場所で、多少の違いこそあれ、似たような形をした生き物をみつけることもできる。アメリカやカナダの住宅街ではドングリを持って走り回るリスをよくみかけるが、数千キロ離れた日本の森にも姿かたちのよく似たシマリスが生息している。チャールズ・ダーウィン（Charles Darwin）によれば、このように多様な生物も一つの共通祖先にさかのぼれるという。では、どのようにして単一の共通祖先からこれほどまでに多様な生物が変化してきたのか。

　おなじく、生命を持たない文化の多様性にも目を見張るものがある。有名な例として、婚姻形態を考えてみよう。チベットのある地域では多夫一妻が行われ、この日本や欧米各国では一夫一妻がもっとも一般的な形である(1)。さらに、言語はいうまでもない。いったい何種類の言語が存在するのかは議論が分かれるが、優に数千は超えるようだ。この多様な文化に関しても、ヒトの歴史をさかのぼっていけば、生物の場合と同様、単一の起源にたどりつけるかもしれない。たとえば、すべての言語はその起源をアフリカにさかのぼることができるようだ(2)。だとすれば、この単一の文化から多様な文化はいかにして変化してきたのだろうか。

　この歴史的変化を明らかにしていくこと、それが進化の考察である。ただし、どんな歴史でもよいというわけではない。ダーウィンが述べていたように、「変化をともなう由来（descent with modification）」という、先祖—子孫関係があるような歴史的系譜こそが進化研究の対象となる(3)。また、この「変化をともなう由来」という歴史的系譜は、生物だけに当てはまるものではない(4)。フランス語やスペイン語は、大昔のラテン語から派生してきた言語である。すなわち、大昔のラテン語はフランス語やスペイン語の先祖であり、後者は前者の子孫となっている。このように、先祖—子孫関係は対象を選ばない。だからこそ、文化に関しても「変化をともなう由来」関係を考察することが可能なのである。

このような視点から連綿と続く歴史的系譜を考察する思考法を、系統樹思考（tree thinking）と呼ぶことがある。(5) 系統樹思考そのものは対象を選ばない。文化であろうと生物であろうと、何が何の先祖で子孫であるかを問うことは可能である。それゆえ、第8章で三中が論じるように、系統樹思考は普遍的なのである。

また、現代進化生物学において、系統樹思考は「系統学（phylogenetics）」と呼ばれる分野で具現化されている。本書のタイトルにもなっている文化系統学（cultural phylogenetics）は、おもにこの系統学の手法を文化に適用したものだ（第2〜4章）。では、この系統学的手法とはどのようなものか。あるいは、その手法はいかにして文化に適用できるのだろうか。

進化のパターンとプロセス

系統学が進化生物学の一分野である以上、まずは進化生物学のなかで系統学がどのような位置にあるかを確認しておく必要がある。生物進化を研究する際には、おおまかに分けて二つのアプローチがある。一つがプロセスの研究であり、もう一つがパターンの研究である。前者のプロセス研究は、身体の色や形など生物が持つさまざまな形質が進化の過程でどのようにしてどうやって獲得されてきたか、その要因を明らかにしようとする。

たとえば、イギリスにおける、オオシモフリエダシャク（図❶）というガの進化プロセスがよい例である。このガには、身体の色が白い標準型と黒い暗色型の二種類がいる。名前からもわかるとおり、暗色型は標準型から生じた突然変異体である。標準型の体色は、白い木に止まっていれば捕食者からみつけられにくい。これは生き抜くうえでの大きな利点となる。白い木という環境が一つの要因となり、オオシモフリエダシャクの体色は白に進化してきたのであろう。この環境では、突然変異して黒い体色になったとしても、すぐにみつかって捕食されてしまう。しかし、一九

図❶　オオシモフリエダシャク。左が暗色型で右が標準型。（© Olaf Leillinger 2006）

世紀の後半、産業革命が進んだイギリスでは、工場の煤煙でもともと白かった木が黒く変色してしまったらしい。こうして環境が変化することにより、今度は逆の現象が起きた。すなわち、白い標準型がすぐに捕食されてしまうようになり、黒い暗色型は捕食されにくくなった。ここでは、産業革命が暗色型の進化を支える一つの要因となっているのである。このような諸々の要因を考察することがプロセスの研究であり、生態学や集団遺伝学などはこのプロセスを研究の対象にすることが多い。

ただし、一口にプロセスを生む進化の要因といっても、じつはさまざまなものがある。そのなかでもとくに重要なのが、自然選択（natural selection）であり、このオオシモフリエダシャクというガには、まさにこの選択が作用している。では、選択とはどのようなもので、どのような条件が必要とされるのだろうか。まず、選択が働くためには、変異、遺伝、適応度の差異という三つの条件が必要とされる[6]。産業革命以前のイギリスにいたオオシモフリエダシャクは、ほとんどが白い標準型であった。そのなかに、黒い暗色型が突然変異として登場してくる。この変異体は工場の煤煙によって黒く変色した木という環境のもとでは、白い標準型よりも捕食者に狙われる可能性が低かった。すなわち、捕食されることなく生き残り、次世代に子を残す可能性が高い。この状況では、暗色型が標準型よりも適応度が高かったということになる。最後に、暗色型の子がいくらたくさん子を残したとしても、その子が黒い体色を受け継いでいなければ、それらの子はまたすぐに捕食されてしまうかもしれず、暗色型個体が数を増やしていく可能性は低くなる。このように、暗色型の個体数が増加するには、黒い体色が（ある程度）忠実に遺伝されなければならないことがわかる。有利な変異が生じ、その変異が次世代へ（ある程度）忠実に遺伝されていけば、そのような個体が広まっていくという自然選択理論において、変異、遺伝、適応度の差異という三条件は以上のような形で実現されている。

他方、パターンの研究とはどのようなものだろうか。古生物学者のナイルズ・エルドリッジ（Niles Eldredge）とジョエル・クレイクラフト（Joel Cracraft）によれば、パターンとは「生物界にみられる明らかな秩序性の諸相」(7)である。このようなパターンにも、地理的な分布パターンなど、いくつかの種類が考えられる。そのうちの一つ、歴史的パターンを対象とするのが系統学である。もう少し具体的にいえば、生物どうしの類縁関係（relatedness）、すなわちどの生物とどの生物が、ほかの生物よりも近縁か、より近い祖先を共有するのかという研究である。

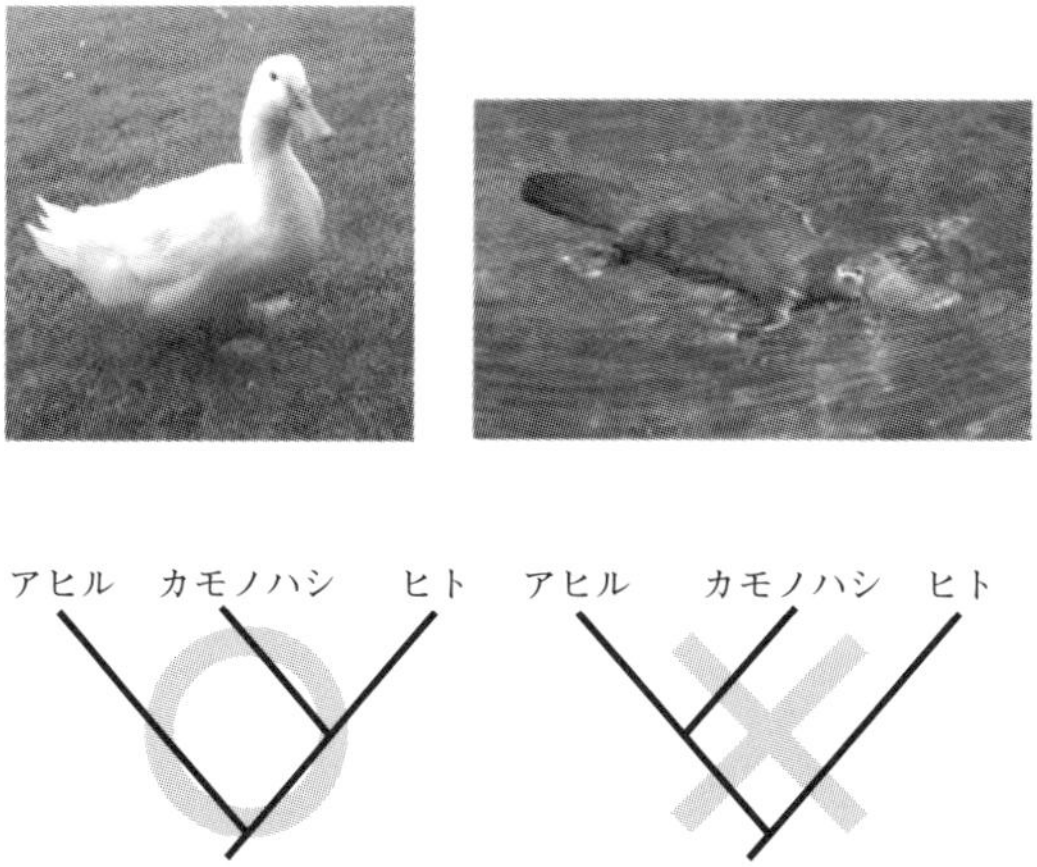

図❷　ヒト、アヒル、カモノハシの類縁関係。
（カモノハシ © Jeff Darcy 2012）

たとえば、ヒト、アヒル、カモノハシと並べられたとき、どのような類縁関係が考えられるだろうか。カモノハシの特異性を知らなければ、外見の類似性からアヒルとカモノハシの方がアヒルとヒト、あるいはカモノハシとヒトよりも近縁であると考えやすい。しかし、残念ながら歴史はそれほど単純ではない。じつはカモノハシとヒトの方が、アヒルとカモノハシあるいはアヒルとヒトよりも近縁であり、近い祖先を共有している（図❷）。このように、現存する（あるいは絶滅したが化石には残っている）生物の類縁関係を研究することが歴史的パターンの研究であり、系統学の研究対象なのである。

もちろん、パターンの背後にはプロセスがあり、プロセスは結果的にパターンを生み出す。カモノハシとヒトが共有していた祖先たちは、なんらかの要因によって別々の道を歩むこととなり、現在のようなパターンを形成している。このようにプロセスとパターンは切っても切れない関係にあり、厳密にいえば、系統学研究においても背後に作用しているプロセスを無視しているわけではないし、プロセスを研究する際にも、さまざまな生物の系統関係を無視しているわけではない。たとえば、第4章においては、言語にもとづく系統関係をふまえながら、社会組織の進化プロセスが考察されている（本章10頁「文化進化のパターンとプロセス」も参照）。このように、プロセス研究とパターン研究は別々に研究されることが多いとはいえ、互いを参照し合う必要も当然ある。(8)

文化進化を研究すること

さて、ここまで大まかに生物進化研究と、系統学の位置づけを紹介してきた。次は、文化進化研究である。ここでは前節の議論をもう少し詳しく敷衍しつつ、文化進化研究がどのような形で可能であるのかを論じていこう。

ただ、文化進化という言葉自体には、少し注意しておく必要がある。多くの人が、進化という言葉が進歩を含意すると理解している。生物進化の場合であれば「いや、たとえ形質が生存に不利な方向へ変化しても、それは進化なのだ」(9)ということを知っていても、文化の場合にはそうでない、という場合さえある。しかし、ここでの文化進化という言葉は、生物進化と同様、進歩という意味をまったく含意していない。その点は、一時期流行った社会進化論のような議論と大きく違う点である。(10)

まずは、プロセスについてみていこう。オオシモフリエダシャクの例で確認したように、選択が作用するには、変異、遺伝、適応度の差異という三条件が必要とされた。これら三条件のうち、文化の選択プロセスでネックとなりそうに思えるのが「遺伝」の条件である。遺伝といえば遺伝子を想起させるが、選択のプロセスにおいては、遺伝子を必ずしも必要とはしない。正確にいえば「継承」程度の意味合いである。それに、そもそも「遺伝」の原語は「inheritance」であり、「gene」という言葉はどこにも含まれていない。したがって、選択にとって必要とされている「遺伝」は十分文化にも適用できる。たとえば、前世代におけるある信念と現世代における信念がおおむねおなじであれば、この信念はかなり正確に遺伝されている、ということになる。

また、ほかの条件に関しても、とくに生物学に特化した内容ではないことに注意されたい。たとえば、フィジーでは妊婦がある種の魚を食べることがタブー視されているが、ある研究では、このタブーが地元の権威者から次の世代へと受け継がれてきていることが明らかにされている[11]。これは、権威者の信念を模倣しやすい学習バイアス（11頁に後述）をわれわれが備えているせいだと考えられている。この場合、魚に関するさまざまな信念（すなわち、信念に関する変異）のなかでも、特定の魚を食べてはいけないというタブーが世代を超えて受け継がれて（すなわち、遺伝されて）きている。というのも、権威者の信念はほかの信念よりも生き残る可能性（すなわち、適応度）が高いからである。このように、自然選択の三条件は生物学的内容を持たず、いわばどのようなものにも適用可能である。これを、哲学者ダニエル・デネット（Daniel C. Dennett）は、「普遍ダーウィニズム（universal Darwinism）」と呼んでいる[12]。

次はパターンの研究、すなわち系統学である。ある生物の類縁関係を考えるには、おおまかに分けて三つの段階がある。まず、考察の対象となる形質を選び、次にそれらをコード化（数値化）する。最後に、これらのコードにもとづいて、複数ある方法から一つまたはいくつかを選んで類縁関係を復元する、という流れである。たとえばA、B、Cという三つの生物がいたとしよう。これらの生物の類縁関係を考察するために、α、β、γという三つの形質を選ぶ。ここでは、この三つの形質を持っていれば1という値を割り当て、持っていなければ0という値を割り当てることにしよう。これがコード化であり、割り当てられる数値は、必ずしも1や0という値であるとは限らない（第3章も参照）。さて、結果的に図❸上のような表が得られたとする[13]。ここで、Aの持つ形質が祖先形質（すなわちA、B、Cの共通祖先が持っていた形質）[14]であれば、最節約法（maximum parsimony method）という手法を用いて図❸下のような類縁関係が復元できる。最節約法とは、形質変化の数ができるかぎり少なくなるように類縁関係を復元する方法である[15]。もちろん、実際には形質の選び方（現在では多くの場合、遺伝子が用いられる）や、コード化の仕方などが大きな問題になってくる。しかし、これらの問題を除いてその基本的な構造を取り出すとすれば、系統学の方法論は以上のような流れになっている[16]。

　また、系統学による過去の復元において、もう一つ留意しておかねばならないことがある。それは、この類縁関係の復元がある種のアブダクションという推論形式（第8章参照）にもとづいているということだ。もしかすると、われわれは過去の進化プロセスについて十分な情報を持っていないかもしれない。しかし、ある種の基準（たとえば、「変化の数を最小にする」など）にもとづいて、手持ちのデータをもっともよく説明するモデルを発見することはできる。これが、アブダクションである。もちろん、系統学的手法によって推定された進化パターンは確実なものではない。進化プロセスがわかったり、あるいは形質について新しいデータが得られたりすれば、推定されるパターンは変化する可能性がある。ゆえに、この推定パターンはあくまでも仮説なのである。

	A	B	C
α	0	0	0
β	0	1	1
γ	0	0	1

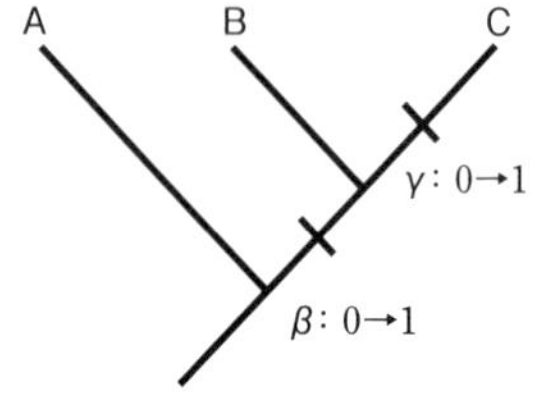

図❸　形質α〜γにもとづき最節約法で復元された生物A〜Cの系統樹。

　さて、この類縁関係を復元する方法も、選択の場合と同様、生物学だけに当てはまる内容ではない。形質を選んでそれらをコード化する過程は、たとえばコップに取手があるかないか、というようなものだと思えばよい。最節約法でさえ、あくまでも「復元の際に変化の数を最小にする」ということ以外の内容はない。さらに、前段落でも論じたように、系統学でのパターン推定はあくまでも、アブダクションという抽象的な推論形式なのである。このように、系統学の方法論もまた、生物学だけに特化したものではないのであり、だからこそ文化系統学が可能になっている。

　とはいえ、これでは抽象的な枠組みを紹介したにすぎない。具体的な例で文化の系統学的考察をみてみよう。考古学者であるマイケル・オブライエン（Michael J. O'Brien）たちは、一万年ほど前の南東アメリカにおける矢じり（projectile point、図❹）の変化に、系統学的手法を適用している。[17] この矢じりにはさまざまな形があるのだが、彼らは矢じりの底の形、中子（矢じりを柄に指すため、細くなっている箇所）の角度、もっとも幅の広い場所などを形質として選び、それらを次のような基準にしたがってコード化した。たとえば、中子の角度なら、九三～一一五度／八八～九二度／八一～八七／六六～八八度／五一～六五度／五〇度以下という区分を作り、それぞれの区分に1～6というコードを割り当てる。さらに、このような形質のコード化にもとづきながら、最終的には最節約法を用いて、矢じりの類縁関係を復元している。

ここまで論じてきたように、変異・遺伝・適応度の差異という選択の三条件、そして系統学の方法には生物学に特化した内容がみられず、いずれも文化に対して適用可能なものである。

もちろん、進化のプロセスにはここまで扱ってこなかった浮動（drift）も含まれているし、生物進化研究の枠組みすべてが文化進化研究に適用できるかどうかはわからない。しかし、選択の条件や系統学の方法論のように、文化進化研究でも十分に適用／使用可能なものがあり、生物学の方法論が文化進化においてもある程度有効であることはたしかである。

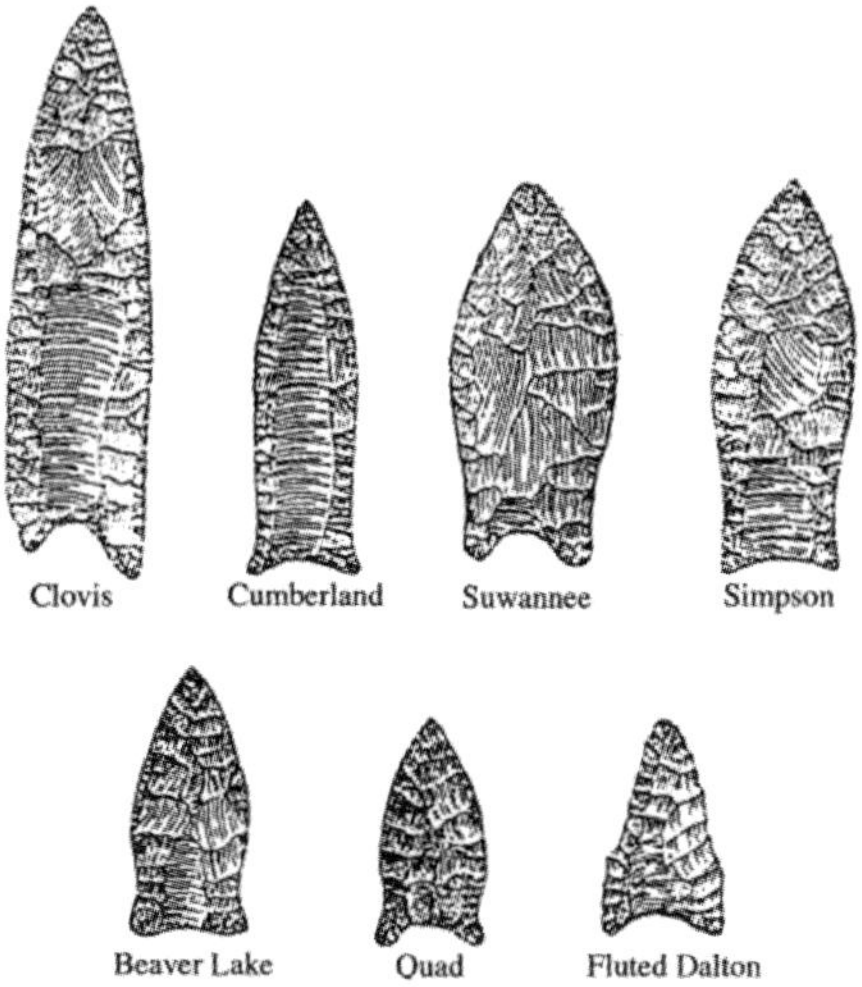

図❹　1万年前の南東アメリカにおける矢じりの一例[18]。

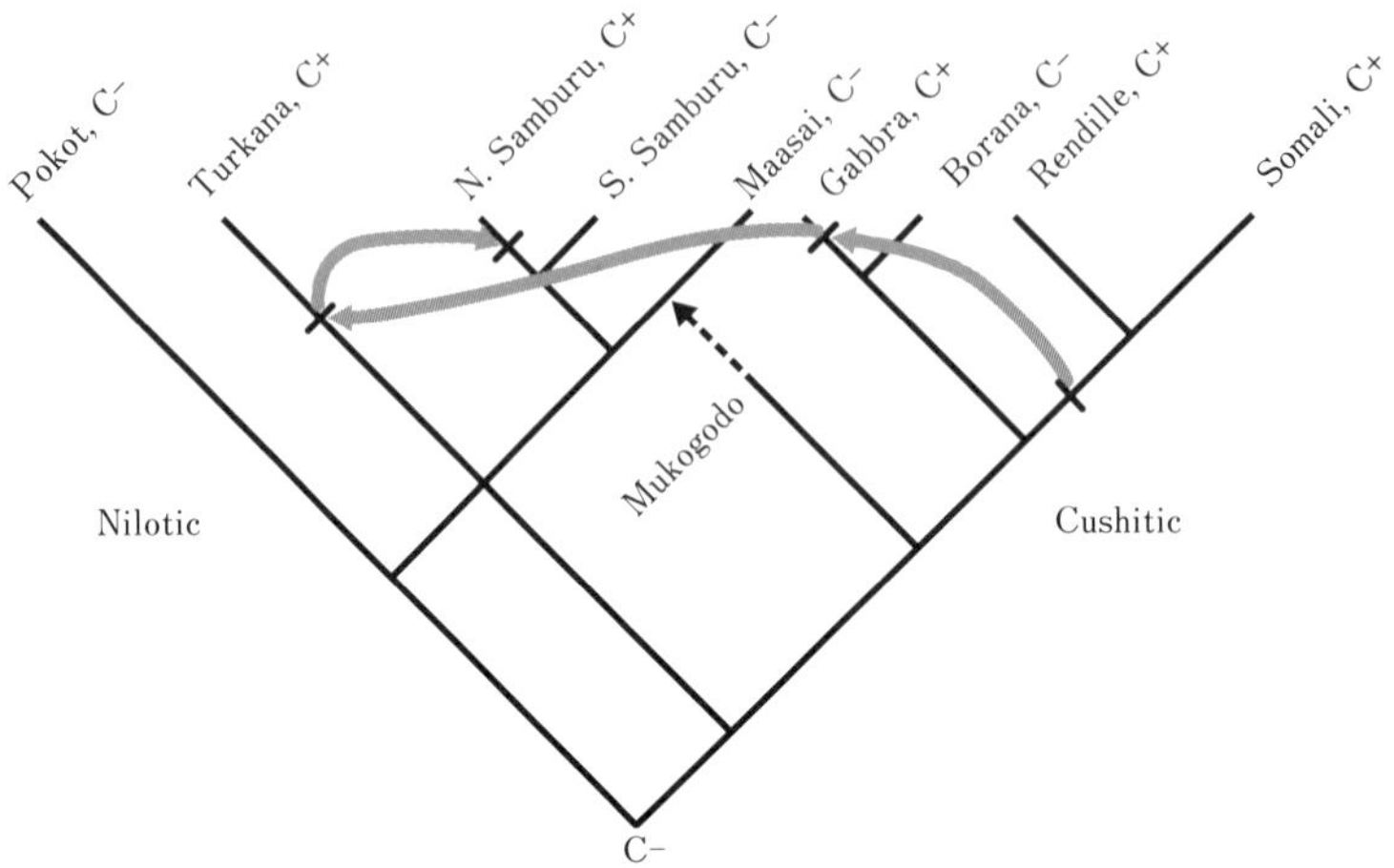

図❺ 言語にもとづいて部族（Pokot, Turkana など）の系統樹を作成し、ラクダの遊牧があるかないか（C+ は遊牧を行っていることを示す）を配置する。図からもわかるように、遊牧は系統的に近い部族では共有されていない[19]。

文化進化のパターンとプロセス

生物進化において、パターンとプロセスが密接に関係していることはすでに述べたとおりである。おなじく、文化進化においても、プロセスとパターンは重要な関係にある。本書ではパターンの考察、すなわち系統学的考察がメインであるものの、パターンの背後にあるプロセスに焦点を当てている章もある（第4〜6章）。したがって、文化進化においてパターンとプロセスの研究がいかに組み合わされうるのか、という点についてここで簡単に触れておこう。

じつのところ、系統学的考察を文化に適用した初期の研究では、ある文化のプロセスを明らかにするために系統学的方法が採用されていた。人類学者であるルース・メイス（Ruth Mace）と生物学者のマーク・ペイジェル（Mark Pagel）らは、ケニアのある部族にみられるラクダの遊牧形式が、乾燥した環境への適応であるという仮説を検証するために系統学的考察を用いた[20]。彼女たちが最初に試みたのは、現地で使用されている言語にもとづき、各部族の類縁関係を明らかにして系統樹を構築するという作業だ。そのうえで、各部族がラクダの遊牧を行っているか否かを、得られた系統樹上に配置する（図❺）。すると、ラクダの遊牧がより近縁の部族どうしで共有されているというわけではなく、むしろ近縁でない部族どうしで共有されているということがわかったのである。すなわち、ある祖先部族が遊牧をしていたという理由で子孫にあたる部族が遊牧をしているのではない、ということだ。さらに、ラクダの遊牧を行っている部族が生活する環境はやはり乾燥した環境であり、以上の考察から、メイスたちの仮説は裏付けを得たのである。

ここで行われている議論は、生物学の専門用語を用いるなら、ある形質どうしが相同（homology）あるいは相似（analogy）のいずれの関係にあるか、というものである。祖先種Aが形質 a を持っていたという理由で子孫種BとCも形質 a を保持しているのであれば、この形質 a は相同であるといわれる。他方、祖先種Aが形質 a を持っておらず、子孫種BとCがそれぞれ別個に類似した環境に適応して形質 a を獲得していた場合、この形質は相似であるといわれる。メイスとペイジェルの議論だと、ラクダの遊牧は相似形質であり、また収斂進化（convergence）と呼ばれる現象に相当する。おなじような議論は第4章においても展開されているので、そちらも参照されたい。

また、さまざまなパターンから、その背後に働くプロセスを考察しようという研究もある。文化の進化を可能にするメカニズムにもいろいろなものが考えられるのだが、なかでも欠かせないのが心理メカニズムである[21]。たとえば、ある土器を次世代が受け継ぐためには、その作成方法を学習、あるいは模倣しなければならない。この学習／模倣にもいくつかの種類が考えられる。誰にも頼らず自分自身で試行錯誤する場合（個人的学習）、誰か適当な相手をみつけてその相手からやり方を模倣する場合（社会的学習）などだ。しかし、個人的学習は学習すべき対象が複雑になるとなかなかうまく再現できなくなるため、文化をうまく受け継ぐ（すなわち、遺伝する）という過程では、あまり大きな役割を果たさないだろうと考えられている。文化進化において重要視されている学習メカニズムとしては、社会的学習である模倣、それも一定のバイアスにしたがった模倣である[22]。このようなバイアスもしくは具体的にどのような心理メカニズムが文化進化を可能にしているのかはさまざまな議論がなされてきているが[23]、ここでは具体例に則しながら、あるパターンから背後に作用したプロセスをいかにして考察するのかをみてみよう。

考古学者のロバート・ベッティンガー（Robert L. Bettinger）とイェルマー・アーケンス（Jelmer Eerkens）はネバダ州と東カリフォルニアから出土したさまざまな矢じりについて、次のような考察を行った[24]。この矢じりもオブライエンたちのケースと同様、形はじつにさまざまなのだが、場所によってある規則性がみられる。ネバダ州から出土する各矢じりは、矢じりの底幅と重さが高い正の相関にあった。他方、東カリフルニアから出土する矢じりの場合、底幅と重さはあまり相関していなかった。ここから一体何が推測されるだろうか。ベッティンガーとアーケンスは、先の個人／社会的学習の話とこの相関を結びつけている。すなわち、個人的学習ではいわばお手本が存在しないため、各矢じりの間に相関がみられるとは考えにくい。他方、社会的学習の場合はお手本が存在し、多少の変異があったとしても、各矢じりの間には相関がみられるはずである。このような議論にもとづき、彼らはネバダ州の矢じりは社会的学習（すなわち模倣）によって広まり、東カリフォルニアでは個人的学習によって矢じりが広まっていったと推測している。

文化の過去と系統学／系統樹思考——本書の構成

本章は本書の基礎となる系統樹思考と系統学の方法論について、科学哲学の立場からその構造の分析を試みてきた。この分析にもとづきながら、ここで本書全体の構造も明らかにしておこう。

第2、3章で紹介されるのはさまざまな写本間の系譜関係を系統学的手法によって解析したものだ。これらの解析は、写本の進化パターンに焦点を当てており、さまざまな写本の祖先にあたる「祖本」の推定を試みていく。また、第3章では写本系譜を系統学的手法で考察したさまざまな具体例をもとに、写本特有の問題点なども明らかにされている。他方、第4章で紹介される研究は、言語による文化の進化パターンをもとにして、さらに社会組織の進化プロセスをも分析しようという研究である。このような研究手法を、生物学では比較法（comparative method）と呼んでいる（本章前節10〜11頁も参照）。第5章で考察されるのは、明治期における擬洋風建築の進化過程である。そこではこれらの建築物の進化プロセスを検討しながら、最終的にそのプロセスが作り出す進化パターンがいかなるものであるかを、G・クブラーの議論を援用しつつ明らかにしている。第6章は、心理学の観点から、文化進化プロセスを生み出すメカニズムについて掘り下げる。とくに注目されるのは、模倣と教育である。この両者に関してヒトと動物のケースを比較して、プロセスとパターンの関係を考察していく。

第7、8章は系統樹思考・系統学の科学史的考察である。イメージという一見生物とはなんの関係もない対象の歴史を考えていくときでさえ、系統樹思考は有効なツールでありうる。また、アブダクションによる推論という系統学の中核的要素は、イメージや写本という生物学とは別個の文脈にもみることができる。すなわち、これらが歴史的にも、生物学固有のものではなかったことがわかるだろう。

文化の過去を復元すること

ここまで述べてきたような形で文化進化研究が体系的に展開されはじめたのは、遺伝学者のルイジ・ルーカ・カヴァリ＝スフォルツァ（Luigi Luca Cavalli-Sforza）とマーカス・フェルドマン（Marcus W. Feldman）による一九七〇年代の仕事にさかのぼる。彼らの仕事の延長線上でさらに洗練された研究を行ってきた、人類学者ロバート・ボイド（Robert Boyd）と生態学者ピーター・リチャーソン（Peter J. Richerson）による最初の代表的著作が発表されたのは一九八五年であり、こちらもすでに二五年がたとうとしている。[25] 系統学的考察にしても、メイスとペイジェルのものはすでに一五年以上前のものだ。この三十数年、そして一五年の間に文化進化研究もしくは文化系統学研究はさらなる発展を続けてきた。[26]たとえば、第4章を執筆しているトーマス・カリーはルース・メイスのもとで博士号をとっており、文化系統学研究でも第二世代の研究者が育っている[27]。

このような近年の目覚ましい展開を支えるものはなんだろうか。それは第一に、進化研究が分野や対象を超えて広がりうるものであり、なおかつ文化の歴史を考察するにあたっても有用である、という点にある。本章では、とくに系統学の方法論（あるいは系統樹思考）が対象を選ばないという点を論じてきたし、第7、8章の科学史的考察も、この論点を支持している。後者の有用性については、まさに本章以降の各論で展開されている議論がよい例となるだろう。

もちろん、文化進化研究がさかんになる一方で、このような研究への批判やそれをめぐる議論も少なくない[28]。一般的な枠組みとして、進化学の方法論が文化に適用できるとはいえ、はたしてそれはどこまで、あるいはどのような場合に有効なものなのだろうか。これらの問いは現在もなお論争中のもので、今すぐここで結論を出すことはできない。ただ、批判が行われるということは、注目を浴びているということの裏返しでもある。

さて、日本ではどうか。「はじめに」でも述べたように、その状況は少し寂しいものがある。だが、徐々にではあるが、関連する研究がいくつか出はじめている[29]。本書はまさに、その一端を示すものだといえよう。文化進化研究に対する各執筆者のスタンスはさまざまだが、文化の過去を復元するにあたって、系統樹思考もしくは系統学的方法が興味深いものであること、そして一定の有効性を持ちうるという点に関しては、全員が共通している。本書がきっかけとなり、文化系統学研究をめぐる（批判的・肯定的）議論が、なおいっそう活発になることを期待したい。

注

（1）たとえば、Durham, W. H.（1991）*Coevolution: Genes, culture, and human diversity*. Palo Alto, CA: Stanford University Press など。

（2）Atkinson, Q. D.（2011）Phonemic diversity supports a serial founder effect model of language expansion from Africa. *Science* 332（6027）: 346–349.

(3) Darwin, C.（1859 ［1964］）*On the origin of species*（*A facsimile of the 1st edition*）. Cambridge, MA：Harvard University Press. ［『種の起原』八杉龍一訳。東京：岩波書店，1990］あるいは［『種の起源』渡辺政隆訳。東京：光文社，2009］

(4) O'Hara, R. J.（1997）Population thinking and tree thinking in systematics. *Zoologica Scripta* 26（4）: 323–329.

(5) O'Hara（1997）; 三中信宏（1997）『生物系統学』東京大学出版会，（2006）『系統樹思考の世界――すべてはツリーとともに』講談社。

(6) Darwin（1859［1964］）; Lewontin, R. C.（1970）The units of selection. *Annual Review of Ecology and Systematics*, 1: 1–18.

(7) Eldredge, N. and Cracraft, J.（1980）*Phylogenetic patterns and the evolutionary process: Method and theory in comparative biology*. Columbia University Press, p. 1. ［『系統発生パターンと進化プロセス――比較生物学の方法と理論』（p. 7），篠原明彦他訳。東京：蒼樹書房，1989］

(8) Sober, E.（1988）*Reconstructing the past: Parsimony, evolution, and inference*. Cambridge, MA: The MIT Press［『過去を復元する――最節約原理・進化論・推論』三中信宏訳。東京：勁草書房，2010］の1・2節，あるいは三中信宏（2010）『進化思考の世界――ヒトは森羅万象をどう体系化するか』日本放送出版協会なども参照。

(9) もちろん，不利な形質は選択によって失われていく可能性が高いが，そのような形質が変異として生じること自体は十分に可能なことである。

(10) ただし，社会システムそのものが進化しうるという意味での社会進化は十分に可能である。この場合の「進化」も進歩は含意していない。

(11) Henrich, J. and Henrich, N.（2010）The evolution of cultural adaptations: Fijian food taboos protext against dangerous marine toxins. *Proceedings of the Royal Society B: Biological Science* 277: 3715–3724.

(12) Dennett, D. C.（1995）*Darwin's dangerous idea: Evolution and the meanings of life*. New York: Simon and Schuster. ［『ダーウィンの危険な思想――生命の意味と進化』山口泰司他訳。東京：青土社，2000］

(13) 専門用語を用いるなら，ここではAという生物を外群（outgroup），すなわち比較対象とみなしている。

(14) もちろん，可能な系統樹が複数考えられる場合もある。その際には，たとえば可能な複数の系統樹で合意を得られている箇所にもとづいて単一の系統樹を作成したりする。また，最後に，得られた系統樹の信頼性もテストされるが，ここでは省略してある。

(15) もちろん，ほかの方法もいろいろある。第4章では最尤法（maximum likelihood method）やベイズ法（Bayesian method），第2章では近隣結合法（neighbor-joining method）を応用したソフトウェアであるSplitsTreeなどが用いられている。

(16) 系統学の方法論をより深く学びたい人は，Felsenstein, J.（2004）*Inferring phylogenies*. Sunderland, MA: Sinauer Associates や Yang, Z.（2006）*Computational molecular evolution*. New York: Oxford University Press. ［『分子系統学への統計的アプローチ――計算分子進化学』藤博幸他訳。東京：共立出版，2009］などを参照。

(17) O'Brien, M. J., Darwent, J., and Lyman, R. L.（2001）Cladistics is useful for reconstructing archaeological phylogenies: Palaeoindian points from the southeastern United States. *Journal of Archaeological Science* 28: 1115–1136.

(18) O'Brien, M. J., Lyman, R. L., Saab, Y., Saab, E., Darwent, J., and Glover, D. S.（2002）Two issues in archaeological phylogenetics: Taxon construction and outgroup selection. *Journal of Theoretical*

Biology 215：133–150, p. 136 から。

（19）Mace, R. and Pagel, M.（1994）The comparative method in anthropology. *Current Anthropology* 35：549–564.

（20）Mace & Pagel（1994）,p. 553 から。

（21）中尾央（2011）「文化の進化可能性――心理メカニズムの観点から」横山輝雄編集『ダーウィンと進化論の哲学』勁草書房。

（22）Boyd, R. and Richerson, P.（1985）*Culture and the evolutionary process*. Chicago, IL: The University of Chicago Press; Richerson, P. and Boyd, R.（2005）*Not by genes alone: How culture transformed human evolution*. Chicago, IL: The University of Chicago Press.

（23）本章「文化進化を研究すること」（6頁）、中尾（2010）「人間行動の進化的研究――その構造と方法論」松本俊吉編『進化論はなぜ哲学の問題となるのか』勁草書房、あるいは本書第6章などを参照。

（24）Bettinger, R. L. and Eerkens, J.（1999）Point typologies, cultural transmission, and the spread of bow-and-arrow technology in the prehistoric Great Basin. *American Antiquity* 64：231–242.またこの議論はコンピュータ・シミュレーションを用いた結果でも支持されている。Mesoudi, A. and O' Brien, M.（2008）The cultural transmission of Great Basin projectile-point technology II: An agent-based computer simulation. *American Antiquity* 73：627–644 を参照。

（25）詳しくは、中尾央（2010）を参照。

（26）この章で扱えなかった（そして本書でも紹介されていない）文化系統学研究のさまざまな例については、中尾央（2011）「文化の系譜――文化系統学の（再）興隆」『科学哲学科学史研究』5：51–69 を参照のこと。

（27）進化プロセスの研究でも、ジョー・ヘンリック（Joe Henrich）などボイドのもとで博士号を得た第二世代の研究者が活躍している。

（28）たとえば、Fracchia, J. and Lewontin, R.（1999）Does culture evolve? *History and Theory* 38：52–78; Temkin, I. and Eldredge, N.（2007）Phylogenetics and material culture evolution. *Current Anthropology* 48：146–153; Greenhill, S. J., Currie, T. E., and Gray, R. D.（2009）Does horizontal transmission invalidate cultural phylogenies? *Proceedings of the Royal Society B* 276：2299–2306; Currie, T. E., Greenhill, S. J., and Mace, R.（2010）Is horizontal transmission really a problem for phylogenetic comparative methods? A simulation study using continuous cultural traits. *Philosophical Transactions of the Royal Society B* 365:3903–3912 などがある。

（29）文化の進化プロセスについては東京大学の青木健一氏や井原泰雄氏などが着実に成果を蓄積されてきている。

＊図❶のオオシモフリエダシャク写真は ©Olaf Leillinger 2006（URI：This file is licensed under the Creative Commons〈http://en.wikipedia.org/wiki/Creative_Commons〉 Attribution-Share Alike 2.0 Generic〈http://creativecommons.org/licenses/by-sa/2.5/deed.ja〉 license）、図❷のカモノハシ写真は ©Jeff Darcy 2012 〈http://pl.atyp.us/platypix/large/Mm_21-39.jpg〉。

第2章
「百鬼夜行絵巻」写本の系統

山田奨治

「百鬼夜行絵巻」をめぐる謎

「百鬼夜行絵巻」は、さまざまな姿をした妖怪が列をなしている場面を描いた絵巻物である。百鬼夜行とは奇怪な姿をした集団の行列で、「今昔物語集」に代表される中世の説話などに登場する。「百鬼夜行絵巻」はその百鬼夜行のさまを描いたものだという説がある。古い器物や動物が妖怪化した姿が、ときにユーモラスに描かれているので人気が高い。この種の絵巻は、室町時代から江戸時代にかけて模写されたとされるものが多く、似たような伝本が日本の、いや世界各地の博物館や個人のもとに残されている。それらの伝本をよくみると、出てくる妖怪の配列が異なっている。また、妖怪の姿が少しだけ変えられていたり、一群の妖怪が脱落していたり、ほかの「百鬼夜行絵巻」にみられない妖怪が混入していたりと、さながらＤＮＡの塩基配列のような多様性がある。

「百鬼夜行絵巻」のなかでもっとも有名な作品は、京都にある大徳寺の塔頭・真珠庵が所蔵する伝本の真珠庵本（伝土佐光信画）である。真珠庵本は、数ある「百鬼夜行絵巻」のなかで製作年代がもっとも古く、室町時代にさかのぼるというのが通説である。重要文化財に指定されていることもあり、これまでの「百鬼夜行絵巻」研究は、この真珠庵本とそれを模写した本を中心になされてきた。

しかし、これまでの「百鬼夜行絵巻」の先行研究で、決定的に見落とされてきたことがある。それは、この真珠庵本とおなじ妖怪が描かれている伝本は多いが、妖怪の配列までがまったくおなじ伝本は、ほとんどみいだせないことだ。また、真珠庵本の美術的な評価があまりに高いがため、これこそが各種ある「百鬼夜行絵巻」の祖本（最初に描かれた本）に近いものと考えられている。そして、描かれている妖怪やその配列が真珠庵本と異なっていればいるほど、「質の悪い伝本」と判断する傾向が、美術史の世界では根強い。

真珠庵本が「百鬼夜行絵巻」の祖本に近いのならば、妖怪の配列がそれとまったくおなじ伝本が、たくさん残っていてもよさそうだ。しかし、じっさいには真珠庵本とまったくおなじ図像配列を持つ伝本は、わずかしか残っていない。それに対して真珠庵本とは異なる配列の伝本の一種の方が、残存数が多い。そのことを指摘した研究者は、これまでいなかった。

そういう事実をふまえると、真珠庵本は「百鬼夜行絵巻」の数ある多型のなかの、一つにすぎないと考える方が自然ではないだろうか。そして「百鬼夜行絵巻」の祖本の図像配列は、現在の真珠庵本とは異なっていたのではないだろうか。この章ではそういった仮説に立ち、「百鬼夜行絵巻」の図像配列を分類し、その系統を復元してみたい。

「百鬼夜行絵巻」には真珠庵本系統のほかにも、それとは異なる図像から成る伝本や、二つの伝本の図像が混じったものもある。中世文学者の田中貴子は、それらのなかの東博模本と呼ばれる伝本に着目した。東博模本は真珠庵本に描かれた図像をすべて含み、そのほかにも真珠庵本にはみられない図像が多数描かれている伝本である。この東博模本のもとになった本が真珠庵本よりも先にあり、真珠庵本は東博模本にある図像を整理して作られた分離本だとする説を田中は出した(1)。

ところが、二〇〇七年に国際日本文化研究センター（日文研）が購入した「百鬼ノ図」（日文研本もしくは日文研A本）という絵巻は、東博模本から真珠庵本を差し引いた図像で構成されていることがわかった。民俗学者の小松和彦は「百鬼ノ図」について調査し、模写年代は江戸時代の可能性が高いが、描かれている衣装や風俗などから、その祖本は真珠庵本とおなじくらい古く、室町時代までさかのぼることができるのではないかと論じた。そして田中説とは反対に、東博模本の祖本は真珠庵本系統と日文研本系統の合本であるという説を出した。それと同時に小松は世界中に伝存する六四種類の「百鬼夜行絵巻」の画像を収集し、図像の分析を行った。そして小松が導いた結論は、「百鬼夜行絵巻」には真珠庵本系統、日文研本系統、京都市芸大本系統、兵庫県歴博本系統の、互いに図像が重なることのない四つの系統があり、それらが合本していくつもの種類の伝本が生まれたというものだった(2)。

しかしながら、小松和彦によるものを含む先行研究では、描かれた図像の異同やその解釈に関心が集まっており、図像配列に着目する視点は弱かった。絵巻に登場する図像の異動だけでなく、その配列の相違にもとづく定量的な情報を使うことで、先行研究の検証や新しい仮説を生み出すことができるかもしれない。小松によって六〇を超える伝本の画像が収集され整理されたいま、「百鬼夜行絵巻」が絵師から絵師へと描き継がれていった過程を推定復元することもできよう。

じつは私は小松とおなじ研究所に勤務し、彼が主導した各種の妖怪データベース作りに情報学者として深く関わってきた。この「百鬼夜行絵巻」の研究でも、彼が若い大学院生らとともに画像をデジタル化していくさまを、ときおり目にしていた。おもしろそうなデータだったので、「百鬼夜行絵巻」を独自に分析してみたいから画像を使わせてほしいと小松に願い出たところ、快く承知してくれた。長い絵巻を分割してデジタル化し、それをコンピュータで再接合した画像の全体を縮小表示させて比較していくうちに、私の目には次第に「百鬼夜行絵巻」が絵画ではなく、塩基配列のような記号列にみえてきた。

この絵巻は長い伝承の過程で、図像が入れ替えられたり切り離されたりしてきたのではないだろうか？　図像配列の違いを距離として数値化できれば、諸本の系統を復元できるのではないか？　美術史や文化研究の方法とは異なる観点から、「百鬼夜行絵巻」研究に新たな仮説を加えることができるのではないか？　そんな想いが私のなかで膨らんでいった。

美術史ではまず絵に描かれた線や色遣いに美的な判断を加える。また、文化研究として絵巻を用いる場合は、描かれている図像の解釈に関心が集まる。しかし本章の方法では、絵の稚拙などの美的な基準を用いず、図像の解釈もしない。図像の細かな相違に拘泥して同一性の判断を避けるよりも、先後関係をみておなじ妖怪を描いていると判断できれば積極的におなじものと考える。そして図像配列をＤＮＡの塩基配列のように見立てて伝本間の距離を数値化し、

「百鬼夜行絵巻」の系統を推定する。

絵巻の系統推定モデル

「百鬼夜行絵巻」の系統を推定するにあたって想定したモデルは、次のようなものである。それは、差異の少ない絵巻ほど距離が小さく、転写の連鎖のなかで近い位置にあるとするモデルである。たとえば、絵巻A・B・Cの三種があったとして、AとBは一カ所、BとCは一カ所、AとCは二カ所異なる場合、Aを編集してBが作られ、Bを編集してCが作られた、もしくはその逆順と推定するのがいちばんもっともらしいと考える。もちろん、Bを媒介せずにAを二カ所編集してCが作られた可能性を否定はできないが、それはもっともらしくない恣意的な推定である。

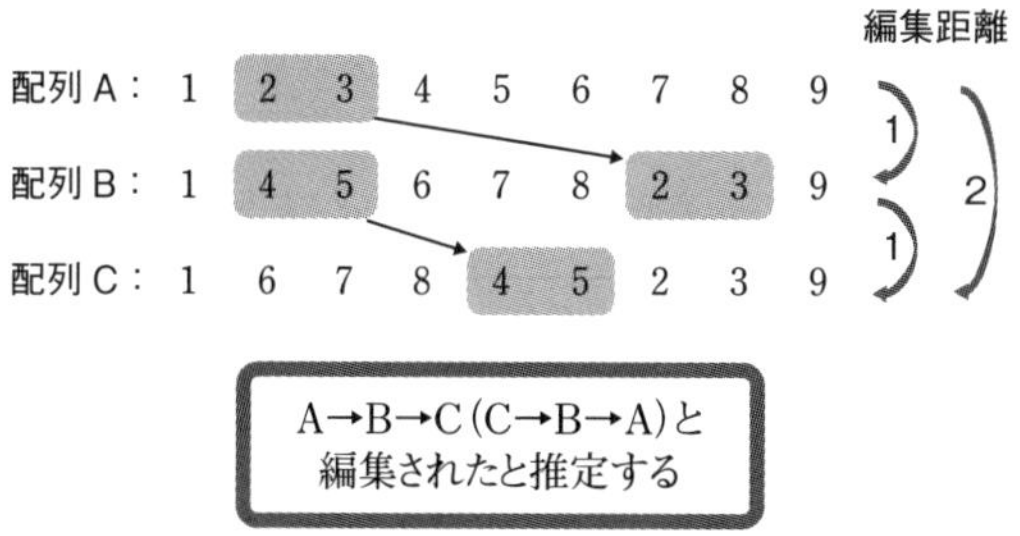

図❶　記号配列間の編集距離と編集過程の推定モデル

絵巻間の距離には、編集距離（レーベンシュタイン距離）を用いる。編集距離とは、ある記号配列から別の配列へと変換するのに、挿入・削除・移動などの編集操作が何回必要かという指標である。編集距離は通常、記号単位での編集操作の回数を数えるものであるが、ここでは記号ブロック単位の編集操作の回数をもって編集距離にあてることにする。「百鬼夜行絵巻」の転写関係をみると、図像のブロック単位で編集がなされており、その距離を数値化する場合には、記号単位よりも記号ブロック単位にした方がより適切だと考えたからである。

かりに記号配列の123456789（配列A）、145678239（配列B）、167845239（配列C）があり、これらの差異が編集操作によって生じたと想定される場合、その編集過程を推定してみよう（図❶）。まず配列Aのなかの23の記号ブロックを8と9の間へ移動すると配列Bになる。そして配列Bのなかの45のブロックを8と2の間へ移動すれば配列Cになる。この場合、配列A・Bと配列B・Cの編集距離は1、配列A・Cの編集距離は2になる。そして、配列Aが編集されてBになり、Bが編集されてCになった、あるいはその逆順とみるのがもっともらしい編集過程であると考える。

あくまで推定モデルは、どう考えることがもっともらしいかを基準にするものであって、結論を断定することはできない。したがって、推定モデルから導かれた編集の系統樹に、ほかの定性的な特徴を当てはめてみて、推定結果の妥当性を検証できることが理想的である。

またこのモデルは、なんらかの方法で絵巻を分節化し、記号化できることが前提になる。「百鬼夜行絵巻」の場合、描かれた妖怪を個体識別することによって、記号化・分節化することが可能である。ただし、このモデルでは絵巻の一部が切り取られて失われている場合や、錯簡[3]がある場合には適用することが難しい。だが、錯簡もまた編集の一過程だと考えるならば、この限りではない。

「百鬼夜行絵巻」諸伝本

系統	伝本名	同一配列の伝本
A型	真珠庵本	早稲田A本（冒頭の槍をもった鬼脱落）
	伊藤家本	ギメ本（前半欠落、日文研B本とも同一）、高台寺本（前半欠落、日文研B本とも同一）
	京都府立総合資料館A本	国会A本、怪談名作集巻末付録本
	立教大本	
	日文研B本	ギメ本（前半欠落、伊藤家本とも同一）、高台寺本（前半欠落、伊藤家本とも同一）、湯本A本
	日文研C本	
	歴博A本	
	スペンサーB本	

対象にした「百鬼夜行絵巻」

本章では、日文研の怪異・妖怪文化資料データベース・プロジェクト室と小松和彦が作成したリストに

表❶ 分析対象にした

	クラクフ本	
A型＋α	岩瀬文庫本	湯本B本
B型	日文研A本	湯本C本（残欠）
C型	京都市芸大本	
D型	兵庫県歴博A本	
AB型	ビーティー本（冒頭一体は日文研A本由来）	
	宮内庁A本	
	歴博C本	
BA型	東京藝大A本	プーシキン本（断本）
	東博模本	公文本、東北大本、兵庫県歴博B本、真田宝物館本
	大阪人権博本	
	歴博B本	
AC型	狂画苑本	金刀比羅宮A本、金刀比羅宮B本、バーク本
	東大本	
	仙台市博本	
	湯本F本	
AD型	京都府立総合資料館B本	
	歴博D本	
	愛媛県歴博本	
	スペンサーC本	
DA型	土佐山内家本	
	早大B本	

ある六四の「百鬼夜行絵巻」を対象とする。(4) 個々の絵巻等の名称も同リストに記載されたものに準じた。

小松はこれら六四の「百鬼夜行絵巻」を類型化し整理した。彼の分類は、「百鬼夜行絵巻」の四種類の系統をA型（真珠庵本系統）、B型（日文研A本系統）、C型（京都市芸大本系統）、D型（兵庫県歴博本系統）とし、個々の絵巻等をⅠ類（単独模本）とⅡ類（Ⅰ類系の二本以上の折衷型の模本）に分けた点に特徴がある。そしてⅡ類にはBC型（日文研A本＋京都市芸大本＋α）系統、AB型（真珠庵本＋日文研A本）系統、AC型（真珠庵本＋京都市芸大本）系統、AD型（真珠庵本＋兵庫県歴博本）系統がみられることを、小松は示した。

しかしこれらの「百鬼夜行絵巻」をより詳しくみてみると、小松のいうAB型の絵巻は、真珠庵本の図像に日文研本をつないだAB型の構成と、日文研本の図像に真珠庵本をつないだBA型に分けることができる。同様にAD型には、AD型とDA型の伝本がある。

図像配列に着目する方法は、全体が残っていない

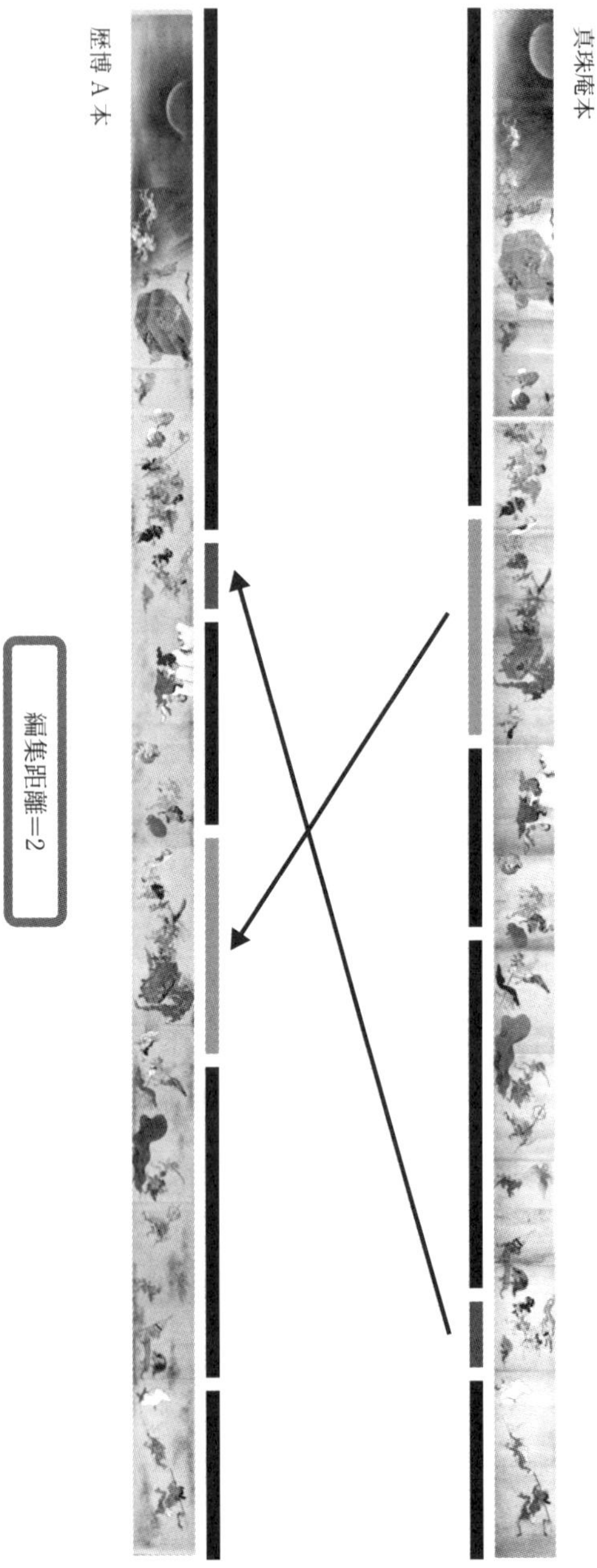

図❷　図像配列間の編集距離

作品や錯簡の疑いが強い絵巻には使うことができない。また屏風や掛軸に仕立てられていると、もはや直線的な配列の構成を持たないので、この方法は使えない。したがって、そのような種類の資料はやむなく分析対象からはずすことにした。その結果、本章の分析で使用する「百鬼夜行絵巻」諸伝本は、**表❶**のように整理された(5)。

真珠庵本系統の復元

まず、「百鬼夜行絵巻」諸本の中心的な系統とされる真珠庵本系統（A型）について、その図像配列から編集過程の推

表❷　真珠庵本系諸本間の編集距離

	真珠庵	伊藤家	京総資A	立教大	日文研B	日文研C	歴博A	スペンB	クラクフ
真珠庵	0	2	2	12	1	2	2	1	2
伊藤家		0	2	13	1	2	2	3	2
京総資A			0	14	1	2	2	4	1
立教大				0	13	13	13	13	14
日文研B					0	1	1	2	1
日文研C						0	1	3	2
歴博A							0	4	2
スペンB								0	3
クラクフ									0

定を試みる。絵巻に描かれた個々の図像を記号とみなして、伝本間の編集距離を求めてみよう。たとえば、真珠庵本と歴博A本ならば、真珠庵本のなかの二つの図像ブロックを移動すれば、歴博A本の図像配列に変わる（図❷）。したがって、両本の間の編集距離は2である。歴博A本から真珠庵本への逆変換の場合でも、編集距離は変わらない。

ここでの検討対象は、真珠庵本と比べて図像の増減のない九本の絵巻（真珠庵本、伊藤家本、京都府立総合資料館A本、立教大本、日文研B本、日文研C本、歴博A本、スペンサーB本、クラクフ本）である。これらは図像の増減がないので、ブロック移動の回数が編集距離になり、挿入・削除を考慮する必要はない。また、巻末にみられる日輪状の物体や黒雲の表現については、異同の判定が困難なため、本章での比較対象からははずした。

これら九伝本間の編集距離を表❷に示した。表❷の左下半分は右上半分とおなじ数値が入るので省略してある。真珠庵本は、日文研B本、スペンサーB本との編集距離が1で、立教大本を除くその他の伝本との距離は2となった。

ここで注目されるのは、日文研B本（湯本A本も同一配列）である。この伝本は、真珠庵本、伊藤家本、京都府立総合資料館A本、日文研C本、歴博A本、クラクフ本の六伝本との編集距離が1で、スペンサーB本とは距離2でつながる。つまりこれら九伝本のなかで、他本との編集距離の合計がもっとも少ない図像配列を持つのは日文研B本だということになる。ちなみに、岩瀬文庫本（湯本B本も同一配列）は、真

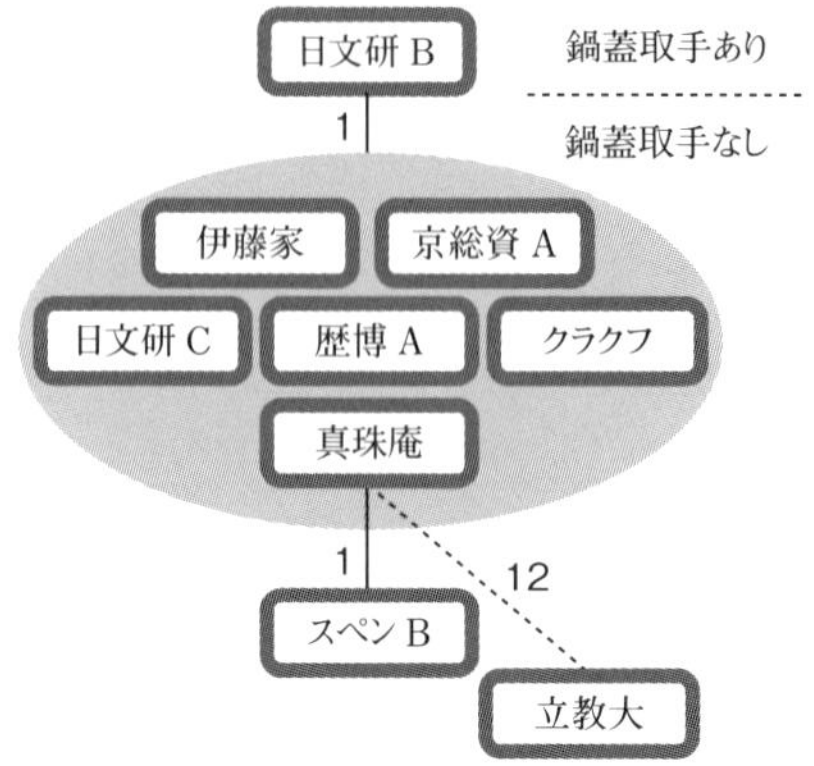

図❸　真珠庵本系統のもっとも単純な系統樹

珠庵本系統にほかの図像が混入した構成を持つ。その図像配列は、混入図像を無視すれば、やはり編集距離1で日文研B本とつながる。

表❷の編集距離から作成されるもっとも単純な系統樹は、各伝本間の距離の合計が最小になるような木構造、つまりグラフ理論でいう「最小木」で、それは**図❸**のようになる。すなわち、日文研B本が樹の「根」に位置し、それに真珠庵本、伊藤家本、京都府立総合資料館A本、日文研C本、歴博A本、クラクフ本が距離1でつながる。これらのなかの真珠庵本からさらに距離1でスペンサーB本が、距離12で立教大本がつながる。

真珠庵本系統の諸伝本が共通の祖本を持つとするならば、日文研B本の図像配列がそれにもっとも近いことを、この系統樹は示している。すなわち、従来考えられてきたように、日文研B本は真珠庵本の「質の悪い写本」なのではなく、反対に真珠庵本は日文研B本の祖本の図像を並べ替えたものだと考えることができるのだ。

この系統樹は、図像の細部の比較からも支持される。真珠庵本系統の後半に登場する「鍋蓋を被った妖怪」の鍋蓋に取手が描かれているかどうかという点から検討してみよう（**図❹**）。この「鍋蓋取手」の有無については、東博模本に描かれている「取手」が、真珠庵本では塗りつぶされていることに着目した小松茂美によってすでに指摘されていた。小松茂美は「こうした仔細な写し落としは、真珠庵本のほうが、なにか本歌に基づいて描いたもの、と強く連想させるのである」[6]といい、真珠庵本は祖本に忠実でないことを匂わせた。

図❸の系統樹に「鍋蓋取手」の有無を当てはめると、「根」に位置する日文研B本に「取手」が描かれているが、そ

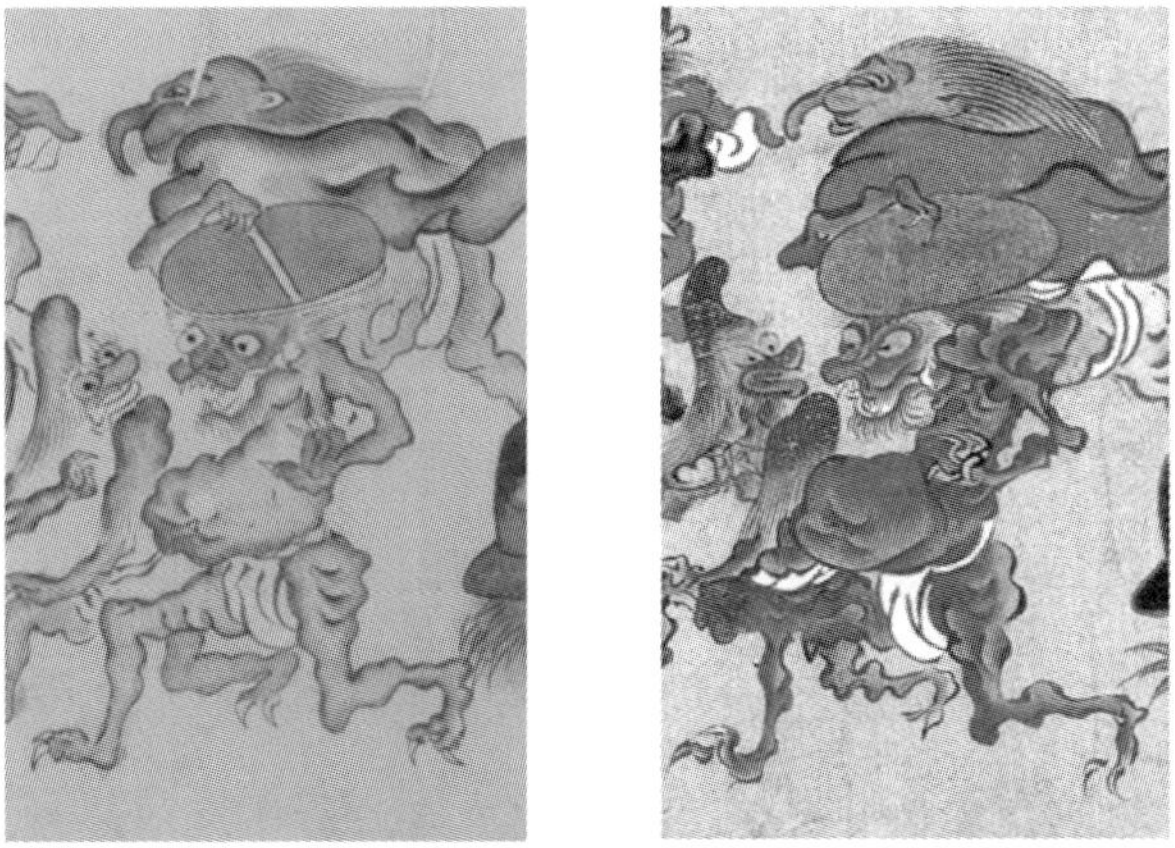

図❹　「鍋蓋取手」の有無（左：日文研Ｂ本，右：真珠庵本）

れ以外の諸伝本には描かれておらず、「取手」の有無が系統樹上できれいに分断されることがわかった。これはすなわち、日文研Ｂ本が図像配列を含めて祖本の形態を比較的よく留めている一方で、真珠庵本を含む八伝本は「鍋蓋取手」が脱落した模本を写したものであることを示している。

では、日文研Ｂ本と真珠庵本とでは、図像配列はどう違うのだろうか。図❺に示すように、両者は一ブロック分を入れ替えた形になっている。このような変化が生じた原因は定かではない。しかし、真珠庵本での移動ブロックの境界が、ちょうど紙の継ぎ目に重なっていることが重要である。真珠庵本では、図像にかからない継ぎ目が五カ所あり、そのうちの三カ所が図像配列面で日文研Ｂ本と差異が出る境界になっている。一方で、日文研Ｂ本では紙の継ぎ目でかつ図像にかからない部分は、冒頭の一カ所しかない。もし、日文研Ｂ本の図像配列の方が真珠庵本系統の祖本に近いとするならば、真珠庵本の現在の図像配列は錯簡によって生じた可能性もある。紙の順序を入れ替えるだけで、真珠庵本の図像配列を日文研Ｂ本とおなじに並べ替えることができるからである。しかも真珠庵本の状態をよく観察すると、継ぎ目のところで紙の色が変わっていることに気がつく。これはある時期、紙がバラバラにされて保存されていると起こる現象で、真珠庵本に錯簡

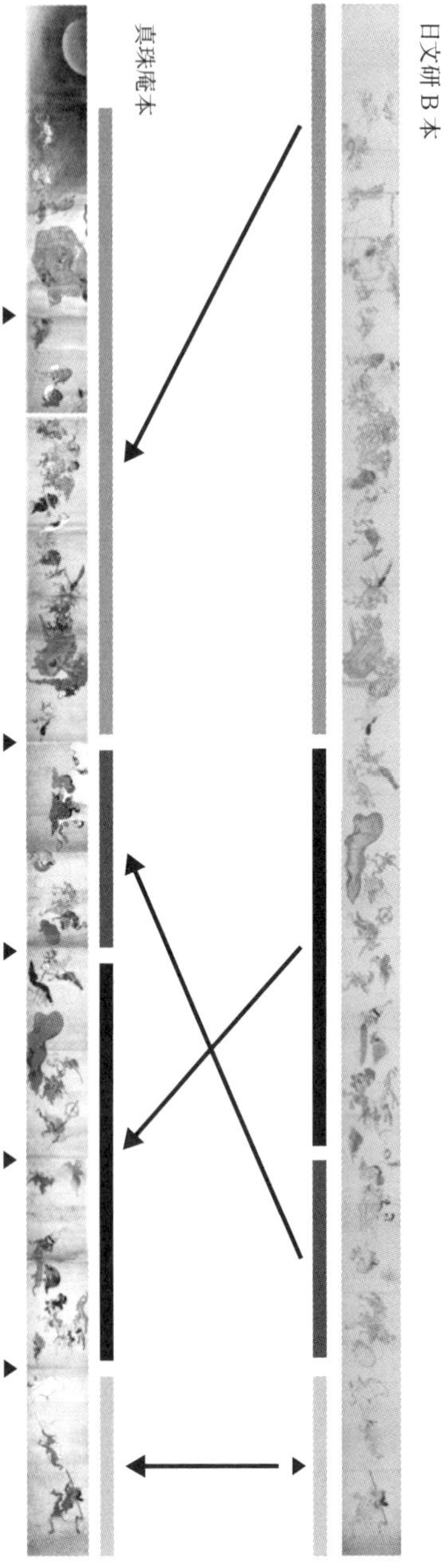

図❺　日文研Ｂ本と真珠庵本の図像配列の差異（下の▲印は料紙の継ぎ目で図像にかからない箇所）

があるという仮説を裏づける証拠の一つになると考えられる。

（真珠庵本＋日文研本）系統の復元

続いて、合本系統の検討に移る。真珠庵本系統に日文研本系統が合本したＡＢ型の検討対象にしたのは、チェスター・ビーティー本、宮内庁Ａ本、歴博Ｃ本の三伝本で、日文研本系統に真珠庵本系統が合本したＢＡ型の検討対象は、東京藝大Ａ本、東博模本、大阪人権博本、歴博Ｂ本の四伝本である。

これらの伝本には、図像配列に共通した特徴がある。それは絵巻の末尾近くで、真珠庵本系統の図像が続くなかに、突如として三体だけ日文研本系統に由来する図像が挿入されている部分である（図❻）。もしこれらの合本の祖本が異なる絵師によって異なる時代に独立して作られたならば、このような特徴がすべての伝本に共通して現れるはずがな

図❻　（真珠庵本＋日文研本）系統の共通部分

図❼　「矛を持ち烏帽子を被った妖怪」と「蛸頭の妖怪」（左：日文研Ａ本、右：歴博Ｂ本）

い。したがって、ＡＢ型とＢＡ型は共通の祖本を持ち、その祖本でセットされた図像配列の特徴が、のちの模本に継承されたとみるのが自然だろう。

合本系の伝本の特徴を、祖本で分割してまとめた結果を表❸に示す。

合本を祖本別の配列で比較した研究は、管見によればこれまでなかったと思われる。一見してわかるのは、ＡＢ型・ＢＡ型合本の真珠庵本系統部分の図像配列は、ほとんどの場合、真珠庵本のそれであることだ。一方、日文研本系統部分の図像は、日文研Ａ本と比較して移動・変形・脱落がみられる。たとえば、宮内庁Ａ本、東博模本、大阪人権博本、歴博Ｂ本にみられる変形とは、「矛を持ち烏帽子を被った妖怪」が「蛸頭の妖怪」に変わっていることを指す（図❼）。

真珠庵本系統部分の図像配列が真珠庵本とまったくおなじなのは、歴博Ｃ本と東京藝大

表❸　合本系伝本の特徴

	真珠庵本系統部分	日文研本系統部分
AB型		
チェスター・ビーティー本	真珠庵本と同一配列（冒頭の鬼脱落）	移動・脱落あり
宮内庁A本	移動・脱落あり	移動・変形・脱落あり
歴博C本	真珠庵本と同一配列	二カ所三体を残し脱落あり
BA型		
東京藝大A本	真珠庵本と同一配列	移動・脱落あり
東博模本	真珠庵本を一部移動	移動・変形・脱落あり
大阪人権博本	真珠庵本を一部移動	移動・変形・脱落あり
歴博B本	東博模本と同一配列	移動・変形・脱落あり

A本であるが、日文研本系統部分は後者の方がよく図像を残している。したがって、これらのなかで、AB型・BA型合本の祖本にもっとも近い図像配列を持つのは、東京藝大A本だと思われる。

図❽に日文研A本、真珠庵本と東京藝大A本との、図像配列の異同を示した。真珠庵本系統の部分は、真珠庵本から図像配列を移動することなく、東京藝大A本は構成されている。一方、日文研A本部分からは「白い布を被った妖怪」が脱落し、他の図像にもやや複雑な移動が起きている。これは、東京藝大A本がこの合本の祖本にいちばん近い形を残す伝本だといっても、その祖本の図像配列は日文研A本からもっと単純に図像を写したものだった可能性を示している。

「百鬼夜行絵巻」からみる文化の系統

本章では詳細には触れないが、（真珠庵本＋京都市芸大本）系統（AC型）と（真珠庵本＋兵庫県歴博本）系統（AD・DA型）についても同様に編集過程を推定することができる。真珠庵本系統および各種の合本の編集過程を個別に推定した結果をまとめたものが図❾である。もっとも重要なことは、真珠庵本系統の諸伝本のなかでは、日文研B本の図像配列の方が現在の真珠庵本のそれよりも古いのではないかという点にある。そして日文研本系統との合本（AB型・BA型）は現在の真珠庵本もしくはその模本との間で起きたが、京都市芸大本系統との合本（AC型）および兵庫県歴博本系統との合本（AD型・DA型）は、日文研B本の祖本との間で起きたと推定できる結果が得られた。

これらのうち、年代がはっきりしているのは、ＡＣ型の伝本（版本）で安永四（一七七五）年の奥付がある『狂画苑』しかない。したがって、（真珠庵本＋京都市芸大本）系統の祖本は一七七五年以前に成立していたことはたしかである。

このほかに年代が特定できる材料としては、本章では精査しなかったＢＣ型伝本の東博異本がある。東博異本は、京都市芸大本系統の図像に日文研本系統の図像が混じり、またいずれの伝本にもみられないような妖怪も描かれている。またそれには元和三（一六一七）年の記載があるので、日文研本も京都市芸大本も、その祖本は一六一七年よりも

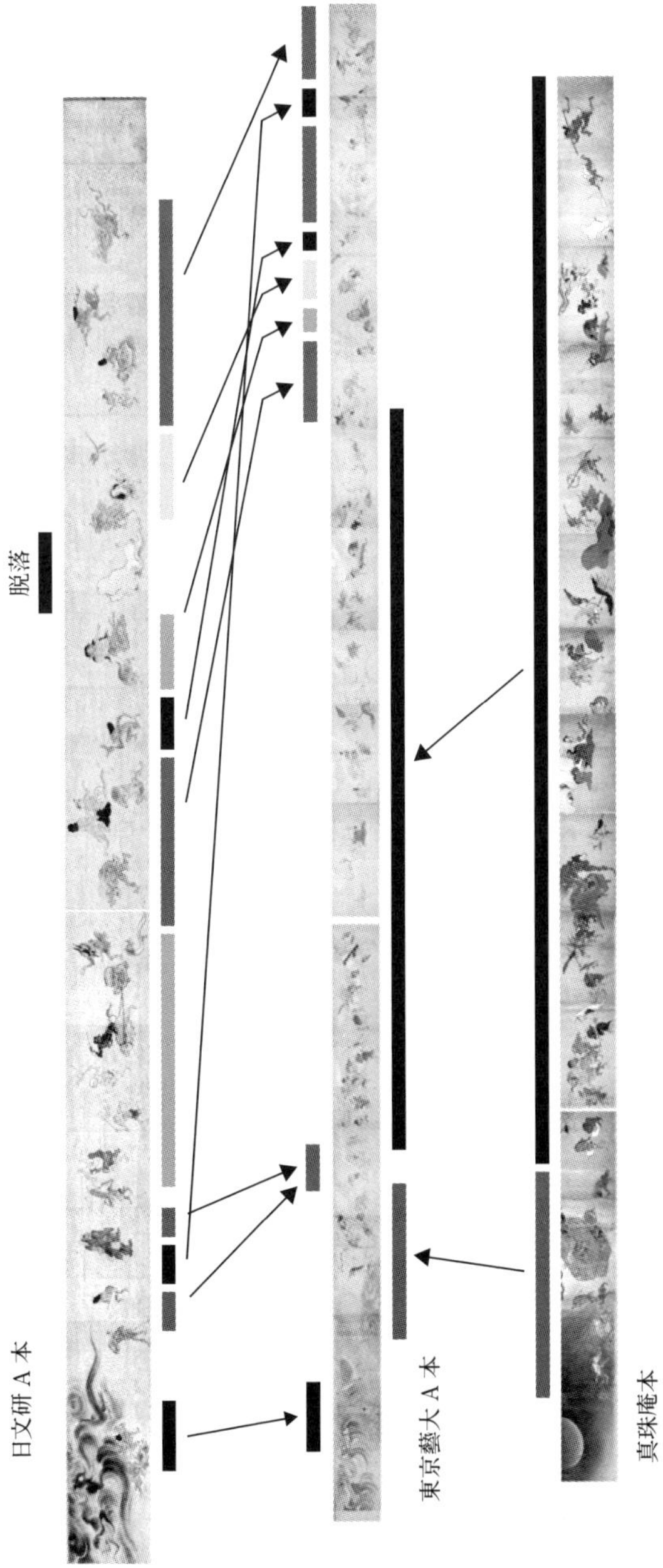

図❽ 日文研Ａ本・真珠庵本から東京藝大Ａ本へ

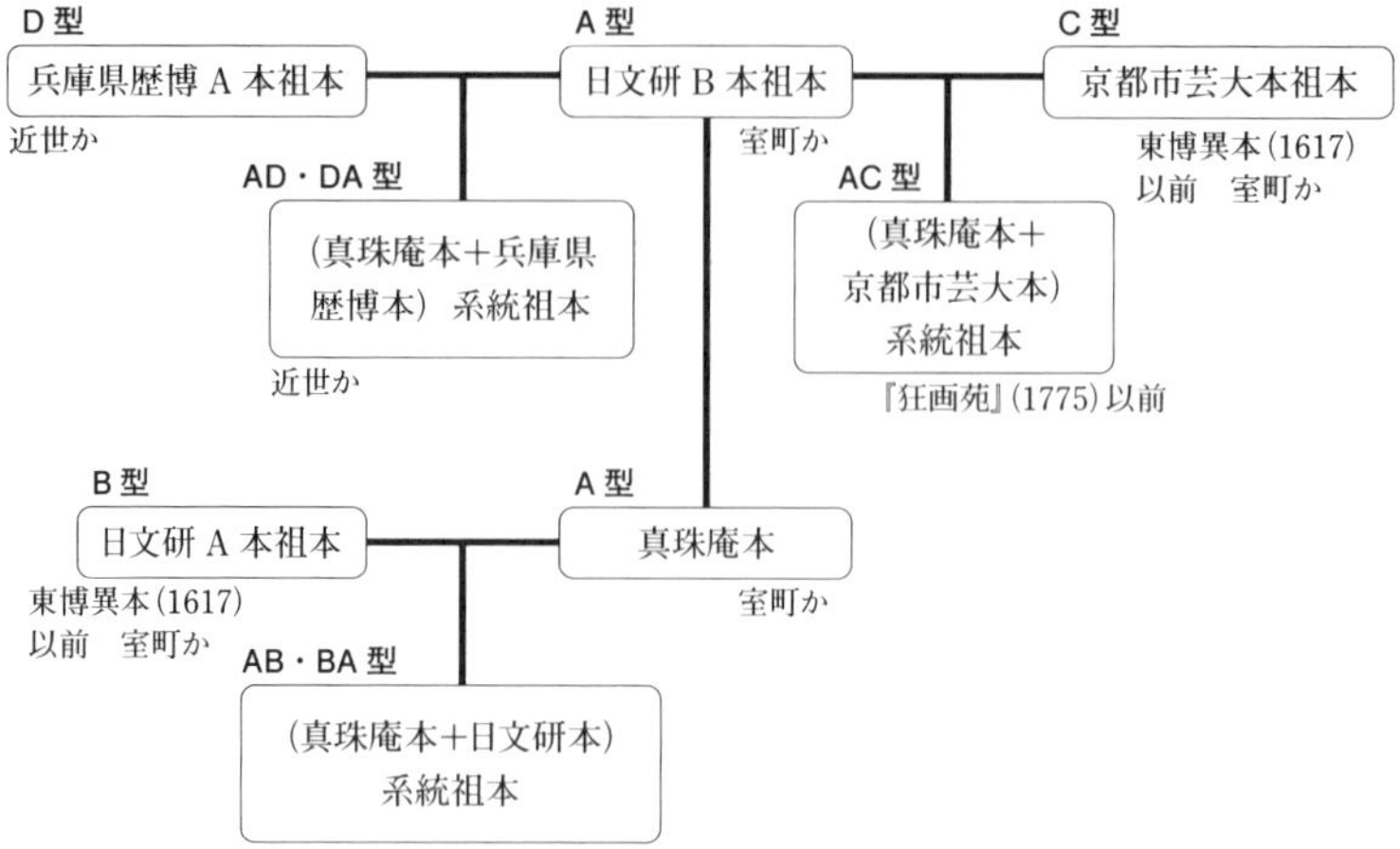

図❾　「百鬼夜行絵巻」諸祖本の編集過程の推定結果

前に成立していた可能性が高い。また描かれた衣装や風俗から、これら祖本が室町時代に成立したとみる説もある。真珠庵本は室町時代の模写とされているので、日文研B本の祖本はそれ以前の成立であったろう。一方、兵庫県歴博本の祖本の成立は近世とみられていることから、真珠庵本系統との合本（AD型・DA型）が生まれたのも近世以後と推定できる。

「百鬼夜行絵巻」の図像配列に着目した検討から、以上のような推定結果が導かれた。だが、本章の研究手法には大きな弱点もある。図像配列の変化が錯簡によるものであった場合、推定結果に大きく影響する場合がありえるからだ。錯簡の可能性が高いといわれているスペンサーA本は、検討対象からあらかじめ除外したが、今後、ほかの伝本で錯簡が明らかになった場合は、再検討が必要になるだろう。しかし、錯簡もまた絵師以外の者による編集と考え、錯簡のある本を原本にして模本が作られた可能性をも否定しないならば、錯簡本をすべて除外する必要はないのかもしれない。

合本説を完全なものにするためには、本章ではなしえなかった二つの謎解きがさらに必要である。第一は、四系統の異なる祖本があったとするならば、真珠庵本系統ではない模本の残存が少ないのはなぜなのか。真珠庵本系統は二二本あるのに、日文研本系統、京都市芸大本系統、兵庫県歴博本系統はそれぞれ二本ずつしかみつかっていないのだ。第二は、合本の片方が必ずといっていいほど真珠庵本系統なのはなぜなのだろうか。四系統の独立した祖本があったとするならば、真珠庵本系統ではない系統どうしの合本がもっとあってもよさそうなものである。唯一の例外としてBC型の東博異本があるが、BD型やCD型の伝本がみいだせないのは謎としかいいようがない。

文化進化学と文化学の接点

最後に、文化の系統を数量化によって復元することについて、私見を述べてまとめにしたい。「進化」ということばには、「劣ったもの」から「優れたもの」「適したもの」への直線的な変化のイメージがある。文化が変化することを、そういう意味での「進化」だとは私は考えていない。「弱い文化」はあっても「劣った文化」はないからだ。

もちろん、本書のいう「文化進化」は、より「優れた文化」への遷移のことではなく、時間軸に沿って文化に多型性が生まれることである。絵巻でいうならば、先人が作り出したものを模倣し、それに独自の工夫を加えることによって変化が生じることである。そういう意味での「進化」は、どのような文化にもみいだすことができる。

どの作品がどの作品を模倣したものであるのか、模倣とはいわないまでも影響を受けたものであるのかを、残された作品から推定することには大いに意味があると私は考える。それによって、従来の文化学的な方法論から導かれたものとは異なる、説得力のある知見が得られ、それが文化学を刺激することが理想的である。

しかしながら、文化進化学と文化学の間には、しっかりとしたインターフェイスがあるとはいえない。文化進化学のなかでもモデル検証型の研究では、文化学の研究から得られた実証データを必要とする。だが、その逆は必ずしも真ではない。文化学の研究では、個々の事象を精密に分析することを重視するため、対象の周辺領域との関わり合いには、十分な目配りができない。ましてや、文化進化学のように個々の事象を総合化し、数値化する研究は、文化学の立場からみれば、文化の実態から遊離した観念的な研究とみられる傾向があるように思う。その壁を乗り越えるためには、文化進化学の知見をわかりやすく発信し、それが文化学の立場からも実証されていくことが必要だろう。

謝辞

本章での図像の比較には、小松和彦を中心とする国際日本文化研究センター「怪異・妖怪文化資料データベース・プロジェクト」が撮影・収集した写真を借用した。なお、本章の内容は既発表の山田奨治（2009）「「百鬼夜行絵巻」編集の系譜――情報学からの解明」『日本研究』第40集（pp. 103–128）と一部重複するものであることをお断りしておく。

図版出典

真珠庵本　田中貴子ほか『図説　百鬼夜行絵巻をよむ』河出書房新社、一九九九年（図❷・❹・❺・❽）
東京藝大Ａ本　東京藝術大学大学美術館所蔵（図❻・❽）
日文研Ａ・Ｂ本　国際日本文化研究センター所蔵（図❹・❺・❼・❽）
歴博Ａ・Ｂ本　国立歴史民俗博物館所蔵（図❷・❼）

注

（1）田中貴子（2002）『百鬼夜行の見える都市』（pp. 220–228）、ちくま学芸文庫（初版は（1994）新曜社）。
（2）小松和彦（2008）『百鬼夜行絵巻の謎』（p. 164）、集英社新書。
（3）紙の継ぎ目がいったん切り離され、オリジナルとは順序を入れ替えられて貼り合わされていること。紙が発明される前の古代中国では、竹を縦割りにしたものに文字を書いた竹簡を糸で横綴りにして長い文章を書き残した。竹簡を綴る際に順序を取り違えることを錯簡といった。ここから、書物のとじ違いなどで頁の順序が狂っていることも錯簡というようになった。
（4）小松和彦前掲書（pp. 249–254）。
（5）これらのうちスペンサーＢ本は、詞書と冒頭の二体の妖怪の重複部分を除いて分類した。
（6）小松茂美編（1979）『日本絵巻大成25　能恵法師絵詞　福富草紙　百鬼夜行絵巻』（p. 132）、中央公論社。

第3章

『老葉』に対する系統学的アプローチ

宗祇による連歌の系譜

矢野　環

導入——混態という困難に挑む

ある祖本を見て、誰かが写本を書き写す。ここにはある種の先祖（祖本）―子孫（写本）関係が構築されており、一見すると、写本の系譜を考える際に系統学的手法を用いることにはなんの問題もない。だが、系統学的方法を文献学の写本系譜に適用しようとすると、さまざまな問題が起こってしまうのである。とくに、起源の異なる写本群の本文が混合されて一つの写本となり、複数の系統が融合された混態（contamination）と呼ばれる現象が深刻な困難を引き起こす。つまり、分子生物学的な手法、とくに複数の系統が融合しないことを想定している最節約法（maximum parsimony method、第1章も参照）を直接用いたのでは、しばしば誤った系譜を推定してしまう。混態は生物系統学の場合でいえば混血である。もちろんウイルスのレベルでは通常のことで、植物でも起こることではあっても、写本系譜におけるほどには日常茶飯事ではない。写本の場合には、原本を忠実に転写することがむしろまれであり、もともとの注記が本文に入り込むこともあり、さらには一部の注記を本文に入れて、その元の本文を注記にするといった例もある。混態しているのかどうかを見定めるには本来はかなりの経験が必要とされるが、今では数理的方法で混態を推定することも可能なのである。

本章では、近代文献学への数理的方法の導入と、日本でのその経緯をまず概観し、実際の日本語文献に系統学的方法を適用したさまざまな例と問題点をあげ、混態の取扱いについても触れる。後半において連歌師宗祇の第二句集『老葉《わくらば》』では実際にどういう問題が生じるのかを、系統学的ならびにほかの数理的方法による取扱にもとづいて考察する。これまでは、切り出し・切り継ぎという連歌句集特有の編集手法と、年紀のある連歌懐紙で探索した句にもとづく外部徴証に着目して成立時期を推定していた。それに対して、写本の句総体を系統学的に比較すること、また、外群（outgroup、第1章の注13を参照）とまではいかないが、その写本群と密接に関連する独立な写本との内容比較によるアプローチを述べる。

文献学と系統学の関係とその歴史

文献学での写本系譜推定と、生物学や比較言語学での系統推定の方法論が類似していることは、かなり昔から知られていた。それは、近代文献学の祖カール・ラハマン（Karl Lachmann）の学的系譜にあるパウル・マース（Paul Maas）による『Textkritik』（1927）の英訳『Textual criticism（文献批判学）』（1958）が出版されたことがきっかけである[1]。だが、このラハマン－マースの系譜法は、通常の生物系統学と同じく「混態がない」ことを前提としている。つまり、ある写本から生じた系統において、別の起源の写本本文が混じりこんでいないという前提で理論が構成されていた。

一九七〇年代以降でも方法論の類比を明確に指摘した例はいくつかある。たとえば生物体系学の雑誌である『Systematic Zoology』などにおいても論文が発表され[2]、また一九八七年にアーサー・リー（Arthur R. Lee）は、アウグスティヌスの『旧約七書の諸問題（Quaestiones in Heptateuchum）』写本群に生物系統学のソフトウェアであるMacCladeとPHYLIPを適用しており、この種の分析の嚆矢である[3]。

一九九〇年代にもなると、系統学の手法を写本に適用したケースが徐々に増えてくる。後述するカンタベリー物語プロジェクトの主要メンバーとなるピーター・ロビンソン（Peter Robinson）は、文献批判学の伝統的手法を用いた『スウィプダーグの詩（Svipdagsmál）』の写本系譜を、一九九一年にオックスフォード大学へ博士論文として提出している[4]。その系譜の建設には写本成立の外的徴証（奥書等による写本成立時期、歴史的情報）も援用していたのだが、同年八月、驚くべきことに、彼はその系譜を写本の内的徴証（本文の校合など）のみで数理的に再建できるかという問いかけを、インターネット上で行ったのである。ロビンソンの問いかけに応じた九人のうち、十分な成果をあげたのは三人であり、そのうち二人は多変量解析を用いていたため写本の影響関係が明瞭にできなかった。だが、残る一人、ロバート・オハラ（Robert J. O'Hara）によって、系統学的方法での系譜建設が可能であることが示された。このとき彼は、ソフトウェアPAUPによる最節約法を用いている。[5] またちょうどおなじ頃（一九九一年九月）、オランダのマルゴット・ファン・ミュルケン（Margot van Mulken）は、書誌学にコンピュータ処理を導入することにも熱心であったベン・サレマンス（Ben J.P. Salemans）にある写本群の異文表のデータを手渡して、系統学的検討を求めた。[6] この経験をふまえ、サレマンスは系統学的手法による博士論文を提出している。[7] また、系統学的方法を文献学に適用して成功をおさめた有名な例としては、カンタベリー物語のさまざまな写本を分析したカンタベリー物語プロジェクトの成果が名高い。[8] それ以前にも、上述のリーや、オランダなどでいくつかの試みが行われていたが、目立たなかったため、現在もこの論文のみがよく引用されている。

現在のところ、カンタベリー物語プロジェクトを含め、写本系譜の建設には生物系統学のソフトウェアを用いることが多い。つまり、写本の異文を整理し、異文を適切にコード化し、それをＤＮＡの塩基（ＡＧＴＣ）に相当するとみて分子系統学的手法を適用するのである。ただし、写本系譜では混態が一般的であるため、ネットワークを許容するようなソフトウェアを用いる。[9] とくに、SplitsTree内のSplit Decomposition[10]やSpectronet[11]などの手法を援用することが多い。それらの手法から得られる結果は、最節約法のような樹形図になることもあるが、一般にはネットワークとなる。

もちろん、生物系統学における基本的方法である最節約法によるツリーとしての系統樹を求めることもある。しかし、先述したように、混態写本がある場合は誤った系譜がしばしば生じることがわかっている。とはいえ、写本の理論的先祖である仮想的な祖形（archetype）を復元するためには、異文発生を逆にたどる必要があり、ツリーを参照することは必要となる。そこで、混態写本と認められるものを除き、最節約系統樹を求め（これはたちまち一〇〇〇個を超えることも多い）、それらの情報から、かつての合意系統樹（consensus tree）に代えて、数理的にネットワークを構成する方法も各種知られている。とくにSupernetwork[12]と呼ばれる手法はすでに古典的といってもよい。いずれにせよ、文献学における系譜は、ネットワークで表示されることが多い。

カンタベリー物語についても、当初は生物系統学で標準的なソフトウェアであるPAUP*を用いて最節約系統樹による分析を行った。ところが、混態写本（略号El）のために系譜は混乱し、一時期そのままでは断念せざるをえないこととなった。しかし、ソフトウェアSplitsTreeを採用し、Split Decompositionの適用によって納得のいく系譜となり、結果は『Nature』に掲載された（注8参照）。そして、それまで注目されていなかった写本（略号Hg）が原形に近く重要であるという結果となったのである。

日本の近代文献学、数理文献学

日本における近代文献学は、国文学者の池田亀鑑により英仏独の理論が導入された。そののち、統計的な計量文献学的方法があり、系統学・進化学的方法の筆者、矢野による導入は、二一世紀初頭となる。

まず池田亀鑑による近代文献学導入の成果である、『土左日記』（通常の表記は「土佐日記」であるが、原本の表記と推定される表記にしたがう）の系譜建設と祖形の決定は、混態がないこともあり決定的な結論を得ており、従来の国文学的方法に対する優位性を示したものとなっている。池田の手法については無理解な批判も多かったが、結果は揺るがない。ただし、池田自身が意図していた『源氏物語』への適用は、（池田自身も理解していたかもしれないが）そのままの手法では無理であった。晩年の池田には、工学部のご子息が、電子計算機による異本校合の可能性を話されたようである[13]。『源氏物語』[14]については、村上征勝・今西祐一郎等による計量文献学的な結果があり、今もさまざまな観点から継続されている。

その後、二〇世紀と二一世紀をまたいで、矢野は座敷飾の基本典籍『君台観左右帳記《くんだいかんそうちょうき》』や華道書『専応口伝《せんのうくでん》』に対する、多変量解析や系統学による写本系譜の考察を行っている。[15] いずれも従来の手法では系譜が不明瞭であったものだが、生物系統学的な処理に奥書や文献特有の情報を加えることで、その系譜を明らかにすることができ、従来の方法に対する系統学的考察の優位性が確認できた例である。とくに後者については、成立時期が不明であった三件の写本の成立時期推定を行うことができ、また前者は意外なことに混態が少なく、時期によって異なる原本を相阿彌が執筆していたせいで、これまで事態が混乱していたということもわかった。さらに、これらの伝書においては、項目配列の順序を比較することがきわめて重要であることを指摘した。また、『利休百会記』の場合は、二つの系統をまさに合成した混態写本も存在し、ネットワークによる手法が必須であるよい例となっている。『内裏名所百首』では、これまで異本校合データの一部分のみにより、一部の写本群で成立経過が考察されていたが、全写刊本一〇〇件を、より多くの異文データで考察すると、かなり異なった系統仮説にいたることがわかった。以下では、これらの研究を概観しつつ、系統学的手法を文献に適用する際の利点と注意点についてみていくことにしよう。

土左日記

池田亀鑑は一九四一（昭和一六）年に大著『古典の批判的処置に関する研究』を著し、マースらの近代文献学的方法を紹介するとともに、その適用例として『土左日記』の系譜建設を試みた。[16] 池田は、紀貫之自筆本とされていた蓮華王院本の忠実な写本が何であるかを考察し、それは現存する藤原定家の写本ではなく、その子為家の写本であったとみなしている。しかし、当時為家の写本そのものは存在せず、江戸中期かと思われる転写本のみがあった。池田はそれが忠実な写本であるとして、協力者とともに詳細な研究を行い、大部な三冊の本として結実したのである。

これには当然かなりの反発があった。本来ならばより時代の古い藤原定家の写本を忠実な写本とみなすのが自然であり、為家本の忠実な写本であるという確たる証拠がない以上は、より時代の新しい「江戸写本」を忠実な写本とするのは、一般常識では無理がある。もとより池田は批判に応え、転写のメカニズムについて精緻な議論を展開しているが、江戸写本の採用は池田による文献学的信念であったといえよう。しかし、池田の死後、一九八四年にその原本「為家本」そのものが出現し[17]、池田の採用した江戸写本は十分によい転写本であることがしめされた（図❶）。かくて、もはや池田の結果に疑義を挟む研究者はいない。このように、系譜学的に祖本と認められるものが理論的に定まる場合、それに近い内容を持つ現存写本の書写が時代的に新しくとも、その写本は決定的に重要な資料となる。もちろん、古写本が出現すれば、それは最終的な確認となる。

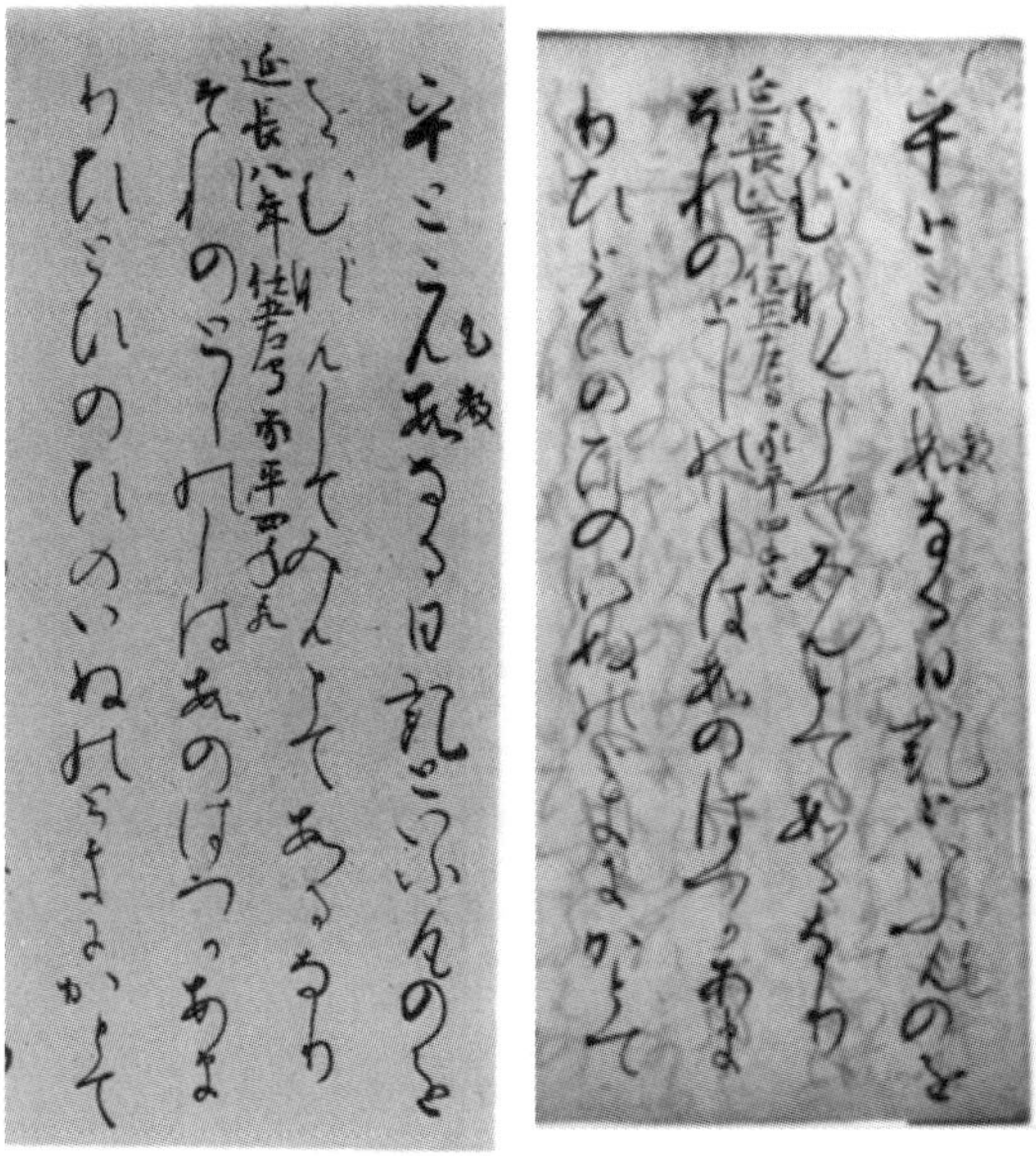

図❶ 右：為家本（為家自筆。嘉禎２年）[18]。左：為家本の江戸中期写本。（注16の文献、第三部より転載）。

ただし、『土左日記』は一つの原本から生じた写本群で構成されていた。そして、転写は比較的純粋な状況で行われており、いわゆる混態に悩まされることが少なかった。それに対してたとえば『源氏物語』では混態や意図的な書き換えが起こっており、伝統的な系譜法は適用しがたい。しかしながら、どのような方法でならば系譜建設が可能であるかについては、最終的結論に達していない。少なくとも最節約法に適していない。

君台観左右帳記

日本における計量文献学的な研究例としては、古典文学における「あはれ」と「おかし」の用例を広範に調査し、その比率から考察を行った論説が第二次大戦終戦まもなくに現れているが[19]、これはもとより系統的な議論ではない。『源氏物語』については、(当時)統計数理研究所の村上征勝による、全文の品詞と活用形を手動で形態素解析したデータにもとづく一連の研究がある[20]。たとえば、「宇治十帖」は助動詞の使用比率がほかの帖とは異なることから、紫式部以外の人物による可能性が指摘された。

矢野は村上の講演を聞いたことがあり、華道書・香道書にそれらの手法が適用できるのではと感じていた。ただし、それらの伝書は文芸作品とはまた異なったメカニズムで転写される。そして、実際にその方法を適用したのは、室町時代の座敷飾の伝書として著名な『君台観左右帳記』、川端康成がノーベル賞授賞講演で引用して著名な『池坊専応口伝』や『文阿彌花伝書《もんあみかでんしょ》』、そして、徳川将軍家の御物《ごもつ》茶道具の伝書などである。この結果については、簡単な発表と、詳細なリストを含む書籍を公刊した[21]。

『君台観左右帳記』は能阿彌(相阿彌の祖父)の頃に簡単な原形があり相阿彌が完成したと考えられており、座敷飾のマニュアルとして名高い。だが、本来その題名を持つ文書は、中国の画家の名前と画題を記載し、上中下に品等した部分、通称「画人録」である。「画人録」は永正から大永にかけてさまざまな種類の原本がもともと作成されており、その各々の原本からさまざまな写本が生成された。ときには正阿弥によって花伝書に転載された例もある。その画家のリストを眺めていれば、著者と目される相阿彌が、中国の画論書を参照して編集を行ってきた経緯が明らかになる。このようなリストは転写のときにとかく脱落や順序転倒を起こす。そして、記載事項の異文校合はもちろん、記載順序を精密にみることが系統判別において重要である。知られている大永三(一五二三)年本はかなりの整理が行われているものの、相阿彌の考えた基準からするとなお最終版とはいえない順序の転倒がある。その状況は、大谷大学本君台観左右帳記の再発見(戦前に島田修二郎が見ている)によって決着した。すなわち、大谷大学本の画人録こそは、最終的な形態といえ、中国の画論書との整合性がもっとも高い。これらの判定のために、順序関係を単に比較するのではなく、「『図絵宝鑑』乖離度」などの指標の定量的処理によって、系統を考察するという道を開いた。また大谷大学本には宗珠本の転写も含まれるが、奥書に「拙僧」とあることから「茶の湯の宗珠」が大徳寺文書に現れる「僧侶の宗珠」と同一人物と思われ、当時の交流関係から推測すれば、その写本は宗珠が大徳寺で同僚であった祖心紹越（この二人が並んで署名している大仙院文書もある）から依頼されて、その兄朝倉景職《かげもと》へ届けたとみなせるものであった。

一九九九年の段階では、書籍には系譜も記載しているが、それは生物系統学のプログラムで行ったのではなく、本文内容、奥書等の検討とともに、多変量解析や配列順序の指標を援用した系統学的考察であった。のちに、『君台観左右帳記』についても生物系統学的考察を行いその系譜を再確認したが、通常の系譜とはいくつかの点で異なっている。

まず、もっとも整った「画人録」（中国人画家とその画題のリスト）は時期的には最後の段階であり、順序の乱れたものが先行していた。これは、編集材料における記載順序と奥書などの外的徴証から確定されるのだが、記載順序などの内的徴証からは必ずしも変化の方向が定められない例となる。次に、一般になんらかの主題のもとにリストされるタイプの典籍は、時代を経るにしたがって広範なデータを集積して件数が増えることが多い。しかし「画人録」は、永正のころから順次整理されて件数はむしろ減っているのである。また、内容の異なる複数原本からの転写本の系統があった。飾りの部分でよく似ているためにおなじ原本に由来するかと思われていた『御飾書』と『御飾記』はまったく別の原本からきている。

池坊専応口伝

『池坊専応口伝』とは、大永から天文のころ、とくに著名であった立花《たてはな》の名手、池坊専応の伝書である。口伝書ではないのだが、習慣としてこの題名が付される。奥書は大永三（一五二三）年から天文一一（一五四二）年におよぶ。構成は、立花の理論、実技的内容、そして最後に座敷飾の伝として、『君台観左右帳記』とよく似た飾図を記載する「座敷荘厳之図」がある。この後半は明らかに『君台観左右帳記』の影響を受けている。そして後半部の記載が微妙に異なる写本がある。

この伝書には、奥書として伝授の相手と年月日を明記しているものと、奥書のないものがある。初期の伝書としては、大永三年本があるが、この奥書は『君台観左右帳記』の大永三年奥書とそろえた疑いがあり、必ずしも信用できない。しかし、条文の未整理と思われる部分があることなどから、内容的には古いものと思われる。次に、享禄三年本がある。また後期のものとしては、天文六年、一〇年、一一年、池坊専栄による一四年本があり、条文の順序の相違をのぞけば、天文一〇年以降の内容は同じである。内容から判断すると、この系統の写本が古活字本、群書類従本と呼ばれる写本の元となった。したがって、天文一一年本、専栄の一四年本以降は考察の対象としない。

奥書のない写本のなかでも、天文一二年の行法記録にある専応の花押とおなじ花押が記された、冒頭を欠いた伝書（以下「花押」と略す）がいつ成立したのかが不明であった。また、この場合、奥書などを欠いているため、座敷飾の部のみで判断を下す必要がある。また、柿葉文庫《しようぶんこ》所蔵『立花並座敷飾』の末尾にも、類似した座敷荘厳之図がある（以下「荘厳」）。さらに、彦根城博物館所蔵の弘治三年九月に周永が相伝した伝書（以下「井伊」）も類似した内容を持つが、専応が最初にこの伝書を与えた時期が明らかでない。以上、花押・荘厳・井伊（の原本）は類似した座敷飾を含んでいるため、なんらかの系譜関係にあると推定され、なおかつ時期的な位置づけが不明なままであった。

そこで、矢野は座敷飾の図に描かれているさまざまな道具や飾りつけの異動、また飾りの条文での異動をみて、それを伝書の変遷のなかに位置づけることができるかどうか、系統学的手法を用いて考察した[22]。最節約法を用いて作成された系統樹は八件できるのだが、それらを合併したネットワーク（Supernetworkと呼ばれる）をみるかぎり、三つの写本は初期（大永三年本）と後期（天文六年本）との間に位置している。すなわち、このネットワークから判断すると[23]、上記三つの写本の成立時期はこれらの中間であると考えられる。系統学における近隣結合法（Neighbour-Joining method）を拡張し、ネットワークを与えるNeighbor-net(24)やまた前述したSplit Decompositionを用いても、類似した図になった（図❷）。

なお、この場合時代の方向性は自動的には決まらない。形式上のほかの可能性として、花押・荘厳・井伊が原形であり、それから天文六・一〇年の系統、また大永三・享禄三年本が別個に発達した、という図にも読める。しかし、実際の条文をみて変化の方向性を考察すれば、初期→花押・荘厳・井伊→天文六・一〇年の可能性が高いと結論できる。

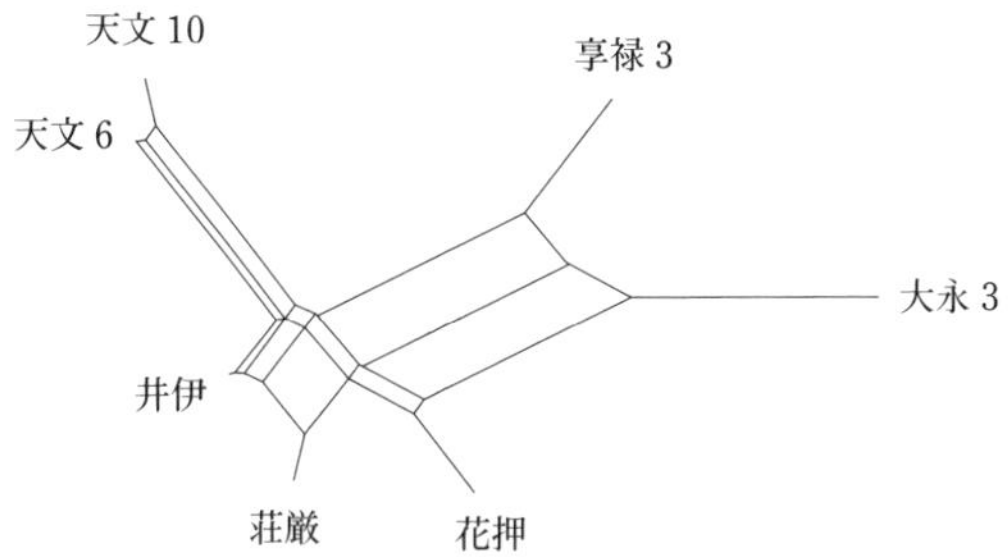

図❷　「専応口伝　座敷飾図」の系統ネットワーク（天文 10 は天文 10 年写本を略す。他も同様）。

もちろん、おおよその状況であれば多変量解析によっても決定することはできる。しかし、上記のように、奥書のある写本に注目して適切な考察を行えば、系統学的方法は奥書のない写本の成立時期についてよりたしかな推定を行うことができる。ただし、変化の方向性は自動的には決まらず、最終的には経験にしたがって実際の条文の変化をみて考察する必要がある。

利休百会記

『利休百会記』とは、千利休晩年の茶会の記録とされるものであり、名前が示しているとおり、ほぼ百会の茶会を記録している。ただ、実際の利休の行った会であるかどうかはいまだに議論が決着していない。それらの会のうちいくつかについては、記載されている客が、その日時に利休の茶席に参加することは可能であることが、ほかの史料から保証されている。しかし、それが文書全体の信憑性を保障するものではなく、豊臣秀吉当時にはふさわしくない用語も目立つ。

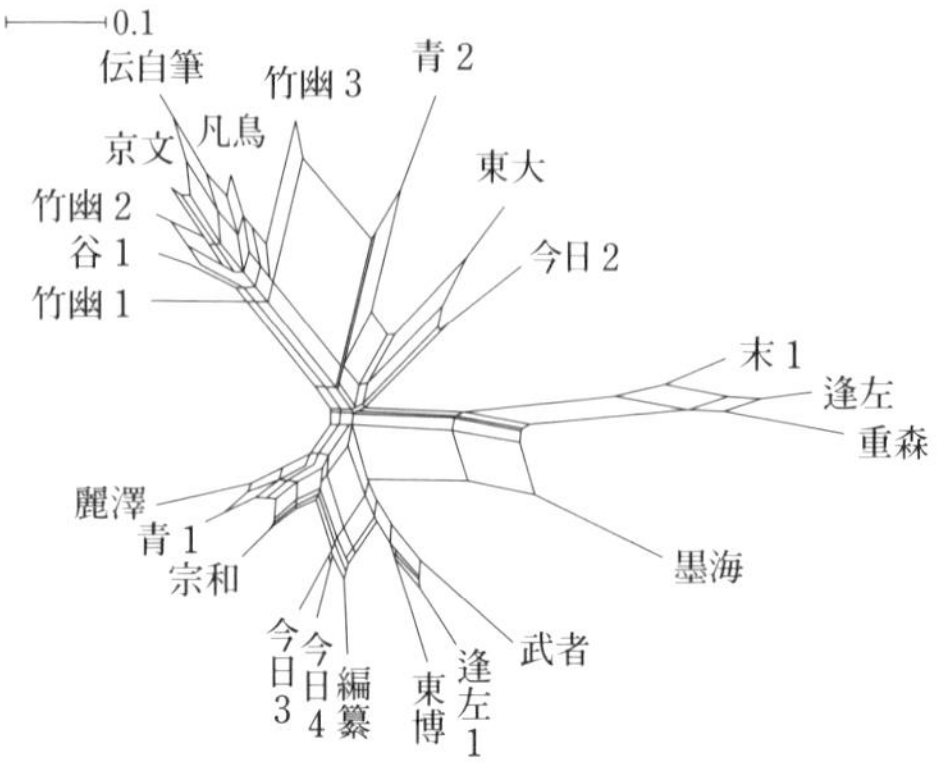

図❸　利休百会記諸本の Neighbor-net によるネットワーク。

この『百会記』については、かなりの量の写本が存在する。これらのうち、ある程度の写本をみれば、おぼろげながら二群に分かれることが道具組の記載から推測できるものの、実際の写本はかなり混雑している。また、書写の悪い写本も多い。そこで、単純な誤写は採用せず、道具名や料理の記載の有無、また名称の異同を形質データとして分析を行った。かつて茶の湯文化学会において、矢野はこの全体の祖本がおそらく一つであり、それは「伝宗和筆本」（図❸での左下の「宗和」）の元本がふさわしいこと、また、記載事項を拡張する方向の「伝逢源斎筆本」を中心とする系統（図❸での右「逢左」）と、記載を改変した系統（図❸での左上「伝自筆」）との大きく三つの系統が生じたこと、混態写本があることなどの講演を行い、全体の系譜を配布した(25)。しかし、文献学的な説明は必ずしも一般的には理解されず、内容を誤解した後追い論文も出ている(26)。ある系統あるいは分類群の祖本が原形に近いということと、現存するその系統あるいは群の写本に誤写があるというのはまったく別の問題である。現に「伝宗和筆本」は速筆であり、単純な誤写はかなりあるが、それは元本をうかがうのに差し支えとはならない、その種の誤解を起こさないためには、推定祖本の本文を提供するほかないと思われる。

また本件の場合は、混態の見本ともいえる、二つの系統をきれいに合成した本がある。とくに「墨海山筆本」（図❸で右下の「墨海」）は、「宗和」の属する左下の系統本に、右に伸びる「逢左」の群にでてくる道具を几帳面に書き加えている。そのために最節約法で求めた系譜では、全体の接続が明らかにおかしくなる(27)。しかし、Split Decomposition や

Neighbor-net による図（図❹）は混態も含めてよく表現されている。また上の方の「竹幽文庫《ちくゆうぶんこ》三本」（略号「竹幽3」）も、二系統を合成しているであろうことが図❸より見て取れる。

内裏名所百首

これはかなり込み入った例である。建保三（一二一四）年九月の順徳天皇の命により、藤原定家は名所題による和歌集を編集した。一〇月末頃に詠進されたかと思われているが定かでない。披講は行われなかったとされる。これは一二人の歌人に名所題による一〇〇首ずつの和歌を求めたものである。したがって、一つの名所に対して一二人の和歌のある「十二人本」が本来の姿と一応は判断される。しかし、著名な三人（四人）のみを抜き出した「三人本（四人本）」や、二人・一人のみの写本もある。しかも「三人本（四人本）」では「十二人本」とは異なる和歌があるものと、そうでないものがある。つまり、単純な推定〈「三人本（四人本）」は「十二人本」からの抄出である〉と単純にはいえない。よって、写本の全体像をみて、内的徴証から判断する必要がある。

歌人は順徳院（隠名で女房と表記）定家、家隆、俊成卿女、兵衛内侍など一二人。この五人の五人本、はじめから四人、三人の歌のみを記載する四人本、三人本がある。

対象となるのは、形式で分けると次の六種類である。断簡を含め九七本（このほかに未調査五本）であり、一〇〇件を越す。文献学が扱う対象の例として、煩瑣であるが件数も含めて記載する。

【十二人本】三三一本

第一類（一七＋二）：この類はさらに、第一種〜第五種に分類される。

第二類（二）

第三類（一二）：この類は、第一種と第二種からなる。

【五人本】一本

【四人本】刊本とその転写のみ知られるので、一本と見る

【三人本】四七本：無注本（一八）（うち、後抄出三本）。有注本（二五）。その他（四）。

【二人本】一本

【一人本】一五本：順徳院（七）定家無注（五）定家有注（二）家隆（一）。

ここで、三人本の「後抄出三本」とは、十二人本からの抄出と判断される三写本である（一人本にも十二人本からの抄出と判ぜられるものがある）。これは、通常の三人本とおなじようにみえるが、その内容を精査してはじめてまったく異なるものであることがわかる。そのほかの三人本は、歌題「三津浜」の順徳院御製が十二人本とは異なる和歌であり、また「田子浦」の部で定家と家隆の歌が順序転倒する写本がある。

これらの写本に関して、矢野は三人本に採用された歌人の歌についてのみ、十二人本も含めて異文校合を行った(28)。基本的に形質として用いたのは和歌における標準的な語句の異同であるが、和歌そのものの存否や、人名の表記法なども別途取り扱った。この校合の結果を系統学的に処理した結果が、図❹である。ここでも中央少し左の上にある「待需抄本（待需）」は、かなり大規模な混態となっている。また、左が（後抄出ではない）三人本のグループであり、右が十二人本のグループである。さらに原文の変化の方向性を推定すると、図❺のような結論となる。ただし、女性歌人の和歌を男性歌人の後ろに配置する写本の発生が、この成立順序では多少説明に苦しく、まだ検討すべき問題点がある。

以上のほかに、中尾の論説に引用された三十六歌仙絵巻での和歌の系統も、系統学的手法が明瞭な結論を与える例となる(29)。ちなみに、同志社大学文化情報学部は「三十六歌仙」の画帖を所持しているが、その和歌は佐竹本の系統の

祖本に近い写本を用いたとみなされる。(30)

池田亀鑑の後、日本において池田の採用した精密な系譜法は国文学界全体としては引き継がれたようにみえない。それどころか、池田以降は「系統」という語に対する忌避があるという意見も聞く。「内裏名所百首」についての講演（二〇〇四年一二月）に、新美哲彦氏が参加した。その後、生物系統学的手法の国文学の文献への適用方法を指導した結果、新美氏が国文学（とくに源氏物語関係）において適用されたことは、大きな成果であった。(31) 矢野はそれ以前にも、国文関係者等に生物系統学の手法を広めようとしたが、興味を持つ方は少なく、新美氏がはじめての例となった。そして、『源氏物語』の数理系統学的な考察を行って、国文学界である程度の評価を受けた時点でも、「系統」という語をさけようとして「リゾーム」などというフランス系ポストモダン批評理論の用語を転用しようとする向きまであるというのは、好ましくない傾向であるといわねばならない。

　数理文献学的方法により、内容の異なる大規模な写本・刊本群（三〇〇年間）の整理を行った例として「名物記生成構造図」がある。(32) また「北野大茶湯」（天正一五（一五八七）年一〇月一日、秀吉が北野天満宮で行った、一般参加を求めた大茶湯）の

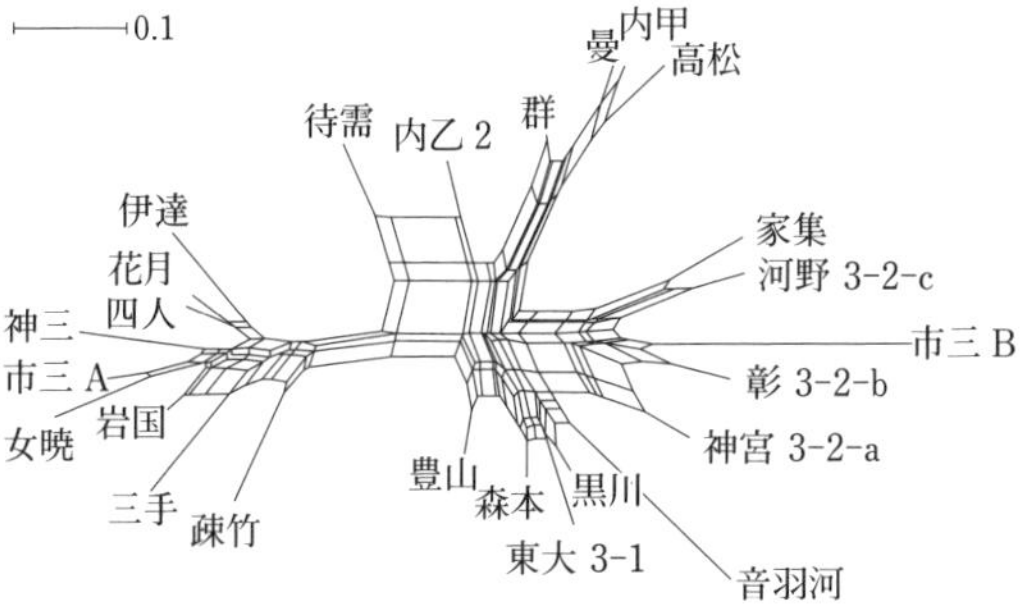

図❹　内裏名所百首諸本の Neighbor-net によるネットワーク。

建保三年一〇月末提出本
↓
十二人本第一類　一〜三種 → 第二類
四種　五種
第三類　第一種 → 通行三人本祖本 →「誰しかも」の入れ替え
→ 定家自筆三人本　↓
第二種　↓　無注三人本祖本
『音羽河』　↓　連歌師が関与
無注本　有注本

図❺　成立経過

論説と資料では系統学的な検討を当然行っており、かつ『君台観左右帳記』画人録と同様に道具の順序構造をみることにより、『太閤記』所収本の原形を確定した。ただし、一般書ではネットワーク図を入れることを出版社側で躊躇するのが実情である。

宗祇の『老葉』

日本文化の基底に和歌の伝統があるとは、つとに指摘されていることである。その和歌の上の句（五七五）と下の句（七七）を交互に読み合う連歌は古くからあったが、室町初期に二条良基により方式がほぼ確立し、『菟玖波集《つくばしゅう》』が編纂された。そして、ほかの文化と同様に地方にも伝播していく。大内政弘の発願に応え、連歌の大成者である宗祇は兼載・宗長・肖柏らと協力して集大成『新撰菟玖波集』を撰集した（明応四（一四九五）年）。『君台観左右帳記』の原初形態を作った能阿彌は連歌でも著名であり、北野天満宮の連歌奉行に就任している。茶の湯の紹鷗は連歌師を志したといわれ、また香会（後の香道）における香木の命名や会の方式にも、連歌が深く関係している。戦国末期に成立した俳諧連歌が江戸時代には隆盛となり、芭蕉などの優れた俳諧師が出現して、近代に俳句が成立する基盤となった。連歌そのものは現在神社や研究者、同好者によって行われるだけとなっているが、室町文化の華であったことはまちがいない。

ここでは、連歌師宗祇の句集『老葉』を題材としつつ、連歌における系統推定について考察する。連歌句集は、伝統的に「切り継ぎ」と呼ばれる著者本人による編集操作が行われ、同一題名の典籍であっても複数の原本が発生する。「切り出し」とは元本の歌を取り除くことであり、「継ぐ」とは別の歌を挿入することを呼ぶ。これは、巻物を実際に一部切って取り除き、あるいは別の歌を書いた紙を貼り継ぐという操作を表している。このような操作は、写本の前後関係の系統判別を混乱させる原因となりうる。とくに、いったん切り出した句の多くを後に再び継いだ場合は、写本の前後関係の判別が原理的に困難となる。ただし、実際の写本群ではほかの編集要素もあり、判別可能なことが多い。

本節で扱う宗祇の連歌句集『老葉』は各系統がそれぞれ複雑な発展をしたことが知られている。たとえば、初編『老葉』は今では再編『老葉』とは別の句集として取り扱われ、また再編『老葉』は大きく三種に類別されており、その成立時期もとらえられている。(33) この再編『老葉』から宗祇注本が生じ、また宗長注本が派生した。さらに両者を接合した併注本も編纂されている。これら初編『老葉』、再編『老葉』に加え、宗祇によるほかの句集『萱草《わすれぐさ》』、『下草《したくさ》』などについては諸本の分類と成立経緯が明確にされているのだが、『老葉』加注本の系統については、必ずしも明確にされたとはいいがたい。

筆者は二〇〇一年六月三〇日〜七月一日に広島大学で行われた「宗祇五百年遠忌・金子金治郎博士三回忌記念国際研究集会」において、竹幽文庫本『老葉』(長注本)について研究者の意見をうかがう機会を得た。その折、両角倉一氏からは有注本の精密な処理を託された。本章の内容の原形は、その年に行動計量学会において発表し、(34) 両角氏を含む研究者の方にはお知らせした。その後、宗祇『老葉』については位藤邦生氏の研究(35)もあるが、矢野の結果とは独立である。本章が、遅ればせながらも有注本を含む全容についての概説のはじめとなれば幸いである。

以下「刊本」とは、江戸時代唯一の版行本である『愚句老葉《ぐくわくらば》』を意味する。その元本は能順本と呼ばれ、宗祇注と宗長注双方の写本を合成している。その宗祇注の部分(またはその原本)を、刊本自注、同様に宗長注の部分(またはその原本)を、刊本長注と呼ぶ。宗祇注本と宗長注本を同時に収める併注本としては、宮内庁桂宮本の藤孝奥書三冊本があり、みかけは刊本と類似しているが、後述のようにじつはかなりの差異がある。

本節では、これらの写本に関して句の異同を数値化し、数理的処理を行う。写本間の系統学的考察においては、ある句の存在を問題にするならば、句の出現を1、非出現を0として比較を行うことができる。また、異文はそのパターンを記号化すればよい。それらのデータは系統学的な考察に乗せることができる。

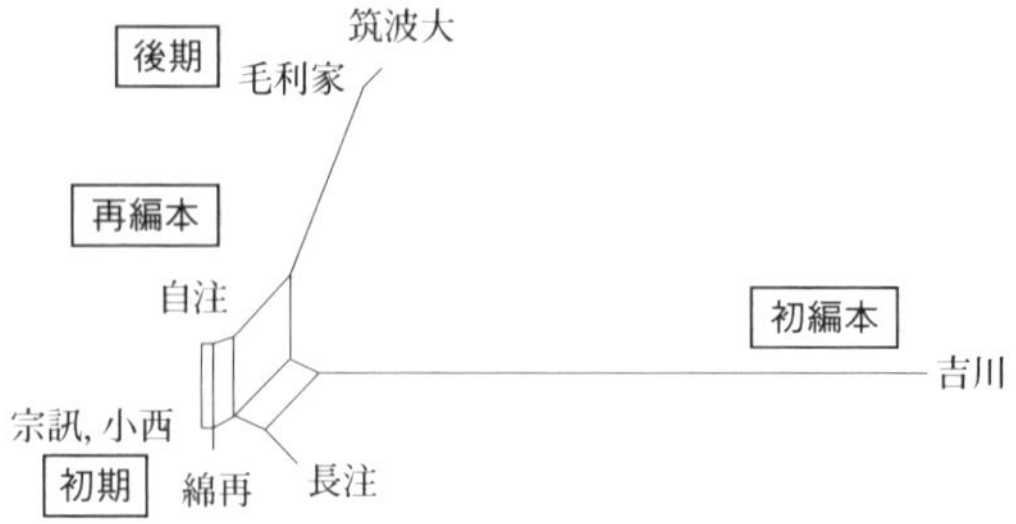

図❻　無注、有注諸本の Split Decomposition によるネットワーク。

たとえば、『老葉』の第九について、句の存否のデータを用いて系統をみれば、Split Decomposition によるネットワークは図❻のようになる。この図の見方を簡単に解説しておこう。

無注本の初編本「吉川本」が右に配置されている。それから、後の兼載《けんざい》の句を切り出し、いろいろな編集を経て左の再編本へいたる。再編本の「綿再（綿屋再編本）」「宗訊本」と、宗祇注本「小西（蔵本）」、刊本所収の「自注本」のみならず、宗長注本の標準本「長注」が配置されている。つまりは、有注本はこのあたりから発したと推される。そして、再編本の後期である「毛利家本」「筑波大本」は、それらの本とかなり異なることが見て取れる。

ここでは、資料の少ない宗祇注本の構造検討のために、発句のみの自注句集である『祇公七十句自注』[36]と、宗祇の注に依存する（宗祇の弟子である宗長による）宗長注本を援用し、自注本発展の経緯の仮説を与えることとする。以下の系統学的考察の結果から連歌句集『老葉』に作者宗祇自身が注を付した自注本『愚句老葉』は、少なくとも四段階の発展があると認められ、とくにその第四段階稿本から抄出したものがこの『祇公七十句自注』であると想定される。

以下の議論の核となるのは、『祇公七十句自注』である。これは、自注データの少ない宗祇自注において重要なものである。すでに両角氏はこの検討を行っており、その結論の要点は下記の（1）～（5）の如くである[37]。

（1）全句（六十九句）は、宗訊本、また刊本自注に含まれる。また、毛利本ではこのうち七句が切り出されている。

したがって、宗訊本以降、毛利本以前の成立と見るべきであろう。

（2）注文は、刊本自注と近似したものがほとんどであり、一致するものも多い。ただし、相違点もあり、単純な抜き書きではない。

（3）句五十三、五十五の二件（二桁番号は六十九句の通し番号。この二件は下記に掲載する）は、刊本の宗長注に近似している。宗長は、「老葉自注」とともに、「七十句自注」も手元に置いて参考にし、時折は師の注文をなぞったのかもしれない。

（4）刊本自注では加注のない発句が、「七十句自注」では注を持つ例があり（三十九、四十五）、「七十句自注」は「刊本自注」より後の成立かとも思われるが断定できない。

（5）したがって「七十句自注」は、「老葉自注」の成立した明応五（一四九六）年四月以後のあたりを想定しておくほかなさそうである。

まず、上記の意見を検討する。はじめの（1）はそのとおりかもしれない。ただし、毛利本のような句のみの再編本と自注本の系列の発展で独立に句の選択が行われ、毛利本では早々に切り出した句が、『祇公七十句自注』が元にした自注本ではそれ以降も残っているということもあるとすれば、毛利本以前という決め手はなくなるだろう。

次の（2）についてては異論がある。刊本自注と完全に一致する注文もあるが、近似するだけで文章としては異なるものが多い。実際にもっともよく注文が一致するのは、従来宗長注本に分類されながら、実際には宗祇注本の影響がはなはだしい系統（内閣文庫半紙二冊本、祐徳中川本など）である。そして、宮内庁桂宮本の藤孝奥書三冊本は、刊本よりも『祇公七十句自注』に近い。

その観点で（3）をみると、刊本自注における五十三句の注文（【Box1】参照）は問題がある。明らかに誤入であり、

【Box1】各写本における五十三句と五十五句の異同

五十三句　　時雨よりこゝろはそめぬ山もなし
七十句自注　しくれよりも心のみふかくそむると云　心也
祐徳　　　　しくれより　心　ふかくそむるといふ　なり
藤孝　　　　時雨より　心ハ　ふかくそむると云　心也　（これは五十三句の注文にはなく、五十七句の注文にある）
刊本宗長　　時雨より　心　ふかく染　と云　心也
竹幽　　　　心のいろ時雨よりも　ふかゝらんにや
遊行寺　　　心の色　時雨より　ふかゝらんとや
刊本自注　　秋の雨の心にそみて……　（これは五十三句の注文ではなく、誤入である）

五十五句　　鹿の音をきかすは山やうす紅葉
七十句自注　鹿の音をきかすハ　紅葉　もさほといろふかしと
　　　　　　見かたし聞そへてみるに猶色ふかきこゝろなり
藤孝　　　　鹿の音をきかすハ　紅葉にもさほといろふかしと
　　　　　　見かたし聞そへてみるに感情ふかしといふ心也
祐徳　　　　鹿のねを聞すは　紅葉もさほと　ふかしと見かたし
　　　　　　聞そへみるに猶色ふかき心也
刊本宗長　　鹿の音をきかすは　さほと　ふかしと見かたし
　　　　　　聞そへ　みるに猶色ふかき心也
刊本自注　　鹿の音を　聞そへてみるに
　　　　　　紅葉の　感情ふかしと云心也
竹幽　　　　鹿の音をきゝそへての興にや

五十七句の注と重複している。また藤孝本も五十七句に五十三句の注文があり、この注文は誤入になっている。この場合、刊本の元本である能順本と藤孝本はいずれも併注本であり、みかけは類似しているが、能順本が参照した宗長注本がすでに宗祇注を取り入れていたと思われる。実際、宗長注本標準本でも五十七句に近似した注がある。

　五十五句をみれば、祐徳中川本は刊本宗長注と七十句自注本に近く、藤孝本も七十句自注本に酷似する。ただ、「感情」という語句は藤孝本と刊本自注がおなじである。さらにこの場合、刊本宗長注は宗

【Box2】三種類の写本における四十五句の異同

四十五句　秋といはゝ朝露なひくすゝきかな

七十句自注　秋の興をいはゝ　薄の朝露になひきたるを云へしと也
人丸歌に　ミな人ハ萩を秋といふ　いなわれハ　薄かうへを秋といはなん
とよめり　此心也

祐徳　秋の興をいはゝ　薄の朝露になひきたるを云へし
みな人ハ萩を秋といふ　いな我ハ　薄かうへを秋といはなん
とよめり　人丸歌の心也

藤孝　秋の興といはゝ　薄の　なひくを　ミへき也　人丸歌に
皆人は萩を秋といふ　いなわれハ　すゝきか上を秋とハいはん
とよめる也

【Box3】付置の例：異なる部分には下線がひいてある。□は欠字を表す。

0.9　鹿の音を　きかすは　紅葉も　さほといろふかしと　見かたし　聞そへてみるに　猶色ふかきこゝろなり（七十句自注）

1　鹿のねを　聞すは　紅葉も　さほとふかしと　見かたし　聞そへみるに　猶色ふかき心也（祇注依存長注）

1.5　鹿の音を　聞きそへてみるに　紅葉の　感情ふかしと　云心也（能順宗祇注）

1.1　鹿の音を　きかすは□　さほとふかしと　見かたし　聞そへみるに　猶色ふかき心也（能順宗長注）

2　鹿の音を　きゝそへての興にや　（竹幽宗長注）

祇自注をなぞったものと考えられるだろう。

そして（4）であるが、藤孝本も三十九句の注はないが、四十五句では七十句自注本と酷似した注を持ち、祐徳中川本もほぼ同文である（【Box2】を参照）。刊本はこれを脱したと思われる。[38]

注文を比較する場合でも、類似の程度を数値で表現することが可能である。しかし、注文の比較は単純に行うと微妙な差異を反映しにくい。したがって、この数値は一定の法則をふまえ、経験者によって付される必要がある。その数値の安定性は、複数の経験者により独立に付した値による処理結果が安定しているかどうかをみればよい。また、しかるべき乱数を添加したデータで頑健性をチェックすることもできる。[39]【Box3】に「鹿の音をきかすは山やうす紅葉」という句に対する付値の例をあげる。行頭が数値である。

全体六十九句の注文に関して、【Box3】のように近似性を判断し、その数値を対応分析（Correspondence Analysis）にかけて写本間の親近性をみることができる。[40]また、この場合、藤孝本や祐徳本で注が欠落するものなど、異常値九句を削除して処理するのが適切である（図❼）。これによって二件ずつの親近性は明瞭に見て取れるが、その全体の関係は明瞭であるとはいえない。そこで、近似性によって求めた数値から距離を算出し、Neighbor-net あるいは Split Decomposition によって処理すればより明確となる。後者が図❽であり、前者もほぼおなじ図となる。

以上を元として、次の（1）の図式を仮説として提案する。さらに、補説として（2）（3）（4）を提案する。

（1）自注本に、四つの段階を想定する。どれも想定本又は未見であるが、残された資料から得られる徴証をもってこう判定する。左から右に時代が下がり、第四段階稿本である祐徳、内閣半紙系本から抄出したものがこの『祇公七十句自注』であると考えられる。

無注本　宗訊本　綿屋本　　　　　　　　　　　毛利本
現存本　　　（小西本）（島原松平文庫本）（宮書三冊本系）（祐徳、内閣半紙系）
想定本初度本→能順本宗祇注部原本　→藤孝本宗祇注部原本→宗祇注依存宗長注本が参照した宗祇注本

島原松平文庫本（上巻）は金子によれば、かなり刊本に近いとされており、たしかにそのようにみえる。[41]なお、能順本原本、藤孝本原本いずれにも門司宗忍宛の跋文が存する。

（２）『祇公七十句自注』は刊本系ではなく、それ以降の「宗祇注依存宗長注本」が参照した自注本からきているとみるのが自然であろう。とくに、宗長が『祇公七十句自注』を手元において宗長注本の改訂をした、とみなす必要はないかと思われる。もしそうであれば、その影響がもっとも強く出たのが、「祇注依存長注本」であるといえる。

（３）併注本の能順本（刊本元本）と藤孝奥書本（宮内庁三冊本）は形式的によく似ているが、直接の本末関係はない。

能順本＝能順宗祇注部＋能順宗長注部

藤孝本＝藤孝宗祇注部＋藤孝宗長注部

という接合がなされており、能順宗祇注部の原本は藤孝宗祇注部の原本に先立っており、逆に藤孝宗長注部の原本は能順宗長注部の原本に先立っていると認められる。

（４）宗長注本について

また、宗長注本（おもな注本は【Box４】に記載）に関して完全な結論には達していないが、それらの親近関係も注文の異本校合からわかる。標準本が、自注小西本との密接な関係があることは、図❻のとおり、採用句から知られる。すでにこの段階で、宗祇注の影響があった。さらに、十巻を取り上げ、

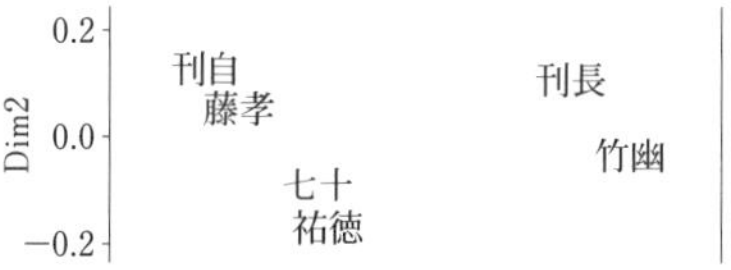

図❼　対応分析による写本の散布図

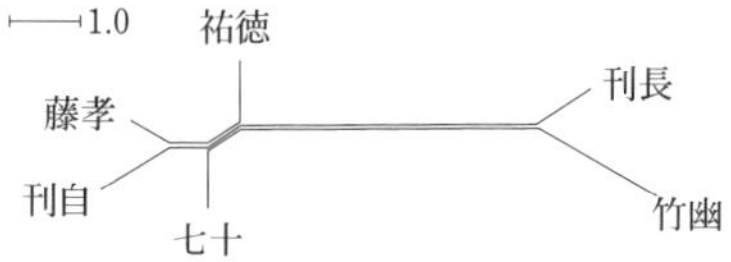

図❽　注文の類似性にもとづくSplit Decompositonのネットワーク

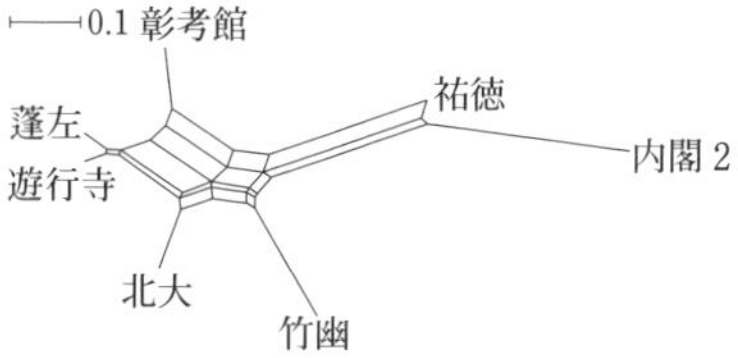

図❾　宗長注本のネットワーク

【Box4】おもな宗長注本の写本

・宗長注標準本（再編本に比べての語句の相違は、自注初度本の影響と見る）
　蓬左文庫本、遊行寺Ａ本、内閣文庫桝形本：序跋をそなえる。
　中院文庫本：序の前に、さらに時期の下がる（西順云々）前書あり。
　（未精査）彰孝館本：序跋、さらに兼順宛も付す。
・標準本の近傍
　藤孝本宗長注部原本（未発見）：序有。標準本に比較的近い。
　北大本（下。永禄七年書写の転写）、竹幽文庫本（下。天文四年書写の転写）
　　：句増有（この２本は「松梅院」を「松林院」と記すが、それだけなら蓬左系統の遊行寺Ｂ本にも認められる）。
　皇學館文庫本（巻一のさらに残欠）：語句が刊本系に少し近い。
・刊本系
　能順本宗長注部原本（未発見）
・宗祇注依存型（序跋無。祇注が大量に混在した物。序はあるが宗長編か、存疑。句の語句は、標準系よりも再編老葉あるいは刊本と一致する所が多い）
　祐徳稲荷中川文庫本：書写は古いが、多少脱落有り。
　内閣文庫半紙二冊本：祐徳と殆ど等しいが完同ではない。欠句有。
　（金子によれば、天理（れ 3.1　23）、龍谷大学、大阪府立図書館も同系統か）

Split Decompositionによって処理した図❾を考慮すれば、基本的には次のような発展が想定される。(42)

宗長注標準本→藤孝本宗長注本→中間本→能順本宗長注本→宗祇注依存宗長注本、派生宗長注本

写本の系統学

昭和一〇年代からはじまった日本における近代文献学が、二〇世紀末には数理文献学としての形式と実質を備えるようになり、二一世紀に入って系統学的考察も行われるようになった。ここでは文献学において系統学が有効に機能する代表的な例を紹介した。

『君台観左右帳記』画人録や、名物記のような列挙型の文書では、系譜を考察するにあたって、通常の記載事項の異本校合のデータのみではなく、記載順序の定量的比較が重要であり、それは「北野大茶湯」の分析においても同様であっ

【Box5】注文比較例　□は欠字。

その他、系統をみるのに必要な若干の例を挙げておく。これらを実際の条文の状況が、総合的判断に必要となってくる。刊本は併注編纂時に祇注の一部を削除したらしい例も指摘されているので、判断は慎重でなければならないが、藤孝本が刊本と（七十、祐徳）との間に入ることは見えるであろう。

10　待人を花にかすめよ鳥のこゑ
七十　花にかすめよハ　待心を花にしらせよ　也
祐徳　花にかすめよとハまつ心を花にしらせよ　也
藤孝　花にかすめよとハ　待心を花にしら□□　鳥にい□□たてる心也　（虫損）
刊自　待心を花に知せよと　鳥にいひかけたる心也
竹幽　かすめよとハ　しらせよと　云心也

11　花はいさとしに色そふこゝろかな
七十　華ハしらす　我心ハ年ことに　花に思ひそみ　色そふ　心也
祐徳　花ハしらす　我心ハ年毎に　花に思ひそミて　色そふ　也
藤孝　花ハしらす　我心ハとしことに　思ひそミてこゝろの色そふといふこゝろ也
刊自　としことに　思ふ心の　色そふに
花の心ハしらすと云
竹幽　年々　花に我心　いろそふにや

27　道芝ににほふ花つむ春野かな
七十　いつれの花ともなし　色々の花也
祐徳　いつれの花ともなし　色々の花也
藤孝　いつれの花ともなし　色々の小草なと也
刊自　いつれの花ともなし　色々の小草なと也

32　杜若はなに水行川辺かな
七十　伊勢物語に水行川の　くもてなれはと　いふこゝろなり
祐徳　伊勢物語に水行河の　くもてなれはと　云心也
藤孝　水ゆく川のくもてなれはと□侍り□□おもひよせたるなり
刊自　水ゆく川のくもてなれはといふを　思ひよせたる也

57　色みえはこゝろや千しほ秋のあめ
七十　秋の雨の心にそみておもしろき事はかなし　かくおもふ心色にみえ　は千しほにもなるへき也　といふ心也
祐徳　秋の雨の心にそミておもしろき事ハ限りなしかくおもふ心色にみえ　は千入にもなるへき　か　と云心也
内二　秋の雨の心にそみて　面白事は　限なし　かく思ふ　心色にみえ　は

千入にもなるへき　か　と云心也
刊自　秋の雨の心にそみて　面白いふはかりなし　かく思ふ　心色にみえなは千入にもなるへからん　という心也
刊長　長注同
桝　此雨にそむる　いろ見ゆる物ならは　ちしほなるへきにや
竹幽　此雨にそむる心　色みゆる物ならは　ちしほなるへきにや
遊　此雨に　染る心　色みゆる物ならは　千しほなるへきにや

58　神無月けふや八雲のはつしくれ
七十　此月諸神出雲国　へうつり給ふ　八雲又彼所にての事なれハ　引合て時分を取成也
祐徳　此月諸神出雲の国へうつり給ふ　八雲又彼所にての事なれハ　引合て時分を取成也
藤孝　此月諸神出雲国　へうつり給ふ　八雲又彼所にてのことなれは　引合て時雨を取成計也
刊自　八雲　彼所にての事なれハ
時分をなす計也
刊長　神の出雲の大社　とやらんわたり給ふ事にや
竹幽　神の出雲の大社へとやらんわたり給ふ事にや

（祐徳が純粋長注を保存しており、七十句の注文が孤立する例）

4　二葉より匂ふ木もいさ梅の花
七十　二葉の匂ふハせたん也　それよりも梅かゝハふかしとなり
藤孝　栴檀の匂ひも　梅にハしかしと云こゝろ也
刊自　栴檀のにほひも梅にハしかしと云心也
祐徳　梅はせんたんよりもかうはしきにや
刊長　梅ハ栴檀よりもかうハしきにや
竹幽　梅ハ栴檀よりもかうはしきにや

8　かすむよそおほろけならぬはるの月　（食い違いが大きい）
七十　おほろけならぬハつねならぬなり　面白きこゝろ也
藤孝　さやけ□よりおぼろけなるハ奇妙なる月といふこゝろなり
刊自　さやけきより朧なるハ　奇妙なる月と云ふ心也　たゝ面白きと云心のミ也
祐徳　おほろけならぬとハ月のほのかにておもしろきをいへり　秋の月にもいふへし
刊長　おほろけならぬとハ月のほのかにておもしろきをいへり　秋の月にも云へし
竹幽　おほろけならぬとハ月のほの霞て　おもしろきをいへり　秋の月にもいふへし

た。また『専応口伝』のように、奥書のない文書の成立期の推定も行え、『老葉』においてもおなじであった。そして、『内裏名所百首』のように、従来の説に対立する説を提出することもできる。また、文章の類似性の適切な数量化が『老葉』の有注本の解析では有効であった。今後とも、新しい手法が開発されると期待される。

系統学の文献学への適用においては、ネットワークのみから、時間経過を含めた系譜を確実に再現することは難しく、なんらかの外的徴証を援用せねばならないことも多い。そうであっても、系統学が通常の多変量解析に比較して有効な方法であることがわかっていただけたかと期待する。

注

（1）Maas, P.（1927, 1947, 1957）*Textkritik.*（1st, 2nd and 3rd revised edition）Leipzig: Teubner.

（2）Platnick, N. and Cameron, D.（1977）Cladistic methods in textual, linguistic, and phylogenetic analysis. *Systematic Zoology* 26 : 380–385.

（3）Lee, A. R.（1989）Numerical taxonomy revisited : John Griffith, Cladistic Analysis and St. Augustine's "Quaestiones in Heptateuchum" *Studia Patristica* 20 : 24–32.

（4）Robinson, P. M. W.（1991）*An edition of Svipdagsmál.* Ph. D thesis, Oxford University.

（5）最終的公表は Robinson, P. M. W. and O'Hara, R. J.（1996）Cladistic analysis of an old norse manuscript tradition. *Research in Humanities Computing* 4 : 115–137.

（6）Salemans, B.（1994）Comparing text editions with the aid of the computer. *Computers and the Humanities* 28 : 133–139.

（7）Salemans, B.（2000）*Building stemmas with the computer in a cladistic, neo-Lachmannian way: The case of fourteen text versions of* Lanceloet van Denemerken （*Doctoral thesis*）. Nijmegen: Nijmegen University Press.

（8）Barbrook, A. C., Howe, C. J., Blake, N., and Robinson, P.（1998）The phylogeny of *The Canterbury Tales. Nature* 394 : 839.

（9）Huson, D. H. and Bryant, D.（2006）Application of phylogenetic networks in evolutionary studies. *Molecular Biology and Evolution* 23（2）: 254–267.

（10）Bandelt, H. -J. and Dress, A. W. M.（1992）A canonical decomposition theory for metrics on a finite set. *Advances in Mathematics*, 92（1）: 47–105.

（11）Huber, K. T., Langton, M., Penny, D., Moulton, V., and Hendy, M.

(2002) Spectronet: A package for computing spectra and median networks. *Applied Bioinformatics* 1 (3): 159–161.
(12) Huson, D.H., Dezulian, T., Klöpper, T., and Steel, M. A. (2004) Phylogenetic super-networks from partial trees. *Computational Biology and Bioinformatics*. 1 (4): 151–158; Whitfield, J. B., Cameron, S. A., Huson, D. H., and Steel, M. A. (2008) Filtered *z*-closure supernetworks for extracting and visualizing recurrent signal from incongruent gene trees. *Systematic Biology* 57 (6): 939–947.
(13) 上田英代、今西祐一郎、藤田真理、村上征勝、樺島忠夫、上田裕一(1994)『源氏物語語彙用例総索引　自立語篇』「序にかえて」勉誠出版。
(14) 村上征勝・今西祐一郎 (1999)「源氏物語の助動詞の計量分析」『情報処理学会論文誌』40 (3): 774–782.
(15) 矢野環 (1999)『君台観左右帳記の総合研究――茶華香の原点・江戸初期柳営御物の決定』勉誠出版、矢野環 (2005)「芸道伝書の発展経過の数理文献学的考察」『情報処理学会研究報告』2005–CH–65 (10): 33–40.
(16) 池田亀鑑 (1941)『古典の批判的処置に関する研究　第一部〜第三部』岩波書店。
(17) 現在この写本は国宝であり、大阪青山歴史文学博物館に所蔵されている。
(18) 反町茂雄編 (2002)『弘文荘待賈古書目　ＤＶＤ版』八木書店より転載。
(19) 上村悦子 (1949)「「あはれ」及び「おかし」の帰納的考察」小宮豊隆編『日本藝能史講話』(pp. 163–186)、紫乃故郷舎。
(20) 村上・今西 (1999)。
(21) 矢野 (1999)。
(22) 矢野 (1999)、矢野 (2007)「古典籍からの情報発掘―再生としての生命誌、ネットワーク」『情報知識学会誌』17 (4): 235–242.
(23) Saitou, N. and Nei, M. (1987) The neighbor-joining method: a new method for reconstructing phylogenetic trees. *Molecular Biology and Evolution* 4 (4): 406–425.
(24) Bryant, D. and Moulton, V. (2004) NeighborNet: An agglomerative method for the construction of planar phylogenetic networks. *Molecular Biology and Evolution* 21 (2): 255–265.
(25) 矢野 (2005)、(2007)。
(26) 影山純夫 (2006)「『利休茶会記』の再検討――『利休百会記』と『利休茶湯記』」『野村美術館研究紀要』15: 52–66.
(27) 矢野環・福田智子 (2006)「茶道伝書の文化系統学的処理」『日本計算機統計学会大会論文集』20: 85–88 には説明のために誤図も掲載している。
(28) 矢野 (2005)。
(29) 中尾央 (2011)「文化とその系譜――文化系統学の (再) 興隆」『科学哲学科学史研究』 5: 51–70.
(30) 矢野 (2007)。
(31) 新美哲彦 (2007)「『源氏物語』諸本分類試案――「空蝉」巻から見える問題」『国語と国文学』84 (10): 13–26; 新美 (2008)『源氏物語の受容と生成』武蔵野書院。
(32) 矢野環 (2001)「名物記の生成構造――実見と編集のはざま――第二部/名物記生成構造図」筒井紘一編『茶の古典 (茶道学大系十巻)』(pp. 66–108)、淡交社。
(33) 両角倉一 (1985)『宗祇連歌の研究』勉誠出版。
(34) 矢野環 (2001)「宗祇連歌句集『老葉』自注本の系列――『祇公七十句自註』を核とした文献解析学的検討」『日本行動計量学会大会発表論文抄録集』29: 308–309.

(35) 位藤邦生（2004）『宗祇全集作成のための基礎的研究』科学研究費・基盤研究(C)研究成果報告書。

(36) ただし、収載されているのは六十九句である。

(37) 両角倉一（1980）「祇公七十句自注」金子金治郎編『連歌貴重文献集成　第七集』解説（pp.442-444）、影印（pp.31-62）、勉誠出版。

(38) また、小西本を確認できていないため、たしかに小西の番号で二二〇の句が存在しているのかどうか不明である。このため、時期については明確なことをいいがたい。また小西本がすでに明応五年の句を含んでいるとされるが、未見のため挿入されたものかどうか判断できない。

(39) 編者の指摘による。

(40) ここでは結果は省略するが、主成分分析でも同様の散布図を得る。

(41) 金子金治郎（1976）「宗祇句集」『貴重古典籍叢刊 一二』角川書店。

(42) 連歌師兼載（けんざい）が『老葉』の写本を所持していたが、遊行寺本の校合記載から判断すると、竹幽文庫本がもっとも近い本文を有する。

第4章

系統比較法による仮説検定

社会・政治進化のパターンとプロセス

トーマス・E・カリー／訳・中尾　央

チャールズ・ダーウィン（Charles Darwin）の『種の起源』には、膨大なアイディアと実例が含まれているのとは対照的に、たった一つの図しか載っていないことに注目したい。それは、異なる種が共通祖先から分岐してきたことを示すツリーだ。目を見張る生物多様性が地球上でいかにして生み出されてきたかを理解するために、枝分かれするツリーは現代生物学の礎となるメタファーである。ダーウィンのこの洞察をふまえて、多くの研究者たちは「系統樹思考（tree thinking）」を用いて生物進化のパターンとプロセスにまつわる問題に取り組んでいる[1]。現在、種間の進化的な類縁関係に関する仮説を構築するには、分子もしくは形態データを用いることが多い。このようにして復元された過去（すなわち系統樹）は、ほかの進化仮説をテストする際にも使用することができる[2]。系統学でこの研究手法が採られるようになったのはごく最近のことだが、おそらくその理由は、膨大な量の遺伝データが研究に使えるようになり、さらにはそのデータを分析する手法が開発された結果だろう[3]。ジョゼフ・フェルゼンスタイン（Joseph Felsenstein）は次のように述べている。「系統発生は比較生物学にとってもっとも重要なものであり、これを考慮せずに比較生物学を行うことなど不可能である[4]」。

生物学者が生物多様性を生み出してきた要因を探るのとおなじように、社会科学の一部でも、人間の文化習慣や社会組織の変異を説明しようという試みがあった。長年にわたり、研究者たちは系統樹思考を用いて、文化多様性、そして人間社会、文化形質が時間の経過とともにどのように変化してきたかを説明しようとしてきた。たとえば、言語間の歴史的関係をツリーの形で表すことができるという考えは、歴史言語学のなかでも支配的なパラダイムであるといっていいかもしれない[5]。実際、系統発生をふまえた技法の開発は、『種の起源』よりも昔にさかのぼることができるだろう[6]。人類学者たちもまた、文化や社会の多様性を理解するには系統樹思考が重要であると提案してきた。一九五〇～一九六〇年代、キム・ロムニー（Kim Romney）とイヴォン・ヴォート（Evon Vogt）などの研究者が、身体的特徴、言語、文化習慣のような特徴は必ずしも同時に変化するわけではないと論じている。それゆえ、集団間でこれらの特徴が類似している場合、この類似はその集団が共通祖先集団に由来する証拠だと考えることができる。このような観点から、いつ、どこで、どのようにしてこれらの集団が分岐したのかを仮説として提示することにより、文化習慣の変化を遡っていくことができる[7]。残念ながら、文化人類学がその後何十年もの間、個々の進化的問題のみならず、科学的探求そのものに背を向けたために、このようなアプローチは発展しなかった[8]。しかし、系統樹思考は、ポリネシアに関するロジャー・グリーン（Roger Green）やパット・カーク（Pat Kirch）などの人類学者による研究、そしてオーストロネシア語社会の分類に関するピーター・ベルウッド（Peter Bellwood）の研究[9]にとって重要な位置づけを占めている（以下参照）。

ここ数年、進化生物学においてさまざまな洞察をもたらしてきた系統学の手法を、社会・文化的データに適用することは前途有望であると認知されつつある[10]。系統樹思考を適用した初期の研究では、しばしば厳密とはいえない議論が行われ、暗黙の前提や主観的な判断がまかり通っていた。しかし、現代の文化系統学的アプローチは、前提を明示したうえで、コンピュータを用いて定量的に対立仮説をより厳密に評価している。

系統推定分析は、一般に二つの大きなカテゴリーに分けられる。①系統樹の構造を用いて、考察対象である単位の分岐順序や分岐年代を推定する研究（本章「ＰＣＭとはどのようなものか」「複雑な政治組織の進化」も参照）。②形質を系統樹にマッピングし、その形質の進化を比較推定する研究。この章では、系統比較法（ＰＣＭ：phylogenetic comparative methods）にもとづく後者の分析に焦点をあてる。

ＰＣＭを用いれば、社会科学での伝統的な分析を補完しつつ、人間の文化進化に関するある重要な問題を考察できる。文化多様性とその前史についての問題は、要するに、時代を超えて文化的に伝承された形質のパターン、プロセス、そして変化率に関するものだ。伝統的に、この問題は現代社会の体制間での比較、もしくは考古学的な記録にてらして考察されてきた。しかし、これらのデータはそれぞれ欠点を抱えている。考古学的記録が、時間的・地理的にみて十分に広い範囲の社会体制に関して残されているとはいいがたいし、保存されている情報の種類も十分ではない。文化や社会体制に関するさまざまな特徴がそのまま保存されていないために、現存する遺物から推定しなければならないからだ。他方、現在あるいは至近の過去から実体験にもとづいた社会の説明を行う場合、考古学的記録に残らない特徴はより詳細に知見が得られるだろうが、長期にわたる変化に関していえることは限られているだろう。しかし、民族学的データを社会体制の系統関係に関して得られた最善の推測で補ってやれば、共時的なデータから歴史に関する推論を行うことができる。

文化間比較のための系統樹

PCMでは、形質をマッピングするための系統樹が必要になる。集団の歴史的関係を表す系統樹は、適切なデータを用いて作成されなければならない。人間の場合、おもに二つのデータが用いられている。それが、遺伝子と言語である。[11] 言語データから構築され、言語共同体の歴史を反映した系統樹は、さまざまな理由から文化間比較という目的に適しているといえるだろう。集団内の多数派へ順応するといった頻度依存プロセスは、言語形質や集団の文化的なまとまりを維持する社会体制などの文化形質に作用する。[12] 人は文化の境界を越えて移動する（そしてそれゆえに遺伝子も移動する）が、このような頻度依存プロセスによって、多くの文化・言語形質はおおまかには類似した進化経路をたどってきたのだろう。このようなメカニズムからわかるのは、遺伝子による集団の歴史と言語のような文化データによる集団の歴史が、必ずしも一対一に対応するとは限らないということだ。また、言語は（文化を考察するのに）適したタイムスケールで進化しているので、社会間の類縁関係に関しては遺伝的なデータよりも優れた回答を与えてくれる。最後に、実践的なことをいえば、言語情報は広範な社会で手に入るうえ、遺伝情報に比べて収集と使用をめぐる論争が少ないということもある。

この章では、系統樹を推定することと、ほかの形質の進化を推定するために系統樹を使用することの区別を強調しておきたい。したがって、系統樹推定法に関する詳細には立ち入らない（かなり専門的な記述を避けるという理由もある）。[13] しかし、以下ではかいつまんで、語彙（いわゆる「単語」）が言語系統樹を作成する際にもっとも一般的なデータであることを紹介しておこう。系統樹作成にあたって単語が適切なのは、一般的に音と意味の結びつきが恣意的であるので、単語間の類似性が歴史の共有を反映している可能性が高いからである。歴史言語学では、言語間にみられる規則的な音変化にもとづいた厳密な比較法（comparative method）を用いて、単語どうしに関連があるかどうか（関連する単語は同源語（cognates）といわれる）を調べている。たとえば、サモア語で「手」を意味する単語は「*lima*」、タヒチ語では「*rima*」、マオリ語では「*ringa*」であり、これらはすべて同源語である。「分かれる」を意味する動詞は、マオリ語では「*tuha*」であり、タヒチ語での「*tutuha*」と同語源である。しかし、この言葉はサモアの「*ami*」とは同語源でない。したがって、タヒチ語とマオリ語は、タヒチ語とサモア語あるいはマオリ語とサモア語よりも近縁であることが示唆される。さまざまな言語の単語に関するデータを用いることで、それらの言語が歴史的にどのような関係にあるのかについて仮説を検討できるようになる。コンピュータを用いる系統学的手法は、共有された同語源語のデータを用いて、ある最適化基準（進化的変化の回数を最小にする、あるいは尤度を最大にする、など）にしたがってデータをもっともよく説明する最良の系統樹を作成する。

ＰＣＭとはどのようなものか

系統比較法（ＰＣＭ）は、分析の対象である（分類群など）各単位間の歴史的類縁関係を表す系統樹（もしくはそのサンプル）のうえに、形質をマッピングすることで進化過程を統計的に推論する。[14] ＰＣＭはもともと生物科学で発展した手法で、生物進化の幅広い問題を解決するためにさまざまな方法が開発されてきた。[15] この技法の基礎にある論理的な前

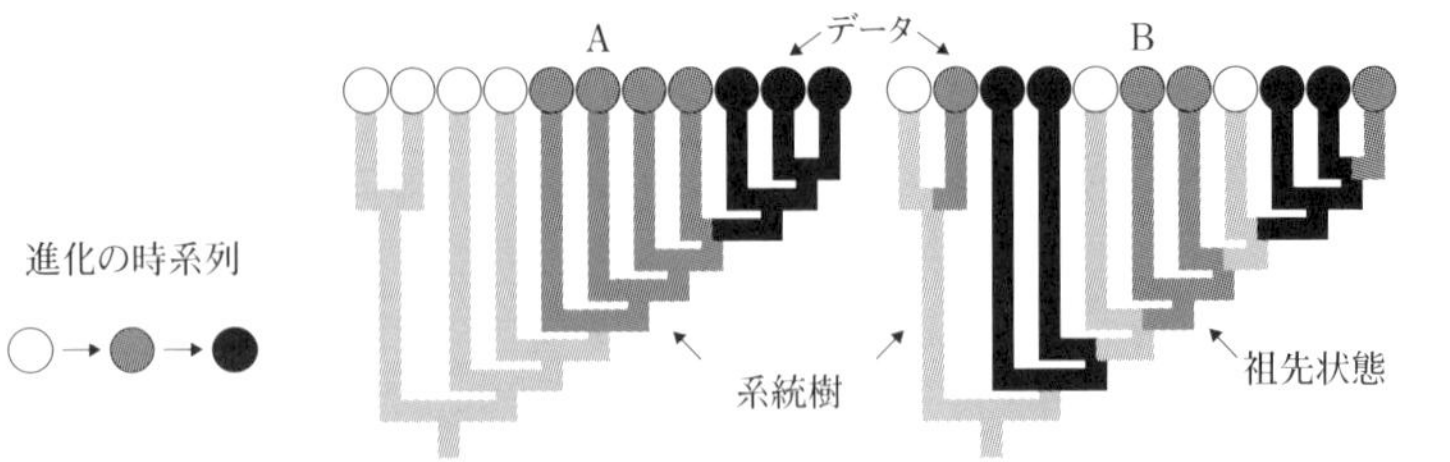

図❶　PCM は、系統樹の先端に形質データをマッピングすることで、その形質が系統樹に沿っていかに変化してきたかを推測する。この例では、B のうえにマッピングされたデータよりも A のうえにマッピングされたデータの方が、進化的な変化の時系列（白→灰色→黒）とうまく合っているようにみえる。（図は Currie et al.（2010）より、注 14 参照）

提は、現在の分類群にみられる形質分布とその分類群の歴史的関係に関するデータがあれば、過去においてその形質がどのようなものであったか、そして、いかなる変化が生じて現在の分布を生み出しているかを推定することができるとみなす[16]（第１章も参照）ことである。

図❶はＰＣＭの一例である。まず、現在の社会から得られる形質データを系統樹の先端にマッピングする（このツリーは言語などほかのデータを用いて構築されたものである）。これらの形質は社会のどのような特徴であってもよい（たとえば世襲システムや居住システム、婚姻習慣やラクトース耐性などがある）[17]。このマッピングから、これらの形質が祖先社会でどのような状態にあったか、そしていつどのようにして変化してきたかを推定することができる。こうして、伝統的な手法では答えられなかったような問題、たとえば文化形質の祖先状態は何か、二つかそれ以上の形質は連動して進化しているのか、より進化しやすい形質というものがあるのか、形質はどのくらいの速さで変化するのか、といった問題に答えることができる。以下では、ＰＣＭの手法を用いれば、社会体制や政治組織の進化に関する仮説がどのようにテストできるか、実例を通して示そう。

複雑な政治組織の進化

政治組織は、人々が集団的な意思決定をいかに行うか、そして誰が集団のために意思決定を行う権力を持つか、ということと関係している。氷河期末期まで、われわれは近縁個体同士の小さな集団でもっぱら狩猟生活を行ってきた。長い時間を経て、より複雑な集団が現れ、現在では世界全体が、多層構造を持った官僚機構を通じて組織化され、何百万もの人々からなる比較的小数の国家に分かれている。[18] このような政治組織は、人類学や社会学が成立した初期の頃から論争の的となってきた。しかし、依然として歴史の大局的なパターンに関する多くの問題が残されているうえ、ジャレド・ダイアモンド（Jared Diamond）が述べているように、この論争では対立仮説どうしの定量的なテストをこれまでほとんど行ってこなかった。「（私自身を含む）この分野の人たちはほぼすべて、個別の物語的（narrative）な説明によって議論を進めることが普通であった。しかし、それらのケースからいくつかを選び出して物語的に比較することはあまりなかったし、包括的なサーベイを行うことはほとんどなかった」[19]。以下では、太平洋のオセアニア語族の社会を具体例として、社会・政治組織の複雑さの進化に関わる問題を、ＰＣＭがいかに厳密に検証できるかを示す。具体的には、①政治進化の時系列、②政治組織の祖先形態、③社会・政治組織のさまざまな側面が連動して進化していること、そしてそれらがどのような早さで変化しているのかをＰＣＭを用いて評価する。[20]

オーストロネシア語社会

この節では、オーストロネシア語社会、とりわけはっきり定義されているオセアニア語群について考察する。オセアニアという地域にはパプア・ニューギニアやオーストラリア、そして太平洋の熱帯地域の島々やニュージーランドが含まれている。この地域の先住民はおおまかに二つのグループに分けられる。オーストロネシア語を話さない人たちは、およそ四万年前にこの地域へ入植した初期の集団に由来すると考えられている。[21] 他方、オーストロネシア語を話す人たちの祖先は、今から五五〇〇年ほど前に台湾ではじまった農業による人口の拡大にともない、三五〇〇年から四〇〇〇年ほど前にこの地域へ入植している。近年、語彙のデータにもとづいて復元された系統樹を使用し、オー

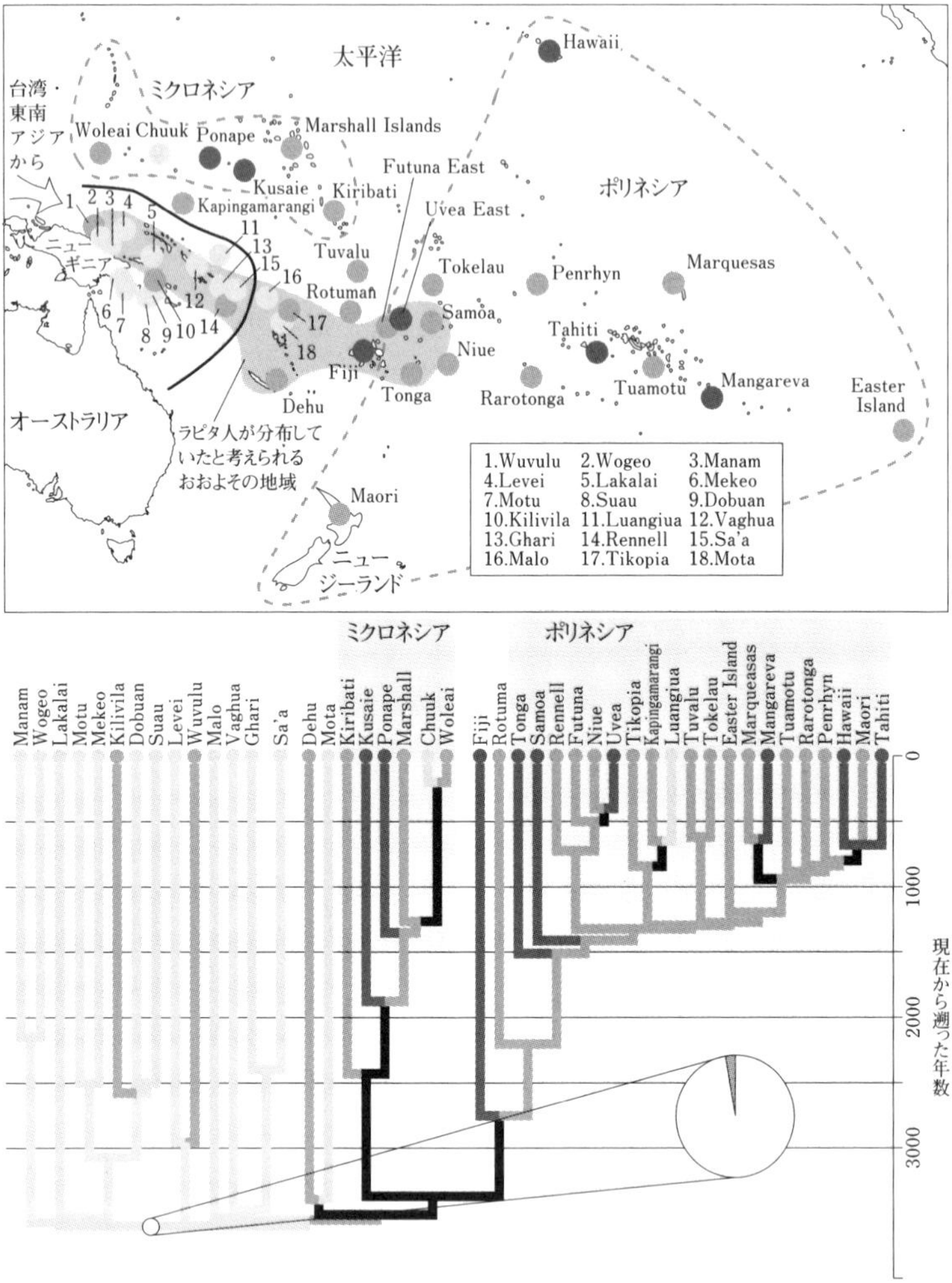

図❷ 44のオセアニア語社会の系統・地理的分布のデータにもとづいて政治進化の最尤モデルを構築した。色のついた円は、民族学的データに記載されていた政治組織の形態を表す（一番薄い灰色：首長なし、中間の灰色：単純な首長制、濃い灰色：複雑な首長制）。系統樹の枝の長さは時間に比例し、その色は最大尤度を持つ組織変化を表している（黒は、推測された組織形態がかなり曖昧であることを示している）。円グラフは、PCMにもとづくオセアニア祖語社会の異なる組織形態を支持する割合を示し、この社会が首長のいない社会であったことが強く支持されていることを表している。

ストロネシア語社会の歴史的関係が考察されてきた。[22] 以下の二節（「進化の系列」と「祖先状態」）では、これらの系統樹に含まれ、なおかつ民族学的データも得られている四四のサンプルを用いる。図❷が示しているのは、このサンプルの地理的分布と系統樹であり、枝の長さは分岐してからの経過時間を表している。[23] 社会・政治組織の民族学的データは、それぞれの基準にしたがって文化・社会に関するさまざまな変数をコード化した、世界中の民族に関する比較民族学的データベースから採用した。[24] これらの社会における社会体制・政治組織のさまざまな形態と系統関係の詳細な情報を組み合わせることで、この地域は社会・政治進化の仮説をテストする理想的なフィールドとなる。

進化の系列

ここでは、社会組織の変化が文化間での規則的な系列にしたがってきたという仮説を検証する。たとえば、バンド（Band）、部族（Tribe）、首長制（Chiefdom）、国家（State）というエルマン・R・サーヴィス（Elman Rogers Service）が提唱した有名な概念体系では、狩猟採集民の小さな血縁集団（バンド）が平等主義的で血縁にもとづいたもっと大きな農業集団（部族）に進化する。さらに、部族は、局所集団の集合体に対する政治的な主導権が世襲制の首長に集約された社会（首長制）に進化する。最終的に、この首長制は国家の段階に達する。国家は、意思決定と社会統制に特化し、中央集権化された部局を含む政治的官僚機構を備えている。[25] このような変化系列は次のような批判を浴びてきた。人間社会はきわめて多様であり、偶発的な歴史的過程を経て成立した。場合によっては、複雑さが減じられる可能性を考慮するならば、このような直線的進化系列はうまく当てはめられない。しかし、これらの対立仮説はこれまでまったく定量的にテストされてこなかった。

以下では政治組織の進化に関する三つのモデルを比較し、それらがオセアニア語族社会の小集団のデータをどれだけうまく説明できるかをみる。これらのモデルは、過去の定量的ではない議論で提示されてきたものにもとづいてい

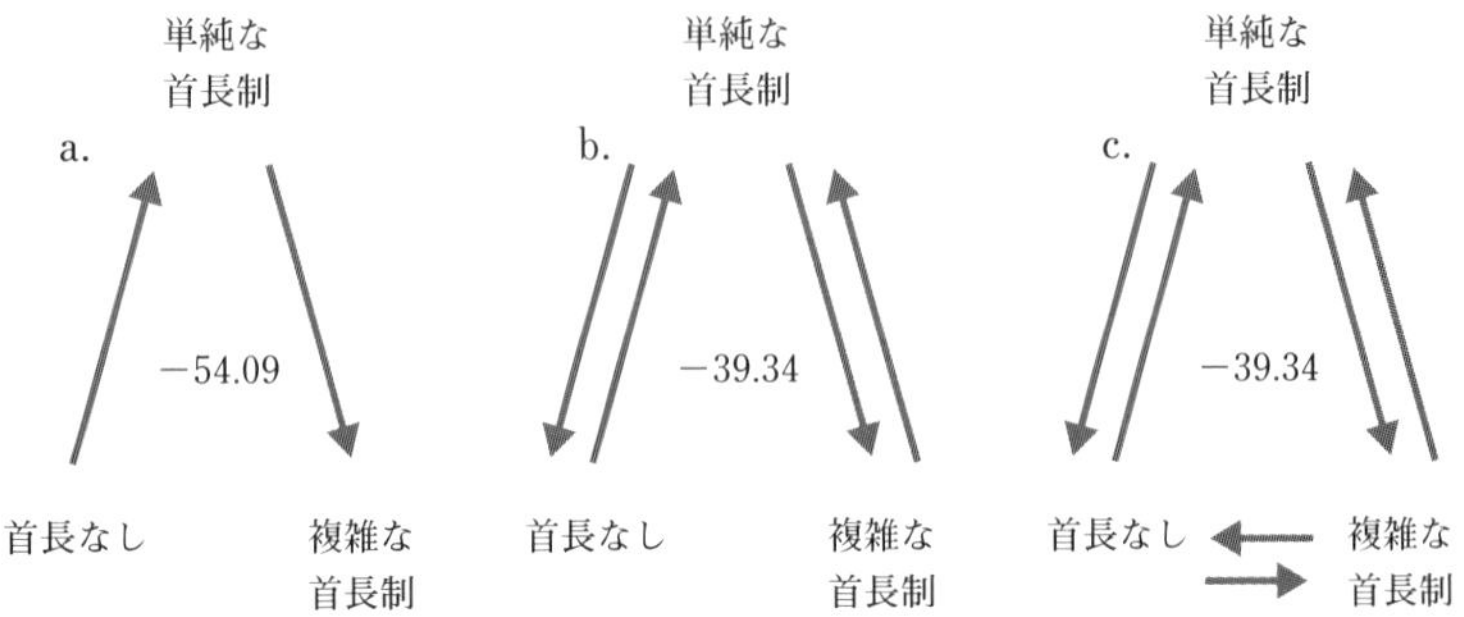

図❸　政治進化のモデル
政治組織がしたがう進化経路の変化に関して、これらのモデルは異なっている。(a) 複雑さが隣接するレベルに増加していくだけ、(b) 隣接するレベル間で複雑さが増加･減少する、(c) 制約がなく、どのような変化も可能である。数値は各々のモデルの対数尤度を表している。モデル b ではパラメーターが追加された結果 a のモデルよりも適合度が改善されたが、モデル c で追加パラメーターはデータとモデルの適合度を改善していない。したがって、モデル選択論の観点からはモデル b がもっとも優れたものとなる。

る。これまでいくつかの異なる進化系列が提案されてきたが、これらのアイディアの重要な特徴は、社会が進化していく過程で徐々に複雑さを増していくという点にある[26]。民族学的データを用いることで、オセアニア語族は意思決定の階層レベルに対応して次の三つのカテゴリーに分類できる。もっとも単純な「首長のいない（acephalous）」社会では、ローカル・コミュニティ（通常は村）が政治的に自立しており、ローカル・コミュニティを統括する政治的制度が常設されていない。やや複雑な「単純な首長制（simple chiefdom）」のもとでは、複数の村が首長の政治的なコントロールを常時受けている。もっとも複雑な「複雑な首長制（complex chiefdom）」を形成するトンガやハワイのような社会では、ローカル・コミュニティの上位に二つの管轄レベルがあり、いくつかの村を下位レベルの首長が統治し、この首長はさらに上位の首長の権威にしたがっている。

ここでテストする進化モデルは、異なる構造形態間でどのような変化が生じてきたかという点で異なっており（図❸）、社会・政治組織の複雑さの進化に関する（いまだ継続中の）論争を反映している[27]。第一のモデル（a）では首長のいない社会、単純な首長制、複雑な首長制という順に変化し、複雑さは一方的に増加すると想定している。これはハーバート・スペンサー（Herbert Spencer）やルイス・モーガン（Lewis H. Morgan）のような古典的な社会進化論者のアイディアである。二つ目のモデル（b）では、複雑さは増加するだけでなく、減少することもあると想定しており、より近年の進化論者の議論を反映している。最後のモデル（c）は政治進化が逐次的には変化しないという近年の批判を受けており、政治構造の形態間でいかなる変化も可能だとしている。このモデルのパラメーターは構造間の推定瞬間変化率であり（図❸の矢印で表されている）、PCMを行う際、データの尤度を最大化するパラメーターの値を計算することができる。[28]

複雑性が増加することだけを想定したモデルは、対数尤度がマイナス五四・〇九となっている。減少を許すモデルではこの尤度がかなり改善されて、マイナス三九・三四となる（尤度比＝二九・五、自由度二、確率p値<〇・〇〇一）。[29]しかし、このモデルにさらに二つパラメーターを追加しても尤度は改善されなかった。したがって、複雑性の増加は直線的であるが、ときには減少も起きうるという主張がこの分析から支持されることがわかる。このような組織の移行は、祖先が単純な首長制であったにも関わらず、現在では首長がいなくなっているルアングイア（luanguia）などの社会でみられる。

祖先状態

ＰＣＭの利点はほかにもあり、たとえば、ＰＣＭを用いることで祖先社会における形質状態の推定が可能になる。以下では、すべてのオセアニア語社会の祖先にあたる社会、すなわちオセアニア祖語社会（proto-Oceanic）として知られ、系統樹の根に相当する社会におけるもっとも尤度の大きな政治構造が何かを考察しよう。

この問いに取り組んできたこれまでの試みでは、証拠として言語に焦点があてられてきた。このような試みでは、言語にもとづく比較法を用いて「首長」にあたる用語や関連語の歴史を復元した結果、オセアニア祖語社会は世襲のリーダーを持った単純な首長制の社会であるかもしれないと論じられてきた。しかし、フランク・リヒテンバーク（Frank Lichtenberk）はこれらの用語のたどってきた歴史はちがっていると反論し、どのような社会組織が採用されてきたかを断言することはできないと論じた[30]。歴史言語学で用いられてきた伝統的手法は、どの仮説がよりよくデータを説明できているかという評価基準を設定してこなかった。また、言語的証拠のみから社会生活の特徴を推測しようとしても、言葉の意味が時間の経過とともに変化しているかもしれない。それゆえ、特定の言語形態の過去が間違いなく復元されたとしても、言葉の意味や祖先社会との関係は注意深く解釈されなければならない[31]。最後に、リーダーシップが世襲制であっても、リーダーの権力がローカル・コミュニティを超えない可能性もある（つまり、この社会はまだ「首長のいない社会（acephalous）」のままである）。ＰＣＭはこのような仮説をそれぞれ独立にテストすることができるし、以前にも、オーストロネシア語社会の祖先的な居住システムを検証する際に採用されてきた[32]。最尤法では、進化モデルと関連する変化率のパラメーター値が与えられれば、ツリーのノード（枝が分岐するところ）で形質の状態が持つ確率を計算することができる[33]。政治組織のデータに関していうと、結果は明らかにオセアニア祖語社会が首長のいない社会であったことを支持しており、ツリーの根となるこの政治組織の形態には九七％という高い確率が与えられた。

共進化と変化率

前節で検討したのは、意思決定レベルの数という政治組織の一側面であった。しかし、バンド、部族、首長制、国家といった社会進化の分類枠組みは、実際の生活形態、社会的分化の程度、世襲される階級、常設的なリーダーなど、さまざまな変数において、これらの枠組みが規則的に異なっているという考えにもとづいている[34]。それと関連して、社会組織の変化は漸進的で連続的な過程ではなく、社会構造のさまざまな側面を比較的急速に再構築している、すなわち、社会変化は断続的だという考えもある[35]。しかし、このような断続的な形で社会構造は共進化しておらず、バンド、部族、首長制、国家のようなカテゴリーは人間社会の変異をうまくとらえている、という議論もある(36)。

この問題を検証するため、PCMを用いて以下の点を分析した。すなわち、階層的意思決定レベルの観点から、政治構造が非政治的あるいは宗教的役割における世襲的な社会階層と共進化しているかどうか(たとえば、社会内での個人、もしくは集団の社会的地位や影響の程度が家系内で世襲されているかどうか)、という点である(37)。伝統的な社会進化論で提案されていたのは、こういった階級の世襲が首長のいない社会では存在しないと考えられている一方、首長制や国家では存在するということである(38)。この考えをオーストロネシア語群に属する八三すべての社会(台湾、南東アジア、マダガスカル、あるいは先の分析でとりあげたオセアニア語族社会など)について検証したところ(図❹)、三一の社会では首長がおらず、社会階層の世襲がしなかったのだが、三つの社会では首長がいないにも関わらず、階層の世襲がみられた。首長制あるいは国家のように政治的に組織された三七の社会には階層の世襲がみられたが、一二の社会が階層の世襲を欠いていた。一見すると、これら二つの変数は共進化しているようにもみえる。しかし、この二つの形質が共起したのは、それらが共通祖先に由来したからであって、機能的には結びついていないかもしれない。たとえば、ポリネシア社会が首長制であり、階層の世襲を行っていることを、これらの過程のうちのどれが説明しうるのだろうか(図❹)。PCMは、社会の歴史的関係をおさえたうえで、形質が共進化したのかどうかを検証することにより、この問題を考察することができる(39)。

この分析を行うため、PCMを用い、二つの形質の進化について異なる二つのモデルを比較した。①ある形質の変化率がほかの形質の状態に応じて変化するという依存モデルと、②変化率が変わらないという独立モデル、である。オーストロネシア語社会では、独立モデルより依存モデルの方がより適していた(図❹)。この結果からは、階層レベルの数に表れているように、オーストロネシア語社会では政治組織が社会階層の世襲と共進化しているという仮説が支持される。

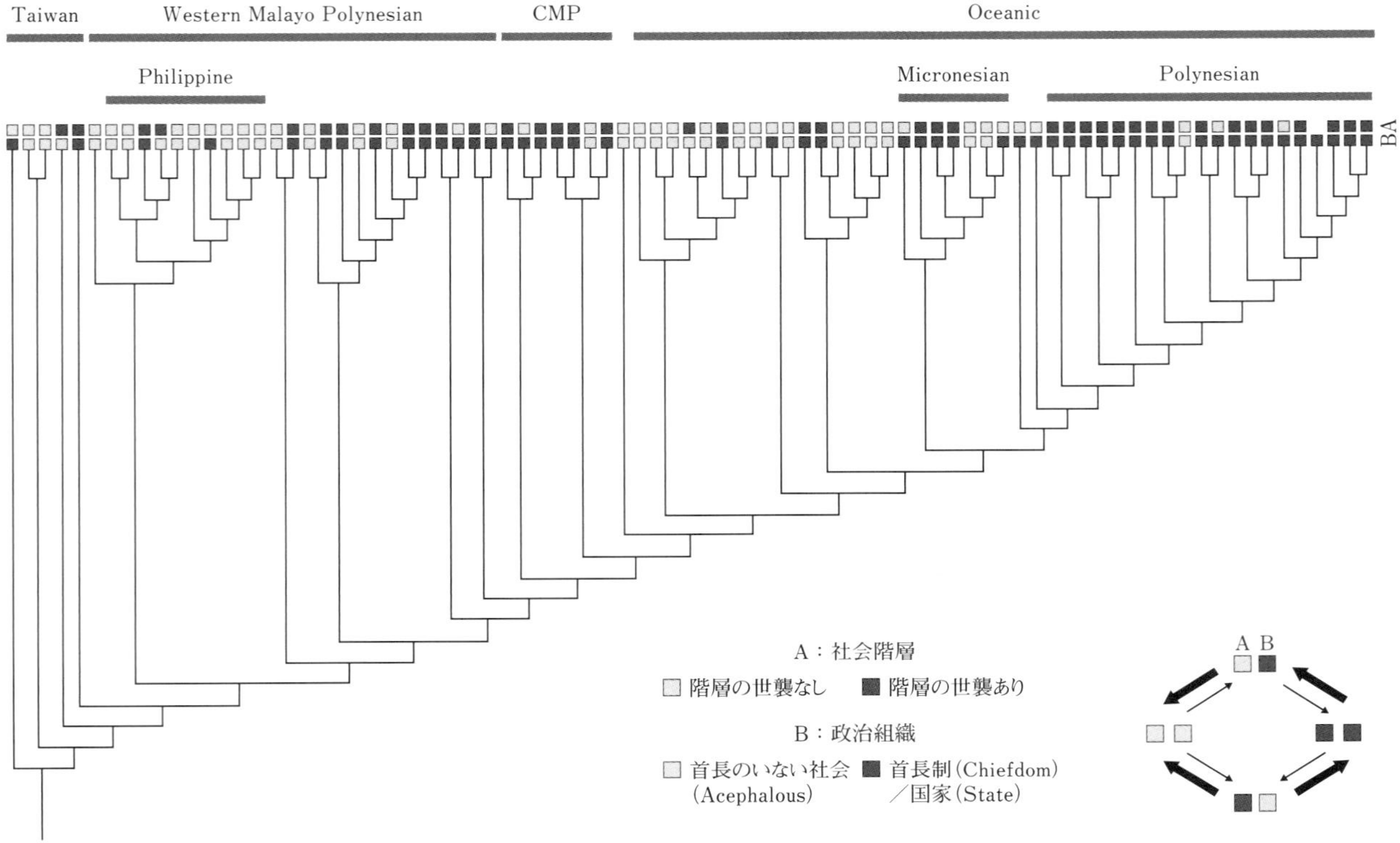

Taiwan
Western Malayo Polynesian
CMP
Oceanic
Philippine
Micronesian
Polynesian
BA
A：社会階層
階層の世襲なし
階層の世襲あり
B：政治組織
首長のいない社会(Acephalous)
首長制(Chiefdom)／国家(State)
A B

図❹ PCMは異なる形質の共進化に関する仮説をテストすることもできる。図では、83のオーストロネシア語社会の社会階層と政治組織が系統樹にマッピングされている（重要な集団はCMP、Central Malayo-Polynesiaのように名前を明記してある）。首長のいない社会は社会階層の世襲を欠いている場合が多く、首長制もしくは国家は階層の世襲が行われる場合が多い。しかし、この二つの形質の共起は機能的な結びつきではなく歴史の共有が原因かもしれない（たとえば、ポリネシア社会が首長制であることと社会階層が世襲されていることとどれだけ密接に関係しているかに注意してほしい）。PCMは、系統発生の中で形質がいかに変化してきたかを推測し、これら二つのシナリオを区別することができる。右下の矢印は異なる形質の組み合わせがどれほどの割合で推移しうるか、その推定変化率を表している（太いものは変化率が大きいこと、細いものは変化率がゼロに近いと推測されていることを表す）。中間の組み合わせ（階層の世襲がない首長制・国家、もしくは世襲のある首長のいない社会）から離れていく場合の変化率は（その逆よりも）大きく、これらの組み合わせが（伝統的な社会進化の仮説で予測されたように）不安定であることを示している（本文も参照）。

さらに、状態の変化率を測定することで、形質の進化過程をより詳しく知ることができる。たとえば、上の結果からは、世襲を欠いた首長のいない社会は最初に、世襲の階級制、あるいは首長制を発達させているようにもみえる。しかし、首長のいない社会から首長制への変化率は、世襲の階級制が存在する場合の方が大きくなっている。他方で、政治構造の形態は、世襲階級制の進化率に影響を与えている。興味深いことに、中間形態の社会（つまり、階層の世襲が行われている首長のいない社会、階層の世襲がない首長制・国家）は比較的不安定であるようで、中間形態から移行していく際の変化率は、中間形態に向かっていく際の変化率よりも一般的に大きい。これは、社会組織の要素がいったん変化してしまえば、ほかの特徴も比較的急速に変化するという断続的な考え方とも一致している。

文化系統学——今後の展望

この章での分析は、人間の歴史がまったく予測不能な偶発現象（one-damned-things-after-another）ではなく、過去一万二〇〇〇年にわたってある程度規則的に変化してきたことを示唆している。今後、ＰＣＭを用いることで、社会・政治組織のほかの側面についても、それらが機能的に結びついているのか、あるいは独立に変化しているのかを検証をできるだろう。ほかに、社会が政治組織の複雑さやその規模を増してきた原因についても仮説をテストすることができる。この章で議論してきた共進化のアルゴリズムは、形質が進化してきた順序（つまり、XとYのいずれが最初に変化したのか）をテストできたように、この作業にとくに適しているだろう。これは、因果仮説の反証についても使えるかもしれない（たとえば、XがYの後に変化したという仮説がある場合、Xの変化がYの変化に先立つことが示されれば、先の仮説は反証される）。

　ここまでの分析はオーストロネシア語社会に限った話であるが、ＰＣＭは十分信頼できる系統関係が復元されていれば、どんな社会にも適用できる。たとえば、これまでの研究では、サハラ以南のバンツー語社会やユーラシアのインド＝ヨーロッパ語社会にも適用されている。これらの地域研究の利点は、社会の進化史にとって重要な生態的あるいは歴史的要因を理解することができる、ということだ。また、異なる語族から得られた結果を比較すれば、文化形質や社会が進化する道筋について、一律な規則を確立することができるかどうか、ということを評価することもできる[40]。適切なデータを集めれば、クレア・ホールデン（Claire J. Holden）とルース・メイス（Ruth Mace）が酪農とラクトース耐性の共進化研究で行ったように、グローバルなスケールで仮説を検討できるかもしれない[41]。

　この章の目的は、ＰＣＭを用いてどのような問いを考察することができるかを明らかにすることであった。これらの問いは、特定の地域で歴史がどのように展開してきたかを考察することもできるし、文化や社会の進化におけるもっと一般的なプロセスの探求に適用することもできる。ここでの分析は離散的なカテゴリカル・データに関するものだが、連続的に変化するデータを扱える方法も存在する[42]。系統学は急速に発展している分野でもあり、新しいＰＣＭがつねに開発されつつある。したがって、より洗練された方法を用いて問題にアプローチすることも可能になっている。近年の展開としては、ベイズ法を用いて、社会の系統関係や進化モデルのパラメーター推定値をより明確に考察することができるようになっている[43]。

以上、もともとは進化生物学で展開されてきたPCMを用いて、いかに社会や文化の進化のパターンとプロセスに関する問題が解決できるかを紹介してきた。ある種の系統樹思考は社会科学において長い歴史を持っているものの、より厳密かつ定量的な技術が採用され、過去がどのようなものであったか、どのような変化が生じてきたか、現在のわれわれが持つきわめて多様な生活様式がどのようなプロセスによって生み出されてきたかなどについて、対立する仮説を検証できるようになったのは、ごく最近のことである。考古学、言語学、遺伝学、民俗学などほかの分野の情報と合わせてPCMを使用することで、先史時代や文化進化の理解が大きく前進することが期待できるだろう。(44)

注

(1) O'Hara, R. J. (1997) Population thinking and tree thinking in systematics. *Zoologica Scripta*, 26, 323–329; Gregory, T. R. (2008) Understanding evolutionary trees. *Evolution: Education and Outreach*, 1, 121–137.

(2) Harvey, P. H. and Pagel, M. D. (1991) *The comparative method in evolutionary biology*. New York: Oxford University Press［『進化生物学における比較法』粕谷英一訳。札幌：北海道大学図書刊行会，1996］; Pagel, M. (1999a) Inferring the historical patterns of biological evolution. *Nature*, 401, 877–884.

(3) Huelsenbeck, J. P., Ronquist, F., Nielsen, R. and Bollback, J. P. (2001) Bayesian inference of phylogeny and its impact on evolutionary biology. *Science*, 294, 2310–2314.

(4) Felsenstein, J. (1985) Phylogenies and the Comparative Method. *American Naturalist*, 125, 1–15.

(5) Hock, H. H. and Joseph, B. D. (2009) *Language history, language change and language relationship: An introduction to historical and comparative linguistics*. Berlin: Mouton de Gruyter.

(6) Atkinson, Q. D. and Gray, R. D. (2005) Curious parallels and curious connections: Phylogenetic thinking in biology and historical linguistics. *Systematic Biology*, 54, 513–526.

(7) Kirch, P. V. and Green, R. C. (2001) *Hawaiki: Ancestral polynesia*. Cambridge: Cambridge University Press.

(8) 人類学と言語学における系統樹思考についての詳細は，Kirch and Green (2001) や Gray and Atkinson (2005) を参照のこと。

(9) Kirch, P. V. and Green, R. C. (1997) History, phylogeny, and evolution in Polynesia. *Current Anthropology*, 33, 161–186; Kirch and Green (2001), Kirch, P. V. (1984) *The evolution of the Polynesian chiefdoms*. Cambridge: Cambridge University Press; Bellwood, P., Fox, J. J. and Tyron, D. (1995) The Austronesians in history: Common origins and diverse transformations. In *The Austronesians: Historical and comparative perspectives*, ed. P. Bellwood, P. J. J. Fox and D. Tyron.

pp. 1–16. ANUE Press; Bellwood, P. (1996) Phylogeny vs reticulation in prehistory. *Antiquity*, 70, 881–890.

(10) Mace, R. and Pagel, M. (1994) The comparative method in anthropology. *Current Anthropology* 35: 549–564; Holden, C. and Mace, R. (1997) Phylogenetic analysis of the evolution of lactose digestion in adults. *Human Biology* 69 (5): 605–628; Holden, C. J. and Mace, R. (2003) Spread of cattle led to the loss of matrilineal descent in Africa: a coevolutionary analysis. *Proceedings of The Royal Society of London Series B-Biological Sciences* 270 (1532): 2425–2433; Mace, R. and Holden, C. J. (2005) A phylogenetic approach to cultural evolution. *Trends in Ecology & Evolution* 20 (3): 116–121; Jordan, F. M., Gray, R. D., Greenhill, S. J., and Mace, R. (2009) Matrilocal residence is ancestral in Austronesian societies. *Proceedings of the Royal Society B-Biological Sciences* 276 (1664): 1957–1964; Gray, R. D., and Jordan, F. M. (2000) Language trees support the express-train sequence of Austronesian expansion. *Nature* 405 (6790): 1052–1055; Gray, R. D., and Atkinson, Q. D. (2003) Language-tree divergence times support the Anatolian theory of Indo-European origin. *Nature* 426 (6965): 435–439; Gray, R. D., Drummond, A. J., and Greenhill, S. J. (2009) Language phylogenies reveal expansion pulses and pauses in pacific settlement. *Science* 323 (5913): 479–483; Dunn, M., Terrill, A., Reesink, G., Foley, R. A., and Levinson, S. C. (2005) Structural phylogenetics and the reconstruction of ancient language history. *Science* 309 (5743): 2072–2075; McMahon, A. and McMahon, R. (2005) *Language Classification by Numbers*. Oxford: Oxford University Press.また、以下のアンソロジーに収められた論文なども参照：Mace, R., Holden, C. J., and Shennan, S. Eds. (2005) *The evolution of cultural diversity: A phylogenetic approach*. Walnut Creek, CA: Left Coast Press; Lipo, C. P., O'Brien, M. J., Collard, M., and Shennan, S. Eds. (2006) *Mapping our ancestors: Phylogenetic approaches in anthropology and prehistory*. London: Transaction Publishers; Forster, P. and Renfrew, C. (2006) *Phylogenetic methods and the prehistory of languages*. Cambridge: McDonald Institute for Archaeological Research.

(11) 遺伝子に関しては Mace, R. and Jordan, F. (2005) The evolution of human sex-ratio at birth: A bio-cultural analysis. In Mace, Holden, and Shennan. (2005), pp. 207–216, 言語に関しては Holden and Mace (2003), Jordan et al. (2009) を参照。

(12) Durham, W. H. (1992) Applications of evolutionary culture theory. *Annual Review of Anthropology*, 21: 331–355.

(13) 系統樹の作製法に関心のある方は以下を参照。Page, R. D. M. and Holmes, E. C. (1998) *Molecular evolution: A phylogenetic approach*. London: Blackwell Publishing; Felsenstein, J. (2004) *Inferring phylogenies*. Sunderland, MA: Sinauer Associates (以上、生物進化に関して)、Mace, Holden, and Shennan. (2005), MacMahon and MacMahon (2005), Foster and Renfrew (2006), Lipo et al. (2006) (以上、言語や他の文化的に伝達されたデータに関して)。

(14) Currie, T. E., Greenhill, S. J., and Mace, R. (2010) Is horizontal transmission really a problem for phylogenetic comparative methods? A simulation study using continuous cultural traits. *Philosophical Transactions of the Royal Society B: Biological Sciences* 365: 3903–3912, Pagel, M. (1999a).

(15) Felsenstein (1985); Harvey and Pagel (1991); Pagel (1999a); Pagel, M. and Meade, A. (2006) Bayesian analysis of correlated evolution of discrete characters by reversible-jump Markov chain Monte Carlo.

American Naturalist, 167, 808–825.

（16）Pagel（1999a）.

（17）Holden and Mace（2003）; Jordan et al.（2009）; Pagel, M. and Meade, A.（2005）Bayesian estimation of correlated evolution across cultures: a case study of marriage systems and wealth transfer at marriage. In Mace, Holden, and Shennan（2005）pp. 235–256; Holden, C. and Mace, R.（1997）Phylogenetic analysis of the evolution of lactose digestion in adults. *Human Biology*, 69, 605–628.

（18）Diamond, J.（1997）*Guns, germs and steel*. London: Vintage［『銃・病原菌・鉄――一万三〇〇〇年にわたる人類史の謎』倉骨彰訳。東京：草思社，2000］。

（19）Diamond, J.（2010）Political evolution. *Nature* 467: 798–799.

（20）進化の時系列や祖先状態の分析は，Currie et al.（2010）から採用している。また，共進化の分析は Currie, T. and Mace, R.（2011）Mode and tempo in the evolution of socio-political organization: reconciling 'Darwinian' and 'Spencerian' evolutionary approaches in anthropology. *Philosophical Transactions of the Royal Society B: Biological Sciences*, 366: 1108–1117. による。分析のテクニカルな詳細や，政治組織の進化にまつわる歴史・哲学的問題に関する背景はこれらの論文を参照。

（21）ニューギニアとその付近における非オーストロネシア語は，ときおりパプア語と呼ばれることがある。しかし，これらの言語の歴史的関係はよくわかっておらず，パプア語という用語もオーストロネシア語などとは異なる分類の仕方によっている。

（22）Gray et al.（2009）.

（23）この系統樹は比較分析が行われた一〇〇〇個のうちの一つであることに注意されたい。これらの系統樹は，それぞれの社会がどれほど近縁かという点や，枝の長さなどにおいて微妙に異なっている。単位（それが生物種であっても言語であっても）どうしの系統関係を構築しようとする際には必ず生じる不確かさを反映するため，これらの系統樹のなかから一つをサンプルとして用いている。

（24）このデータベースはマードックの Ethnographic Atlas をグレイが改訂したものである。Gray, J. P.（1999）A corrected Ethnographic Atlas. *World Cultures*, 10: 124–136 を参照。

（25）Flannery, K. V.（1972）The cultural evolution of civilizations. *Annual Review of Ecology and Systematics*, 3, 399–426; Service, E. R.（1962）*Primitive social organization*. New York: Random House.

（26）Earle, T.（1994）Political domination and social evolution. In *Companion encyclopedia of anthropology*, ed T. Ingold, pp. 940–962. London: Routledge; Carneiro, R. L.（2003）*Evolutionism in cultural anthropology*. Boulder: Westview Press.

（27）Carneiro（2003）; Spencer, C. S.（1990）On the tempo and mode of state formation: neoevolutionism reconsidered. *Journal of Anthropological Archaeology*, 9: 1–30; Yoffee, N.（2005）*Myths of the archaic state: Evolution of the earliest cities, states, and civilizations*. Cambridge: Cambridge University Press.

（28）尤度にもとづく比較法については Pagel, M.（1999b）The maximum likelihood approach to reconstructing ancestral character states of discrete characters on phylogenies. *Systematic Biology* 48（3）: 612–622; Pagel, M.（1994）Detecting correlated evolution on phylogenies – A general-method for the comparative-analysis of discrete characters. *Proceedings of the Royal Society of London Series B: Biological Sciences* 255（1342）: 37–45. この章で論じている比較分析は，BayesTraits というプログラム内の最尤法オプションを用いて行われ

ている（フリーで以下からダウンロードできる http://www.evolution.reading.ac.uk/BayesTraits.html）。

（29）パラメーターを増やせばデータとうまく適合するモデルを構築できるのは当然なので、追加されたパラメーターがデータの尤度を実質的に増加させているかどうかをたしかめる必要がある。これは、尤度比（LR）テストを用いて行われる。尤度比は以下のように定義される。

LR = −2（ln［単純なモデルの尤度］− ln［複雑なモデルの尤度］）

モデルが入れ子構造になっている場合、LRの統計的な有意性は、モデル間の異なるパラメーターと等しい自由度でカイ二乗検定を行ってテストされる。

（30）Lichtenberk, F.（1986）Leadership in proto-Oceanic society: Linguistic evidence. *Journal of the Polynesian Society*. 95: 341–356; Hage, P.（1999）Reconstructing ancestral Oceanic society. *Asian Perspectives*, 38, 200–227. 言語比較法は、異なる言語での単語が共通祖先を持つかどうかを決定し、そして言語間での体系的な音の変化についての規則にもとづいて祖先形態を復元する方法である。たとえば、リーダーや「首長」に関連する用語は、複数のポリネシア言語で似た形態をもっている。東フツナ語では「aiki Tikopia」、ティコピア語では「ariki」、ラロトンガ語では「ariki」、ハワイ語では「ali' i」、そして復元された祖先形態は「*qariki」（*は復元された語形式が仮説的なものであることを示す）と考えられている。言語比較法はある種の系統樹思考にもとづいているが、特定の仮説を検証する客観的な方法を欠いている。

（31）Kirch and Green（2001）.

（32）Jordan et al.（2009）.

（33）別の方法として、ノードに異なる状態を与えて各々の尤度を比較し、どの状態がデータをよりよく説明できるかを見るというものもある。詳細は Pagel（1999b）や Jordan et al.（2009）を参照。

（34）Service（1962）; Cameiro（2003）; Flannery, K. V.（1972）

（35）Spencer, C. S.（1990）.

（36）Feinman, G. M.（2008）Variability in states: Comparative frameworks. *Social Evolution & History*, 7, 54–66.

（37）詳細は Currie and Mace（2011）を参照。

（38）Flannery（1972）; Diamond, J.（1997）.

（39）Mace and Pagel.（1994）.

（40）Pagel, M., Atkinson, Q. D. and Meade, A.（2007）Frequency of word-use predicts rates of lexical evolution throughout Indo-European history. *Nature*, 449, 717–720.

（41）Holden, C. and Mace, R.（1997）. 一般的に、世界中の六〇〇〇から七〇〇〇の言語は、さらに小さな語族に分類できるが、語族間のより高次な関係を構築しようという試みは困難かつ論争の的となっている。Dunn et al.（2005）; Gray, R. D., Atkinson, Q. D., and Greenhill, S.（2011）Language evolution and human history: What a difference a date makes. *Philosophical Transactions of the Roral Sciety B: Biological Sciences*, 366: 1090–1100 なども参照。

（42）Pagel（1997, 1999a）.

（43）Pagel and Meade（2005, 2006）.

（44）謝辞：著者は日本学術振興会から助成を受けている。

＊本章の英語原論文は、勁草書房ウェブサイトの本書書誌情報ページよりダウンロードできます。

第5章

一九世紀擬洋風建築とG・クブラーの系統年代について

中谷礼仁

はじめに——擬洋風建築について

明治時代にはじまる日本近代には、そのごく初期に流行して二〇年程度で衰退した西洋様式風の建築があった。それらは、専門的な建築家教育を施された日本人たちが、より本格的な西洋様式建築を設計しはじめる明治二〇年代中盤以前に、建造されたものである。

それらは大きく二つに大別できる。一つは幕末から明治初期にかけて、時の政府に雇い入れられた外国人技術者、いわゆる「お雇い」たちによる、素朴ではあるが比較的様式建築のセオリーに則ったものである。これらは点的な建設であった。そしてもう一つが後の研究者たちによって「擬洋風」と呼ばれることになった建造物群である（図❶）。明治初年から一〇年代にかけて全国津々浦々で流行し、おもに地域の共同体を施主として、日本近世在来の建築生産者である大工棟梁らによって計画、建設された。

図❶　擬洋風の嚆矢と指摘されているブリジェンス＋二代清水喜助作「築地ホテル」（1867年、差配所版）。海側からの築地ホテルの眺め。

建築類型としては学校がとくに多く、当時最新の公共的建築に、開化的モチーフを採用しようとしたのである。各地域がまるで競うかのように擬洋風建築を建設した。それらは西洋建築のオリジナルに対して、構造が和小屋であったり[1]、あるいは漆喰（しっくい）塗りで柱梁等の骨組みを塗り込める大壁造りを用いて、西洋建築の組石造を漆喰で表現するといった技術的特徴をあわせもっていた。また前面にベランダを付加することが多かった。また正面中心部の上層にバルコニーを持つ車寄せや、塔屋を付設することも大きな様式的特徴である。いずれにせよ、その後の本格的な西洋様式建築に比較すること自体が門違いな、破天荒な様式であった。そのモチーフは当時、突然に統合されたものというほかはない。そして公共的な建築の建設権限が大工棟梁から近代的技術者あるいは建築師によってとってかわられることによって、急速に姿を消した。擬洋風は、その後の日本近代における建築の主要な展開とはなりえなかった傍流の建築様式であるが、その突然の形成は事物生成の経緯を検討するのに興味深い。本章ではこの特異な建築様式誕生のプロセスやその背景を検討するが、その解読のためにアメリカの美術史学者ジョージ・クブラー（George A. Kubler）による『The shape of time: Remarks on the history of things（時のかたち――事物の歴史について）』（Yale University Press,1962）の論点からの新解釈を試みたい。

系統年代"Systematic Age"という指標――G・クブラー『時のかたち』をめぐって

『時のかたち』では、時間的推移における人間の製作物―事物（thing）の系統的変容が扱われた。メキシコの伝統的芸術文化を専攻したクブラーが、師であった美学者アンリ・フォション（Henri Focillon）のテーマをさらに拡張してみせたのである。

たとえば彼が述べるに事物とは、一つの要素に還元することはできない。それは便宜的な命名にすぎず、むしろ出自の異なる要素を内包したクラスター（束）なのである（原書36頁）。クブラーによって新たに示された概念とは、事物の分類に、時間の流れを取り入れたことであった。またその時間の単位は一様ではなく、それぞれの事物を構成する各要素はそれぞれに固有の時間を持っている。そのため、それら事物がさらに総合化され新たな事物として結実するとき、その事物は本来非同期的であった複数の時のかたちが一瞬出会ったかのような形態（断面）を持つと主張するのである。そしてクブラーは、これら時のなかでの事物へと編成される一連の流れをクラス〈class〉という概念によって説明した（第2章）。またあらゆる事物は、過去の事物が抱えた問題に対する解答として現れるものであり、同時にそれは新たな問題を生み出す。よって事物の流れは、新しい解答群によってつながれ、洗練されてゆくのである。クブラーはこれを開かれたクラスすなわちシークエンス〈sequence〉と定義している。また逆に、解答が出つくし、新

図❷　古代メキシコの生け贄をかたどった彫刻であるチャックモール。（©Luis Alberto Lecuna/Melograna 2007）

図❸　ヘンリー・ムーアによる作品例。（© Andrew Dunn 2004）

たな解決による広がりの可能性を失ったものを、閉じたクラスすなわちシリーズ〈series〉と定義している。

たとえば、大聖堂のような大規模な構築物は、異なるシークエンスに属する技術やモチーフの複合体である。

そのうえこれらの提案は、いずれも時のなかでの、クラスの特異な回復性を導き出す。たとえば閉じたクラスも、再発見によって再び開いたクラスへと展開していく可能性をつねに秘めているのである。文中クブラーはアボリジニの樹皮絵画と現代芸術における抽象的線描との共通性を指摘したり（原書35頁）、またメキシコ古代文明における生け贄の象徴であったチャックモールとイギリスの現代彫刻家であったヘンリー・ムーア（Henry Moore）の彫刻との共通性を指摘している（原書108頁、図❷、図❸）。一般的にはこれらの間になんらの必然的コンテクストも介在しない。むしろ恣意的な模倣、あるいは偶然の一致とみなされる。しかしながらクブラーの考えにしたがえば、それらはいったん閉じたクラスが、流転のなかで再び人間にみいだされ新しいクラスを構成しはじめるという関係（シークエンス）によって再連結されているのである。クブラーはこのような通常の地理的、時間的連続性を超えた、人間による発見的イベントをも文化形成の重要なモーメントとして引きずり込もうとしたのであった。この射程は大きい。

さらにクブラーは次に、実際の事物の、過去から現在までの伝搬の仕方について考察している。雑多な多数の解答群が散乱するだけであれば、現在まで、その問題が受け継がれることはないだろう。よって事物には、クラスの発端となる特別な物体―プライム・オブジェクト〈prime object〉的存在が存在した。それを先頭に、その後ろに、その複製品や派生物がつらなることによって、一つのクラスが伝搬されるのである（原書39頁）。プライム・オブジェクトとは、つまりは発明物であり、特定の問題に対する初歩的だが決定的な解答である。またプライム・オブジェクトからはじまる模倣は、完全なコピーではなく、むしろ時がたつにつれて、完全を期そうとも、伝言ゲームのように不可避的に変形し、[2]時の流れ自体が自律的に突然変異（mutant）をも生み出すのだ。

さて擬洋風建築の誕生を以上のようなクブラーの時のかたちの事例としてみようとするとき、クブラーがその論理的要の一つとして提出した系統年代（Systematic Age）は、とりわけ示唆的である。系統年代とは、科学的、均質的に計量されうるとされる絶対年代（Absolute Age）と対立する言葉で、クブラーによって提案されたものである。先に述べたように、人間の作った事物とは複数の要素を統合した複合体（クラスター）であり、たとえば「ルイ王朝様式」のような命名法にその時代の事物の様式の性格すべてを決定する力はない。

> こうしてあらゆる事物は全て、それぞれに異なった系統年代に起因する特徴を持つだけでなく、事物自体の置かれた時代からくる特徴や側面としてのまとまりをも持っている。それはある種の複合体であって、たとえば哺乳類のような他の何らかの組織体によく似ている。哺乳類の場合であれば、その血液と神経は生物学的に見たときの古さが異なっているし、眼と皮膚では系統年代が異なっている。（原書99頁）

これら検討によって現時点においても一般的な分類法である時代別の様式概念を否定し、クブラーは事物それぞれにおける非同期的集合体としての独特なフォルマリズム――「時のかたち」――を獲得したのであった。

「擬」の本質

さて擬洋風建築の生成過程を分析するにあたり、後年の研究者から擬、つまりはニセモノの様式として揶揄されたこの建築様式にこそ、様式決定におけるクブラー的な統合観があることを指摘しておきたい。たとえば以下のような、指摘がある。

そしてわれわれは何が古典主義なのかと考える時に、その本質についても一緒に考えなければならないが、同時に古典主義建築はどれほどわずかでも、どれほど退化した形であっても、古代の「オーダー」を思いおこさせる何かをもっている時にだけ、古典主義と認められるのだという事実を理解しなければならない。オーダーを思いおこさせるといったのは、それらがコーニスを思わせるいくらかの凹凸にすぎなかったり、あるいは台座と柱、柱とエンタブレチュアの比を思いおこさせる窓の処理法にしかすぎない場合さえあるかもしれないからである。

（ジョン・サマーソン『古典主義建築の系譜』23頁、鈴木博之訳、中央公論美術出版、1976）

サマーソンは厳密な建築史学者であった。しかし意外にも彼が述べるに、様式は緻密で完全な再現ではなくとも、そのまとまりを思い起こさせればことたりる。この様式規定は直接クブラーに接続する。つまり様式の表現に上手下手はあるが、本物偽物の区別があるわけではない。これは言い換えれば、様式は、むしろ稚拙な断片からも想起可能であるということであった。つまり様式とは、移植、変容、転移を可能にさせる模倣概念である。私たちは、専門家であればあるほど、その対象の本質を本格的に摂取しようと思う。しかしその摂取すら《模倣》によってのみ行われるのである。(3)

むしろ擬洋風という言葉には、何かしら魅惑的な野蛮さがある[4]。様式は忠実に典型を模倣するのみならず、さまざまな意匠様式を主体的に選択しこれまでになかったような雰囲気を作り出すことが可能である。少なくとも優れた折衷主義建築を輩出した一九世紀ヨーロッパにおいては、そのような信念が存在していた。むしろ擬洋風の「擬」とは、じつはこの様式の模倣に潜在する可能性をこそ的確に表現していた、とさえいえる。

当時の擬洋風建築をかたちづくった大工棟梁達に要請されていたのは、何か、時代が「開いた」ことを建築として示そうとする感覚である。開化のかたちは、まだいずこに行くとも知れない流動する当時の世界のなかで、利用できそうなさまざまな様式的断片をつなぎあわせ、手探りで組み立てられはじめた。以上のような意味で擬洋風建築は様式的な可能性・自由の領域、クブラーのいう開かれたシークエンスに接続しているのである。

擬洋風のプライム・オブジェクトとシークエンス

そのような意味で、擬洋風成立の条件は、参照すべき強固な様式的規範の不在である。擬洋風の滑稽さや荒唐無稽は、一時代前に描かれた未来図から得る感覚によく似ている。

つまり擬洋風は、その建設主体である大工棟梁らにとって、当時の「新しさ」を端的に表現する、「洋風」建築の各部の摂取と展開例として考えた方がよい。洋風にカッコをつけたのは、当時の建設主体が新しいと思えば、当然洋風のみならず、当時前衛的であった近世以来のモチーフも採用したであろうからである。

同時にそれぞれの擬洋風の建設プロセスには、いわば「偶然」や「出会い」が欠かせないものであったことが知られる。これまでの研究の成果からも、一つの擬洋風建築の実現には特定の施主の際立った意志やら、その建設主体である個別の大工棟梁らの実地経験の相違や、地域ごとの技術の違いが指摘されているのである。普遍と特殊、必然と偶然、皮相的なあるいは本質的な理解、この相対立する擬洋風の特徴を論じるには、少なくとも

・様式生成のプロセス（━擬洋風のプライム・オブジェクトとシークエンス）

・その背景（━擬洋風を成立させた各系統物）

という大きく二つの位相に整理検証してから、それらのつながりを考えることが必要であるように思える。これまでの研究[5]をこれらに当てはめつつ、擬洋風の大概をたどってみることにしたい。まず擬洋風生成の経緯を明らかにしていこう。

擬洋風と称される建築群はいつはじまったとされているのか。日本人在来技術者を主役とした洋風様式の摂取と展開という定義からすれば、その嚆矢は、請負業者であった清水組（後の清水建設株式会社）の二代目清水喜助[6]による築地ホテル館（築地居留地外国人旅館）によって定められている。同館は幕府瓦解直前の一八六七（慶応三）年に竣工した、喜助自身の民間経営による外国人専用の宿泊施設である。対称性の強いコの字型平面、連続するベランダ、中央の複雑な形状を持つ塔、防火を意図して平瓦を貼り間を漆喰で盛り上げた海鼠（なまこ）壁の転用など、彼のその後の諸作品とならんで構成的類型としても象徴的なものの一つである。当時このホテル館をはじめとした喜助による作品群は、文明開化の具体的シンボルとしてさかんに錦絵に刷られ、各地に伝播した。その後の擬洋風建築にもっとも大きな影響を与えたものである。擬洋風建築のプライム・オブジェクトの地位を持つものとして異存はないだろう。

築地ホテル館を擬洋風建築の嚆矢とすると、その前史としての幕末における萌芽的建築群、あるいはその後の展開としての明治一〇年代におけるさかんな建設時期、二〇年代以降における停滞までが、とりあえず一つのまとまりとして描けることになる。擬洋風建築のシークエンスには、必ず直接的あるいは間接的な参照例との連鎖が存在した。その参照のプロセスを重ねるなかで次第に擬洋風建築の類型がはぐくまれていったと考えられるのである。その最初期における直接的な出会いの場所について、これまで指摘されてきたのは、おおむね以下のとおりである。

・幕末以来成立していた函館、横浜、新潟、神戸、長崎などの居留地（開港場）
・渡航による海外での直接的な学習経験
・開拓地であった北海道
・幕府、雄藩による洋式工場などの幕末産業遺構
・キリシタン禁制解除（太政官布告）以降の長崎を中心としたカソリック教会

それらに共通する特徴は、施主もしくは設計に外国人が直接関与し指導している点である。彼らのもとに施工に日本人が加わるという組織形態を持っていた。いわゆる初期技術移転の象徴的形式である。この直接的な建設の場所から、洋風建築の何ものかを吸収した日本人大工たちが、後に擬洋風を建設することになる。挙げた項目のうち、居留地は社会的にもっとも影響の大きかった源流である。また数は限られているものの、渡航による直接的な海外での学習経験にもとづいた大工棟梁らによる個別の建設活動も擬洋風に影響を与えた。また後者に行くにしたがって、本論における意味での擬洋風建築を生み出す場としての性格は希薄になる(7)。

築地ホテルの場合、初期の居留地における外国人指導者と日本人大工棟梁らの組織形態をよく示している。周知のように、幕府は一八世紀中盤の外国からの相次ぐ開港要請に対して、いくつかの居留地をその代替として開くことにした。居留地とは、外国人の内地雑居を認めない国家が、条約で外国人の営業と居住を認めた地域のことである。一八五九（安政六）年長崎、箱館《はこだて》、神奈川（横浜）に居留地を開設し、一八六八（慶応四）年一月兵庫、大坂に、ついで翌一八六九（明治二）年一月江戸、新潟に開かれた。築地ホテルは、その基本設計を米国人リチャード・P・ブリジェンス

図❹　イギリス仮公使館外観（慶応2（1866）年）。（藤森照信『日本の近代建築 上』岩波新書、1993）

図❺　第一国立銀行、当時の着色写真より。

（Richard. P. Bridgens）が担当し、施工と開館後の運営を先の清水喜助が行ったが、この両者を結びつけたのが、居留地横浜であった。

ブリジェンスは、居留地における外国人のための公館や住宅を専門とする設計者として、カリフォルニアから一八六四（元治元）年に来日したといわれる。彼は日本人の請負師や大工らを組織し、西洋様式建築以外に和洋折衷的なイギリス仮公使館（図❹）を手がけている。

ブリジェンスの建てたイギリス仮公使館は、二階建中央にベランダを配したいわゆるコロニアル建築である。コロニアル建築とは西洋諸国がアジアに進出するなかで現地の気候風土に適して作り出した建築様式ならびに構成をいう。ベランダももちろんそんなコロニアル的な発明であった。外壁一面に、防火材として日本の海鼠壁を採用したものでもあった。これは築地ホテルにも受け継がれることになる彼の創意であった。またその外壁を支えた構法は、木を骨組として、仕上材に煉瓦や、石などを用いたものである。のちに木骨石造と総称されたそれは、木による軸組構造、煉瓦・石による組積造という従来の分類のいずれにも属さない、混淆的な構法であった。その発生は、現地での石材の入手が万全でなかったり、あるいは現地の施工法の主流が木造構法を主体としていたなどの理由を想定することができる。つまり木骨造は、石造を主体とした建築様式とそれを実現しようとする現地での施工の特性が重なったときにはじめて発生した。これもコロニアルな技術であった。このように擬洋風建築におけるモチーフ出現の経緯には、地域的な因果と組み合わせの偶然が混淆している。

築地ホテル建設後も、清水はその設計のすべてを一人でこなした第一国立銀行（東京海運橋・一八七二（明治五）年）と、駿河町為替バンク三井組（東京駿河町・一八七四（明治七）年）とを竣工させた。いずれも築地ホテルとならぶ初期擬洋風建築の名作である（現存せず）。第一国立銀行は、コロニアル色の強かった築地ホテルよりもさらに和洋の混淆が進んだ。方形平面で、さまざまな形状の屋根を積層した五層の城郭風とでもいうべき威容を誇る。施主の求めに応じているうちにそうなってしまったらしい。ベランダ、車寄せなどによる正面中央の強調、塔屋の設置という擬洋風の基本パターンを基調にしながら、細部における鶴亀などの従来の彫り物の駆使、各層軒それぞれには複雑な繰り型がつけられている。擬洋風の最大の特質の一つである折衷性が極度に推し進められた作品であった（図❺）。

擬洋風建築のシークエンスにおける二次媒体の役割

擬洋風建築の興隆のプロセスには、以上のような発見的なプロセスと明確に区分できる次のプロセスが存在している。それは直接的な外国人との遭遇や指導の体験から発展的に作り上げられた段階ではなく、むしろそのような擬洋風の成果がすでにできてしまった段階からはじまる。より在来的な建築体系のなかで日々を営む各地の大工棟梁らが、開拓者たる第一次プロセスでの成果を間接的に摂取し、再生産する過程の擬洋風である。これを第二次プロセスと考えることができる。その伝達を可能とするのは、建設主体者の既存の擬洋風の見学や、錦絵、刊本などの二次的媒体による情報の摂取である。建築の外形を学習し、みずからの持つ既存の技術体系でその内側を補完する。このような特徴から導き出される第二次プロセスとしての擬洋風建築の特質は、端的にいえば技術、構法における在来化と様式の定型化である。このような経緯は、ひいては様式の衰退、ステレオタイプ化にも関係してくるであろう。これはクブラーのいう偏流（drift）、先に「伝言ゲーム」とたとえた過程に対応する。

図❻　松本開智学校正面外観（明治9（1876）年）。（筆者撮影）

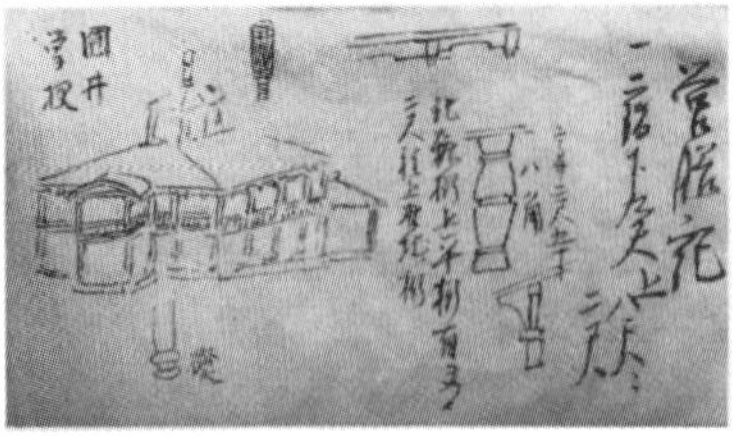

図❼　立石清重（1829-1894）の取材野帳「東京出府記」「営繕記」。（出典：加藤周一編／藤森照信校中『都市建築 日本近代思想大系 19』岩波書店、1990）

この第二次以降のプロセスを体現するのが、設計時における情報収集のプロセスがよく判明している松本開智学校（長野、一八七六（明治九）年、図❻）である。

松本開智学校は、構成的典型として、あるいは細部装飾の豊饒さによって、現存する擬洋風のうちとりわけ名作と称えられるものである。左右に伸びた方形平面の木造二階建漆喰塗で隅石も漆喰仕上である。正面中央のポーチと二階バルコニーを唐破風《からはふ》や、エンゼル、雲形彫刻をあしらった欄干、龍の欄間彫刻などで埋め、そのうえに幕末期の灯台のような八角形の塔屋を載せている。また出自不明な装飾も多い。和洋というより中華の雰囲気も濃厚で、様式的にはどこの国のものかほとんどわからないぐらいである。様式における折衷の自由さを極限まで表現したものといえるであろう。この希有な建築については、多数の資料が残っており、とくに設計施工を担当した当地の大工棟梁・立石清重の取材野帳「東京出府記」「営繕記」が残っている（図❼）。これまでの研究をまとめるとおよそ以下のようなことがわかっている。

立石が東京の建物見学に出かけたのは二回で、一回目は一八七五（明治八）年一月から二月までで、二回目が同年四月から五月まででいずれもその二週間程度を東京に滞在していたものと推測される。東京では少なくとも大工から官僚技手へと転身した林忠恕による大蔵省と開成学校、そして清水喜助による駿河町三井組建物を見学している。また東京以外では山梨県においてすでに定型化の兆しをみせていた藤村式と呼ばれる擬洋風建築の琢美学校と日川学校と山梨師範学校を訪れている。記録として残っているのは以上である。建築史家・藤森照信の結論にしたがうと、開成学校からは車寄せ上バルコニーの欄干の雲形、三井組建物の鉄門扉のモチーフを二階バルコニーの開口上部の装飾へ、大蔵省からは建物本体ではなく門の作り方を参照した(8)。また一連の藤村式からは、柱の礎石などの細部のほか、正面中央に突出する車寄せ、連続するベランダ、塔などを描いた建物全体のスケッチ（琢美学校）が残っている。これらから擬洋風の全体構成と細部を学んだことが推測されるのである。また、松本開智学校の額を抱いた正面唐破風下のエンゼルは、東京日々新聞の題字の構成をそのまま流用したものであることは、著名である（図❽、図❾）。

以上のような第二次プロセス以降の変容を露出する擬洋風建築は多い。新潟運上所（一八六九（明治二）年竣工、図❿）の場合も興味深い。一八五八（安政五）年に締結された修好通商条約にともない開港された新潟港、その信濃川の河口近くの川岸を埋め立ててその建物は建設された。建設にあたっては、新潟地方の大工たちが築地ホテルや、当時すでに開港していた江戸や横浜の居留地における建築を参考にしたといわれている。しかし、とりわけ築地ホテルの影響は大きかったことは両者の外観を比較すれば見当がつくところであろう。さて新潟運上所建物の一階のちょうどまんなかにある曲面が壁に塗り固められた関門は有機的で、擬洋風建築のなかでもとりわけ異質な形状を持

図❽　松本開智学校における正面額に踊るエンゼルのモチーフ。（筆者撮影）

図❾　当時の東京日々新聞の表紙に飾られた額とエンゼル。

図⓫　当時さかんに流通した「築地ホテル」を描いた錦絵のうちの1枚。建物本体と裏門の関係がわかる。

図⓾　新潟運上所河川側からの入り口正面（明治2（1869）年）。（明田川敏夫・米山勇『新潟県の近代建築』（社）北陸建設弘済会、1994）

つ。じつはこの形状は、おそらく新潟の大工たちが入手した築地ホテルのアーチ形状の裏門を二次元的に引き写したものと推測される。同門と築地ホテル本体との間には実際は広場が設けられているのだが、錦絵から学んだ大工たちはこの距離を認知できなかったようである（図⓫）。そのため、錦絵上の築地ホテル本体と裏門との距離が喪失し融合し、ちょうど築地ホテルが圧縮したように「再現」されたのであった。これらの経緯は第二次のプロセスにおける擬洋風建築をもっともよく象徴しているであろう。

つまり大工たちがさかんに行った「見学」は、内部構造を壊してみることができない。そのため受け継がれるのは間取り、細部装飾、表層のみである。また再生産の際には、その大工が親しんできた構造法によって擬洋風がさらに擬的に構築される。

そして表層化した細部は、その様式的規範の薄さゆえに、以前とはまったく異なった構成に組み込まれうる。あるいは他要素を組み込むことができる。クブラーのいう異なった系統年代が、さらに新たに参画するのである。このような傾向によって新聞の題字といった非建築的モチーフまで等価に扱われる事態が現れる。

民間の堂宮大工であった立石が地域において「日本一」の学校建設を拝命したとき、現前する初期擬洋風建築を圧倒的に越えるには、以上のような意識的な再編集行為のみが可能性として開かれていたのである。このような特質は、立石のような力量を持つものであれば独自の世界を生み出すことができたが、一方で他の多くが単なる様式の単なる反復に陥るのもまた必然的であった。松本開智学校とその周辺に存在する多くの様式的フォロワーとの関係そのものが、第二次プロセスにおける擬洋風表現の全体平面を指し示しているのである。擬洋風建築はその後一〇年を待たずして急速に衰退することになった。それは模倣の反復による定型化が最終的には国家によって標準型として整備されたことによる。文部省の学校建築指導は、明治二〇年代初期から次第に整えられ、強化されるようになった。一八八八(明治二一)年『尋常師範学校設備準則』、一八九一(明治二四)年には『小学校設備準則』『尋常中学校設備規則』が相次いで公布され、これらにもとづいて、一八九五(明治二八)年、文部大臣官房編『学校建築図説明及び設計大要』が発刊されたことが、そのもっとも象徴的な出来事であった。[9] これによって時代的興隆をみた擬洋風の終焉をみるのである。

唐破風、ベランダはどこからきたか?——擬洋風建築を構成する各系統年代

それでは、擬洋風以前に立ち戻り、擬洋風の開拓者がそれを作り上げるときに用いた要素を吟味することによって、その必然性と偶然性、ひいては各要素の系統年代のずれを指摘したい。端的に述べて擬洋風の様式的特徴は、唐破風等を用いた中央部の強調玄関の強調、ベランダ、塔屋の設置、ならびに塔が多角形状をなしている場合が多いことである。一体それぞれはどこからやってきて、擬洋風に採り入れられたのだろうか。

擬洋風を構成する外観の様式的特徴の一つであった正面中央の突き出しによる強調は、その誕生から衰退にいたるまで、もっとも多く使用された構成要素であったことは先に指摘した。そこには、松本開智学校を例とするまでもなく、唐破風を設けることが多くありえた。近世における書院造の車寄せにおいても唐破風が用いられることは日常的であったから、むしろこれがなんらかの開化的表現として明治まで残存したことの意味を問わなければならない。

その点で興味深いのが、長崎出島の外人居住施設である通称「かぴたん(註:キャプテン)部屋」における唐破風によ

る入口の強調が挙げられる。

絵師広渡湖秀が描いた「長崎日蘭貿易絵巻」（図⑫）は、出島とオランダ商船を主題にしたものである。オランダ船から艀で運ばれてきた荷物が出島に揚げられ、水門を入ったところで奉行所の役人達が荷をあらためている。その左側に「紅毛部屋」と説明書きされた二階を持つ建屋が描かれている。一人のオランダ人が訪ねようとしているそのアプローチは、唐破風様の庇で強調されており、当時二階に住むことが通例であったカピタンたちの広間へと通じるための階段がその奥に描かれている。またその二階は正面全体をベランダ状にしている。同じ建物を描いたと推測される別の絵師春木南湖によるスケッチ帳「西遊日簿」（一七八八（天明八）年）においては、この二階正面柱間に「ヒイトロ」（ガラスの意）の書き込みがあり[10]、ガラス窓が建て込まれていた可能性がある。いずれにせよ、この時期に擬洋風の基本様式である唐破風による正面アプローチの強調とベランダという二つの要素が、すでにみられるわけである。当時においては、ごく限られた範囲であるが、「かぴたん部屋」と呼ばれた主室をはじめ、その他おもだったオランダ人の居室で、内部意匠や構造の洋風化が幕府から許容されており、この流れのなかで、かぴたん部屋へいたる入口として唐破風の軒意匠が採用されたことは、重要であろう。

図⑫　広渡湖秀（1737-1784）「長崎日蘭貿易絵巻第一巻」拡大部分（1770-1780年ごろ）。

先にも指摘したように近世の書院造においては、以前から唐破風が、車寄せを周囲から引き立たせるために用いられてきた。そして「唐」という単語からも明らかなように、それは周囲の和様とは異なった特別な意匠価値を担うものであった。この用法が逆にオランダ人居住の住まいにも適用されたのである。つまりそれは近世的コンテクストから発し、出島においてまでも通用しうる「開化」的表象だったのである。擬洋風建築を端的に表す便利な様式として、唐破風による正面中央の強調が長く採用されたことには、このような《国内化された異国の表象》という唐破風の史的背景が存在しているのである。またそれに比較して、二階に張りめぐらされたベランダ状の欄干の使用は、在来との接続点はそう多くはなかった。しかしながらカピタンたちとの親交の厚かった和蘭陀大通事役・吉雄幸左衛門の居宅は、彼らからの影響からか、二階を板敷きにして、青漆塗りの梯子、欄干を設けていた。[11] この居宅の様子が江戸から見学にきていた絵師司馬江漢に記録され（『江漢西遊日記』）、それがさらに公刊され伝達される（一八一五（文化一二）年に出版）という経緯が推測されるのである。もちろんこれのみが主要な経路とはなりえないが、それらと洋風とのつながりを示す象徴的な事例であろう。

塔はどこからきたか？

さて、以上のように唐破風による洋風の「擬」演出、そしてベランダを思わせる構成が居留地を通してでなく、近世後期においてすでに海外とのさまざまな経路をつなぎつつ、国内に紛れ込んでいたことを指摘した。ではもう一つの擬洋風様式の構成部位である塔については、どのようにその淵源を考えればよいのであろうか。塔屋は居留地とはもっとも無関係な部位なのであるから。

擬洋風における塔屋の形状についてはさまざまなバリエーションがあるが、それらのうちとくに初期においてその引用源を素直に特定できるのは、築地ホテルや新潟運上所、尾山神社といった事例である。それらの塔に共通な、反りを持つ二層の方形屋根は、じつは近世における灯台、いわゆる灯明台との構成的類似が著しい。

近世における灯明台は、一六〇八（慶長一三）年に能登国福浦港に建てられたものが、燃料に油を用いたものとして最初期にあたるものといわれている。この灯明台は、石造の小屋に木造の灯籠をのせ、油紙障子でこれを囲い、このなかで菜種油をともすものであった。現在復元されているものとの比較においても、初期擬洋風の塔屋との共通性は多い。これら灯明台は、幕末には一〇〇余基に達し、また大阪住吉神社における著名なそれを代表として海岸近くの神社や寺院の常夜灯で、灯台の役目を果たしていたものが数多くあった(図⑬)。(12)

築地ホテルが築地という海辺に建っていたこと、新潟運上所が開港場に設置された当時の税関であったこと、石造の尾山神社山門と灯明台との構造的類似点など、初期擬洋風建築のいくつかと灯明台をめぐる立地条件、機能、架構などは多くの点で似通っている。海外と国内との境界に建つ近世以来の灯明台のモチーフが、開化のイメージに流用されることは、むしろごく当然のことであったのであろう。

しかし問題はまだ残る。済生館(図⑭)を筆頭とする、擬洋風塔屋における多角形平面の採用である。多角形という要素は、日本建築において展開されること法隆寺の夢殿、あるいは多宝塔などきわめて特殊であった。

そこには単なる和洋の水平移動ではない、別種の表現水準が込められていたに違いない。これは表層的な問題では

図⑬　住吉神社の灯明台(大阪市、現在の形になったのは 1827 年以前)。(登尾聡撮影)

図⑭　済生館のアイソメ図(山形市、明治 11(1878)年)。病室部分が多角形平面によって構成されている。(出典:木造建築研究フォラム編『図説木造建築事典実例編』学芸出版社、1995)

なく、より技術的なアプローチを必要とする。次にその歴史的背景を検討してみたい。

多角形表現はどこからきたか?

さて擬洋風の様式の淵源分析において、すでに近世後半との具体的な深い関わりが示唆された。擬洋風と近世との関係は、在来棟梁たちが単なるモチーフから先進的な技術にいたるまで西洋式の建築要素を、いかに「開化」的なものとして認識し、受容し、再生産したかという、とくに技術的基盤の考察を必要とするだろう。

よって擬洋風を考える際に有効と思われる二つの基盤について紹介し、その特質を考えてみたい。一つは擬洋風に特徴的な折衷技法を可能にした《ひながた》という概念であり、もう一つは多角形の塔屋という様式的淵源のはっきりしない擬洋風の一特徴に関係するであろう《幾何学（規矩術）》である。

ひながた書にみられる19世紀的折衷性

棚や欄間、建具といった細部をパターン（平面的絵柄のサンプル）として扱った当時のひながた書には、春夏秋冬、有名人にちなむ装飾、花鳥風月もあれば、異国風のデザインも見受けられる（図⑮）。つまりここでは取り替え可能な装飾的部位だけが突出して扱われている。

日本近世のとくに後期において、このような建築理解が進展した原因として考えられるのは、建築様式の固定、建築生産過程の合理的発展、建設需要の増加、つまりは建築の流通化である。日本の近世では、社寺のような一定の様式を持った建築が、それまでの建立主であった支配階級ばかりでなく、小さな村や町の共同体によっても建てられるようになった。そのとき、未成熟な大工層にとっては、装飾のひながた（見本）があるとありがたかったのである。サマーソンも述べたように、一応の雰囲気が生まれるからである。公刊されたひながた書がそれを後押しした。

するとおもしろいことに、このようなひながたとしての様式把握は、じつは西洋においても同時代的な傾向であった。つまり様式建築の末期である一九世紀中葉に最盛期を迎えた折衷主義においても同様に、その傾向が顕著になるのである。ゴシック、ルネッサンス、バロックといった時代様式の再解釈のみならず、エジプトやイスラム、あるいはアジアというような世界各地の様式もが対象になりえた。建築の用途に合わせて様式が選択された。日本の同時代と同じように、パターンブックが多数出版された。日本のひながたと同じように、様式はとりかえ可能な断片的要素として認識された。つまり細部を自在に折衷するには、ひながたのように、じつはその細部をつなぎ止めていた特定の様式の範例から切り離される必要がある。応用自在な折衷主義の裏には、以上のような断片化された様式＝ひながたの存在があった。

このような折衷主義様式の前提は、西欧の植民地支配とともに発見された世界の各地の文化を、西欧世界にとって安全に消化しうるフィルターとして働いた。ヨーロッパの起源と目されたギリシャ・ローマは、そのなかでいちばん優れた様式であり、イスラム、アジアは傍流として位置づけられた（図⑯）。このような世界様式のひながた的な把握

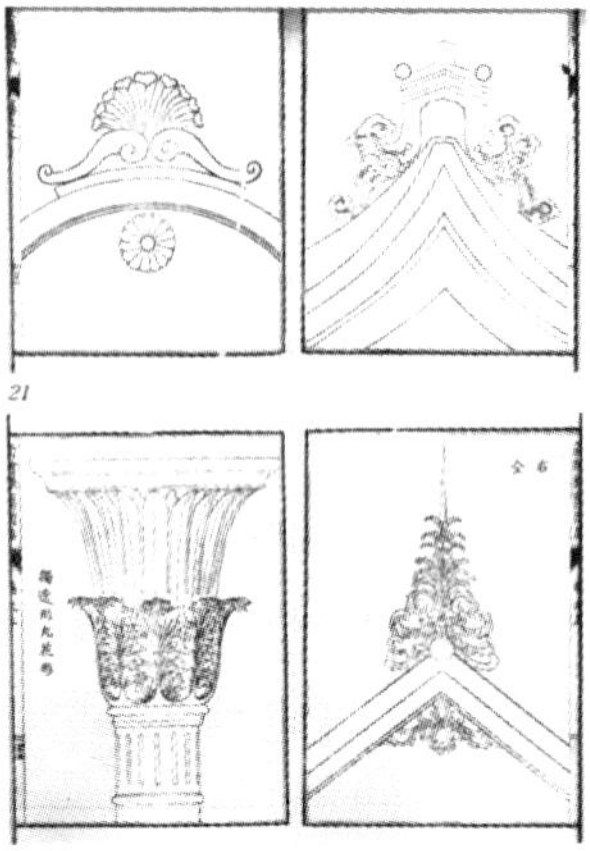

図⑮　新絵様欄間集における西洋風のひながた（明治41（1908）年）。

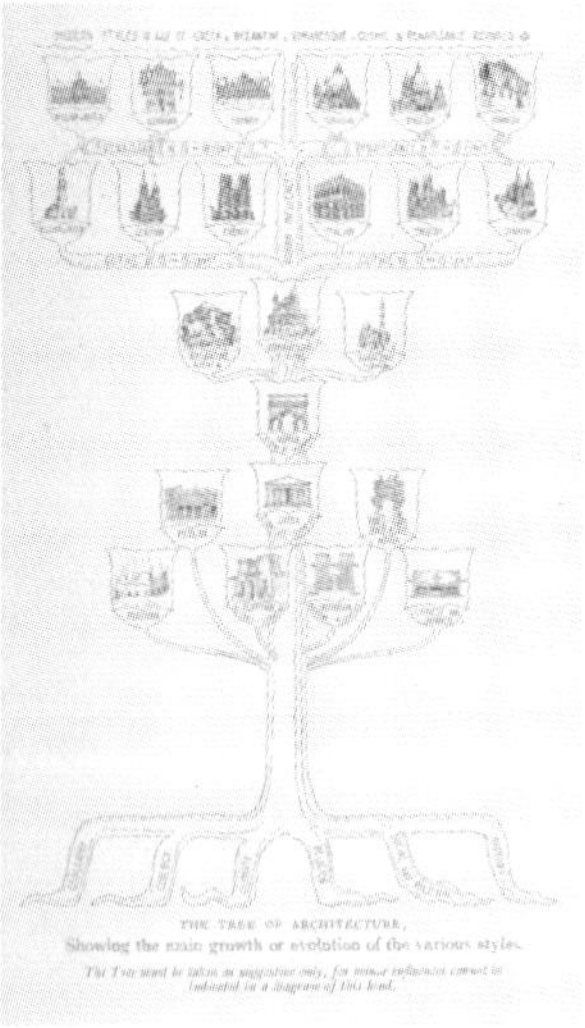

図⑯　建築史家B・フレッチャーによる「建築の樹」。（"A history of archiecture on the comparative method" 1896）

は、じつは同時代の鎖国・日本の近世における建築理解の方法にも、遠い影響を、というよりは共時的な異文化理解のパターンをなしていたと考えるべきであろう。

幾何学という普遍

その統合性、いわばプライム・オブジェクトたりうる擬洋風建築の誕生を示唆するのが、在来大工棟梁における形態の幾何的把握の基盤である。形態にはさまざまな文化的コンテクストが含まれるが、幾何学はそれを捨象しても形態を成立させる。幾何学の目的はその形態が何を意味しているかではなく、どのように成立しているかを論理的に述べることである。そしてそこではどのような形態も扱いうる普遍性を含まなくてはならない。複雑な日本建築の軒廻りであっても、西洋様式建築であってもそれは解釈可能といわねばならない。しかしながらそれを可能にするのは、数学という限定された抽象空間である。在来棟梁たちがはたしてそのような思考空間を持っていたのだろうか。

その背景を、近世における幾何学的な建築形態の把握術であった規矩術に定め、その特質を考えてみたい。

規矩術とは、日本建築の美的中心である屋根から軒裏をおもに対象とした、複雑な部材の形、加工形状を曲尺（さしがね、かねじゃくともいう）を用いて導きだす応用幾何学である。規矩術は、現在において、その実効的な意味をほとんど失いかけている。その結果、大工棟梁の奥義として、近代的技術とはまったく対極の伝統的かつ難解な技術であるように認識されている。

しかし規矩術は明治以降西洋建築の興隆にともなってさらに発展するという、一見奇妙な動きをしている。現存する明治期に公刊された建築書を通覧するとき、その主要な部分は明治以降の建築家たちによるものではなく、じつはその多くが規矩術書で占められているという、驚くべき事実に遭遇する。現在、国立国会図書館に所蔵されている明治期建築書一五九冊のうち、規矩術書は四九冊である。規矩術書は、カテゴリ別で、圧倒的に一位の座を占めている

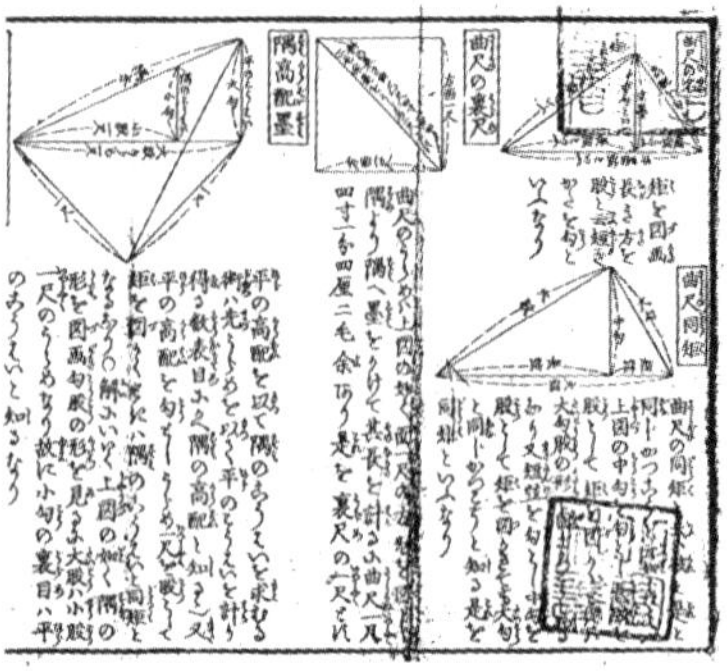

図⑰　匠家矩術要解によって採用された三角関数的アプローチ。

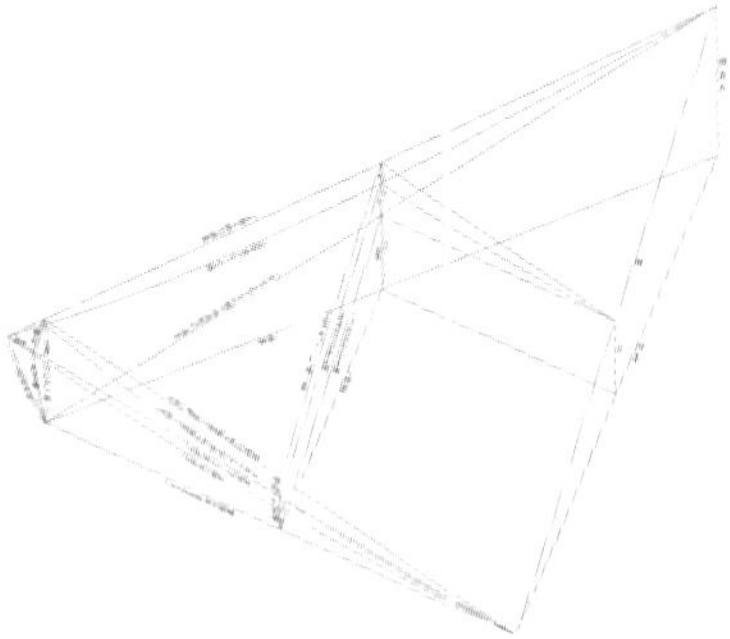

図⑱　『矩術新書』におけるきわめて精細な軒屋根の反り分析の例。

のである。それらの著者は、近世以来の大工棟梁のなかの学究肌の人々であった。つまり伝統技術と考えられていたはずのものが、当時最新の建築様式のなかにおいてこそ発展していたのである。近世から明治に移行する際の、在来建築技術面でのかくれた継続性を検討するのに、規矩術ほど好適なものはない。

　規矩術は大工の奥義といわれるが、比較的新しい技術である。その書物としての客観化は一八世紀中葉であった。[13] 日本建築における各部と全体の比例関係（プロポーション）を扱った木割術が、秘伝として各流派に伝書されるのは中世の終末であるから、規矩術書の出現はかなり遅い。そしてその体系化はさらに遅く、ほぼ幕末である。江戸幕府に抱えられた名棟梁家の平内の一〇代目として、養子に入った元和算家・平内廷臣《へいのうちまさおみ》ほぼ一人によって達成されたのである。[14] まず彼は『矩術要解』（一八三三（天保四）年）によって、その方法論を幾何的解釈のもとに一挙に一元化した。従来の類書のように具体的な部材をいちいち描き示すのではなく、幾何的関係にそれらを抽象する方法によってさまざまな屋根形状に発展しうる普遍性を兼ねそなえたのである（図⑰）。平内の提示した単純な三角形（三角関数）によって、日本建築の屋根の形状はほぼ客観的に記述されうるのだとすれば、それは当時の大工たちにとって、信じ難いほど革命的なものであったろう。一五年後の『矩術新書』（一八四八（嘉永元）年）においては、その方法はさらに推し進められ、前書においては扱うことのできなかった、反り曲線の解析を扱うまでにいたる。煩雑をきわめる各種屋根形態の理論的構築を数値変換や実験器具を駆使して試みている（図⑱）。これら著作での平内による建築形態理解は、伝統的大工社会における訓練や経験的学習による達成とはまったく別の、幾何学にもとづいた外在的な解析であった。このような幕末期の建築技術の特徴は、日本の伝統的建築生産のリンクから各技術を、まったく未知なる建築様式についても当てはめうるような抽象的な技術的基盤へと大きく変容させうる役目を果たした。このような意味で規矩術は、明治以降の洋風建築においても、充分適用される技術にすでに変貌していたのである。

以上のような幕末期の規矩術の、きわめて普遍性の高い技術的達成は、その追及者に一つの新しいジャンルを提供した。それが、本論でもその出自をめぐって検討されてきた、擬洋風塔屋に関わる多角形平面であった。

明治期規矩術書における多角形平面の分析はすでに幕末より存在していたが、明治二〇年代以降に明らかな増加が認められる。また楕円や卵形渦巻等の円弧を用いた作図もそれに並行して増加する傾向がみられる。また多角形分析を建築実体へ適用した場合には、とくに多角形の屋根形状のおさめ方が追及対象となった。それによって原理的には日本建築の特定の屋根様式にとらわれないさまざまな屋根形式への適用が可能となったのである。(15)

これらを総じて明治期の規矩術は、幕末期の方法を継承しつつ、明治以降の新たな建築形式にその方法を応用展開させることによって対処しようとした経緯を持っていたことが、理解できるのである。擬洋風建築にさかんに用いられた多角形平面の塔屋の背後には、以上のような近世から継続した、大工たちの「高等数学」が存在していたのであった。

擬洋風における多角形塔屋の意味——旧中込学校を事例として

信州佐久郡にある旧中込学校（重要文化財）は、渡米経験を持つ大工市川代治郎によって、一八七五（明治八）年に竣

図⑲　市川代治郎（1826-1896）作「旧中込学校」（佐久市、明治8（1875）年）。（筆者撮影）

図⑳　旧中込学校における擬洋風的詳細例、ベランダまわりの柱頭。（筆者撮影）

工した擬洋風建築の名品の一つである。同時期に建設された近隣の松本開智学校に比較して、その全体的な姿はすっきりとして瀟洒なものである（図⑲）。木造二階建て寄棟造、桟瓦葺で、間口七間奥行一一間の奥行の長い長方形平面である。擬洋風の基本的様式を備えるのみならず、たとえば前面ベランダのてるてる坊主のような柱頭（図⑳）など特色のある細部にも興味がいく。しかしながらもっとも興味深いのは屋根中央部に突き出した八角形の塔屋である。擬洋風様式の構成部位のなかで、その出自についてもっとも検討の余地のあるところであった多角形の塔屋であった。その由来を知ることができるもっとも好適な物件である。

旧中込学校の、その全体としてすっきりとした秩序的なデザインは、擬洋風のなかでは異質な感さえうける。この全体的構成の優秀さの由来に着眼したのが先の藤森であった。藤森はその理由として、旧中込学校の全体的構成が、じつは一九世紀アメリカにおける学校建築のマニュアルに少なからぬ共通性を持っていることを指摘した[16]。左右に開いた平面の多い擬洋風の小学校のなかとは異なった奥行優先の平面もじつはアメリカにおける小学校の典型を規範としているせいである。実際には使われなかった男女左右対称に隔てられたワードローブ的空間が存在していることもその説に説得性を与えている。アメリカ流の教則とおりの空間をしつらえたものの、日本で用いる必然性が欠けていたため、小間使い部屋となったのである（図㉑）。外観も藤森の紹介したアメリカの小学校の銅版の雰囲気と酷似している。その銅版にはギリシャ様式を基本とした新古典調の外観を持つ小学校が描かれており、塔屋も描かれている。

その位置までも旧中込学校と酷似している。以上のような理由で、旧中込学校の塔屋まで含めたその全体的構成は藤森の主張をほぼ受け入れてもいいように思う。市川の渡米経験によって蓄えられた情報によって、旧中込学校にはその計画当初からアメリカ由来の「世界」が胚胎したと考えられる。

しかしながらその銅版画のなかの塔は、方形平面であった。つまり中込がその全体をアメリカにおける範例にしたがおうとも、塔屋における多角形の出自は依然未解決である。先に規矩術書の興隆によって指摘された多角形平面の流行は、いってみれば近世の流れのなかの前衛、先進的建築表現の核であった。旧中込学校には当時の先進たる「世界」のみならず、近世の先進がそこに結合することによって、清水と同じく統合的な擬洋風作品が生まれたのではなかったろうか。

市川の師匠は小林杢之助（三代目源蔵昌長）であり、じつは規矩術の大家であった。佐久市にある貞祥寺三重塔（一八四九（嘉永二）年竣工、元南佐久郡松原湖畔にあった神光寺より一八七〇（明治三）年に移築）が現存作品の筆頭としてあげられる（図㉒）。

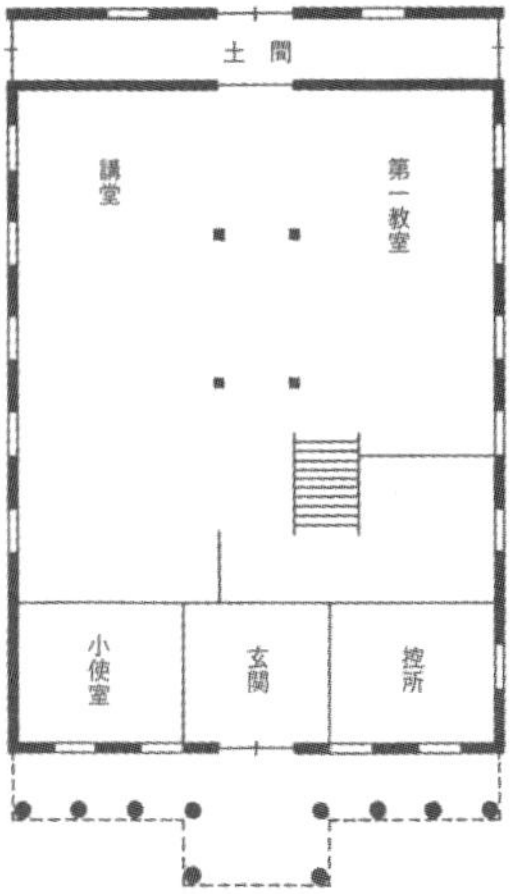

図㉑　藤森照信の指摘したアメリカにおける小学校の典型的平面に類似した旧中込学校平面。（出典は図❼に同じ）

図㉒　小林杢之助作「貞祥寺三重塔」（佐久市、嘉永2（1849）年）。（坂東真衣撮影）

図㉓　旧中込学校塔屋へいたる階段室。（筆者撮影）

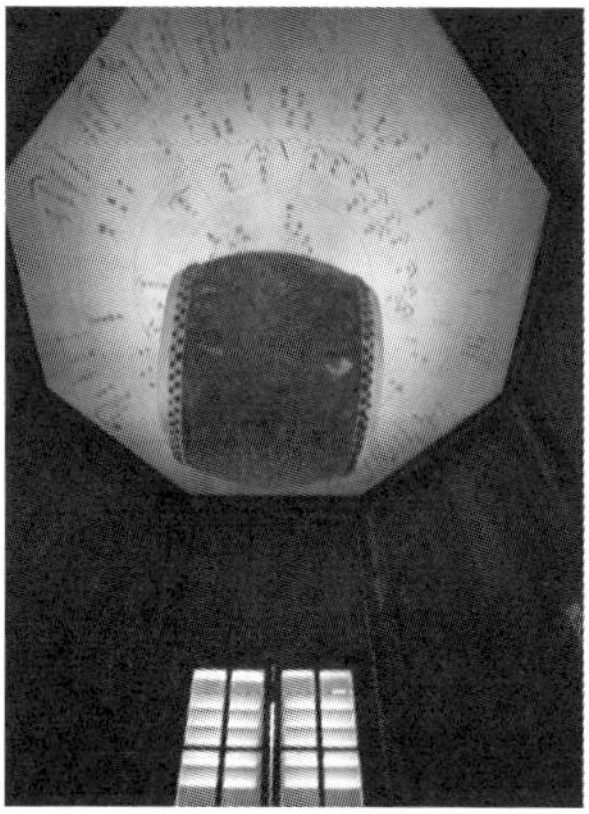

図㉕　旧中込学校の太鼓楼と世界の地名の書き付け。（筆者撮影）

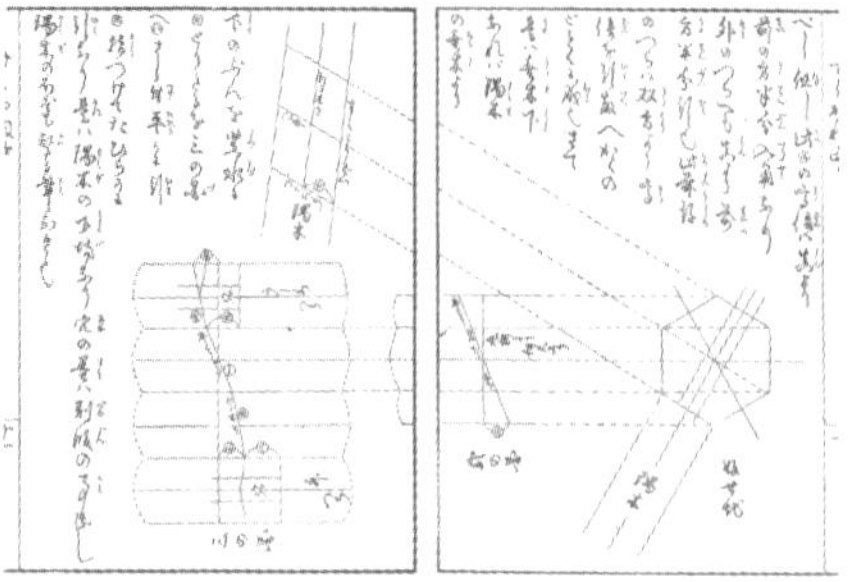

図㉔　小林杢之助（三代目源蔵昌長）による規矩術書『一人稽古隅矩雛形』における多角形柱の作り方。

小林は一七九五（寛政七）年に生まれ、父から技を学び、後に諸国を歴遊して名匠の秘事をたたき、文政年間京阪に遊んだという。小林の晩年直前の一八五七（安政四）年に公刊された『独稽古隅矩雛形』は、先に紹介した規矩術の大成者平内廷臣の著とならぶ完成度を誇った規矩術書であった。師である小林と市川は信州周辺の作事の経験を経たのち、安政年間、東京築地、西本願寺の建設に参加した。市川も脇棟梁として建築に励んだが、工事半ばにして小林が一八五八（安政五）年に六四歳で急死したのである。工事中市川は下谷坂本町の下宿先にて米国人ケルモロトなる人物と知遇を得、その後渡米したという。その後のアメリカでの建築修行を終えて故郷に建てたのが旧中込学校であった。その多角形の塔をのぼってみることにしよう。

廊下に面した二階の中央部分の扉を開くと、かなり急勾配な階段がすぐ控えている。上の窓からこぼれる光がかすかにとどく。

頂上へいたる階段は大きく二つの部分に別れている。一つは二階の部屋構成に影響されたかぎの手に折れる通常の階段である。そしてその上に忽然と姿を現すのが、塔屋の八角平面と忠実に連動した木製の螺旋階段であった（図㉓）。中央の八角柱から整然と規則的に延長された踏み板が外周の八角形の壁とを連結する。従来の擬洋風建築における螺旋階段はあくまでも家具的に独立しているものがほとんどだが、旧中込学校の螺旋階段は、その構成が建築構造とも密接に関連している。つまり和式構造に無理なく合致しつつも整然とした幾何的空間が展開されているのである。上からの光はその構造をみせるように降りそそいでいた。その材の肌理には師匠小林の作った三重塔の正八角の心柱と同じ唐松の紋様が浮かび上がっている。多くの擬洋風がその外観こそ異形でさえあれ、むしろ内部は在来の木造架構とそこから導き出される平板な空間であるのに対し、旧中込学校の塔屋における以上のような幾何的完結性はとびぬけた成果である（松本開智学校のそれと比べてみればよい）。その背後には師匠の三重塔での達成が重ね合わされているのである（図㉔）。

そしてその階段をのぼりきると、太鼓楼と呼ばれる物見空間へといたる。その中央には天井から吊るされた太鼓が浮かんでおり、天井にはいつの頃からかは知らないが、三六〇度パノラマの方角に合わせた世界各地の地名や山や海が墨で記されている（図㉕）。もちろんそれらは見ることはできない、しかしそれらは世界が必ずあるはずであるという観念からはみえるはずなのである。擬洋風における開化の意識が、何よりも明瞭に現れている場所である。

旧中込学校には「世界」が胚胎していた。それはアメリカ由来の建築構成とそれを後押しするかのように結合された近世の幾何学によって成立していたのである。

『時のかたち』に掲載された唯一の図版についての見解

クブラーは『時のかたち』を執筆中に、その草稿を友人のノルウェー出身の数学者にみせている。グラフ理論を完成したオイシュタイン・オーア（Oystein Ore）教授である。その際のコメントが、同書の註に掲載されている。またその長い註の横には同書に収録された唯一の図版が併載されていた（原書34頁、図㉖）。以下のようなものである。

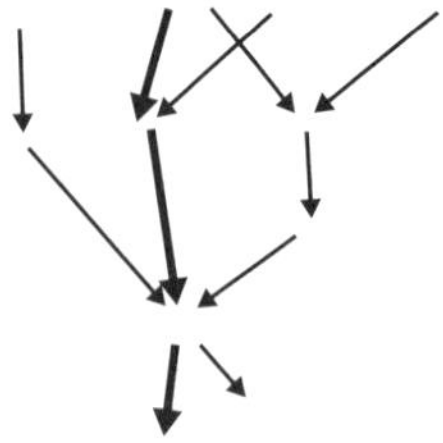

図㉖　『時のかたち』に掲載されていた唯一の図。

原註3　イェール大学のオイシュタイン・オーア教授がグラフ理論に関する仕事を仕上げつつあると聞いて、私はこの章（引用者註：第2章のこと）を彼に見せた。彼は次のような評を書いてくれた。「自然科学の分野でもそうですが、きわめて複雑な主題について系統的なプレゼンテーションをしようとするとき、人は、説明原理として役立つようなパターンを数学者に期待してくるのです。級数（series）と数列（sequence）という数学の概念が思い浮かびましたが、少し考えると、それは今ある問題に適用するには、あまりに特別すぎるように感じました。しかしあまり知られていないネットワークや方向をもつグラフといった領域なら、この問題にはかなり向いているのではないかと思います。……私たちは、人類の創造における段階の多種多様さに興味を持っています。人は発展の過程で、ある段階から別の段階へと移っていきます。そこには選択されるかもしれない様々な方向性が存在しています。そのいくつかが実際の出来事を現出させるのです。そしてそれ以外の方向性は、数ある有効な方法としてあった、というだけで終わります。またいくつかの選択可能の方法のどれもが、同じ結果をもたらし得たともいえるでしょう。……これらを方向性をもつグラフやネットワークといった数学的概念によって、大まかに描き出すことができるかもしれません。そのグラフは多数の点や頂点や段階で構成されます。これらのうちのいくつかは、方向性をもつ線や縁（エッジ）あるいはステップによって結ばれます。したがって各段階では、あとへ続く可能性のある縁が多数あります。同様に、その段階へと入って来る多くの縁もあって、それらによってその段階ができあがります。実際の展開はグラフにおいて方向づけられた道筋に対応しますが、

それは多数の可能性のうちのひとつにすぎないのです。……方向性をもつグラフはたくさん描くことができるけれども、私たちが考慮しようとしているのは、なかでも特別のタイプなのか、と尋ねる人がいるかもしれません。それについてはひとつの本質的な制約があるように思われます。それはグラフが非円環である、ということです。すなわち、最初の段階に帰ってしまうような、循環的な方向性を持つ道筋は存在しません。これは、本質的に、決して以前の段階には戻らない、人類の進行の様子と符合します。

さて、これまでの考察の結果から、元図の太い線は、発明の一つのはじまりからのシークエンスを示していることがわかる。さらに、矢印の集まった点は、複合体としての事物を表す。さまざまなシークエンスが重なることによって、事物は紡がれ、あらたな発端物〈prime object〉を生み出してゆくのである（図㉗）。はたして擬洋風もそのような形成を遂げた。

オーアが指摘しているように、人間の形作る事物とは、一義的な因果関係で自動的に生成していくわけではない。「あとへ続く可能性のある縁」が複数あることは必然である。しかしそれらが事物という文化的統合物として形成するためには、「それは多数の可能性のうちのひとつにすぎない」はずであった状態から脱け出すこと、つまり人間側との偶然的出会いと彼らによる選択を含んでいる。

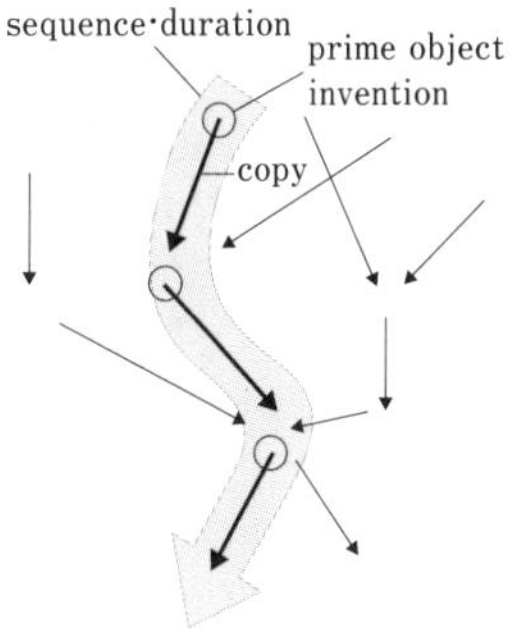

図㉗ 「唯一の図」の分析。
（作成：北浦千尋）

クブラーの著作の三年後、数学を学んで建築学を専攻したクリストファー・アレグザンダー（Christopher Alexander）[17]は「都市はツリーではない」（A city is not a tree, 1965）を発表した。これは直前に書かれた博士論文[18]「形の合成に関するノート」（Note on synthesis of form, 1964、以降「ノート」とする）において展開した厳

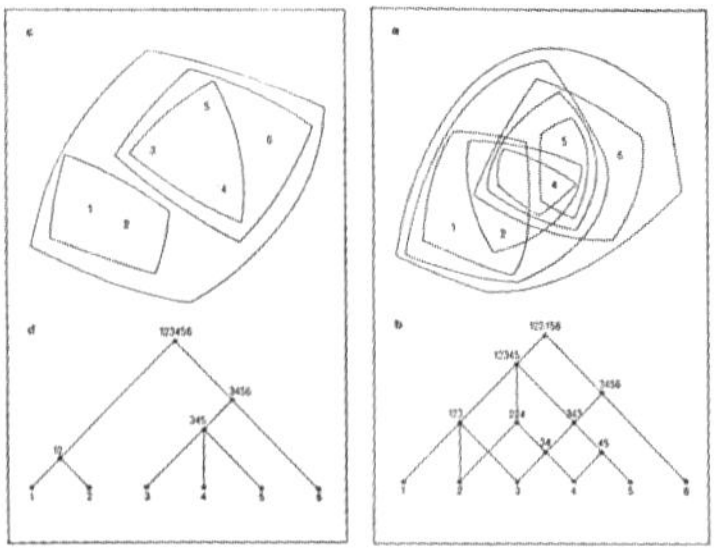

図㉘　ツリー（左）とセミラチス（右）

密なツリー理論をみずから修正したものでもあった。このときに提出されたセミラチスという概念は、クブラーや擬洋風建築のシークエンスから獲得できる、人間による偶然を必然に転化させる、選択決定能力に大きく関係している。

「ノート」におけるアレグザンダーの功績は既存の事物（たとえばヤカン）に内在する要素を可能なかぎり掘り下げ、それを新しい変数にもとづく集合に再編成し、組み立て直すという集合論的プロセスによって行われた。この方法によって彼はデザインが天才的独創という神秘に陥ることなく、客観化可能であることを指摘した。しかしこの発見は、その理論の実践において破綻が生まれることをも意味した。

というのもヤカンならまだしも、たとえば建設物の設計に、その構成要素を可能なかぎり意識化、再構築するプロセスを適用すると、途端に猛烈な勢いで要素が増え、当時のスーパーコンピュータをもってしてもその具体的形態の決定はほぼ不可能であることが明らかになってしまったからである。一方で人間の日常はそのような理論の実際での破綻を尻目に、さまざまな派生物を生み出してしまう。彼がツリー構造の例に挙げたマンハッタンにおいても、そこにおける人間の生活は偶然の必然化に満ちているのである（たとえば、マンハッタンを舞台にした映画『ダイハード』シリーズを思い起こせばいい）。つまりいかに計画者が厳密なツリー的都市を計画しても、その使い方は一義的にはなりえない。セミラチスではこのような事実をダイアグラムとして表したことが画期的であった。それはツリーにおける下位要素が、上位要素と複数の関係性を持ちうるというものであった（図㉘）[19]。それはクブラーがアレグザンダー以前にすでに明瞭かつ時間的に把握していた、有限の要素からなぜ人間が多様な事象をより豊富に生み出しうるかという、人間の文化活動にかかわる根本テーマであったともいえる。

『時のかたち』の目的の一つは「シリーズ〈series〉やシークエンス〈sequence〉といった持続の形態学的問題のい

くつかに注意をはらうこと（原書viii頁）」であった。すなわち、クブラーは人間の再発見的項も含めた持続の概念を用いた。リフォームを含めた事物のつながりを通して、まさに文字どおり時のかたち――時が形成するかたち――を描き出そうとしたのであった。そしてその持続を保証するのが、「文化」という、人間による、偶然に満ちてはいるが継続した営為の力なのである。擬洋風建築にはその「力」が様式という対象を介在させつつ、縦横にみなぎっていたことを知るのである。

謝辞

ジョージ・クブラーの同書の翻訳ならびに分析については、加藤哲広、北浦千尋、菅正太郎、田中おと吉、和田圭子をはじめとして、二〇〇〇年から二〇〇三年までの大阪市立大学「第二次資料研究会」に参加した学生たちによる成果をもとにしている。記して謝意とする。

注

（1）わごや・束、母屋を用いた小屋の支承形式。近世以来続く伝統的な小屋組み架構のこと。

（2）クブラーはそれを言語論における偏流（drift）を援用して説明している。

（3）「様式とは、行為が行われるとか行われるべきさいの、また作品が作られるとか作られるべきさいの、多少なりとも際立つ、それゆえ見分けのつく仕方のことである。」「およそ一社会で常習ともなっている技芸品制作方式にこの語を用いる気になれば、人類学者にとっては、どの筏にも「様式（style）があることになろう。だがマーク・トウェインの主人公にとって、この語が意味しているのは、感動させるに足るほどのもの、違いのある筏のことなのである。」［E・H・ゴンブリッジ『様式』板倉壽郎訳。東京：中央公論美術出版、1997］

（4）では擬洋風という言葉自体はいつできあがり、誰が用いたものなのか。その点についてははっきりとはわからないがおおよそ以下のような経緯を持つ。最初期の日本における洋風建築を扱った論文の嚆矢である堀越三郎『明治初期の洋風建築』丸善株式会社発行（一九七三年に南洋堂より復刻）は、一九二九（昭和四）年に出版されたものである。ここでの区分に擬洋風という言葉は用いられない。しかしながら初田亨によって、堀越がその後の一九三一（昭和六）年に、明治期に建設された時計台の様式を分類するにあたって、純洋風、擬洋風、純和風というカテゴリを用いており、ここではまだ在来大工棟梁との意味上のつながりが生まれていないことが指摘されている（参考：初田亨（1997）『職人たちの西洋建築』講談社）。

　日本において本格的に日本近代建築史が建設されはじめるのは、日本における近代の反省をともなった第二次世界大戦の結果後およそ一〇年を経てからである。その最初の本格的論文である稲垣栄三（1959）『日本の近代建築』丸善でも、この名称は用いられていない。一九六一（昭和三六）年に上梓された近藤豊（1999）『明治初期の擬洋風建築の研究』理工学社では、本文における用例（「いわゆる擬洋風…」）に見られるとおり、すでに巷で流通した用語として用いている。これは用法のプロトタイプであり、つまり擬洋風という語を用いはするが、積極的には用いない。またその他村松貞次郎らの著作においても、昭和三〇年代後半より、「擬洋風」が用いられているのを認めることができる。

(5)今回おもに既存の研究成果として参考にしたのは以下の三冊である。

越野武（1979）『日本の建築［明治大正昭和］1開化のかたち』三省堂。

藤森照信（1990）「解題」『都市　建築　日本近代思想大系19』岩波書店。

同（1993）『日本の近代建築　上』岩波新書。

　いずれも包括的かつ総括的研究であるが、その筆者なりの評価を述べたい。

　擬洋風建築および初期洋風建築の研究には現在まで、いくつかのピークがあった。昭和初期には、堀越三郎による先駆的研究（『明治初期の洋風建築』丸善、1929（一九七三年に南洋堂より復刻））があり、次に一九六〇年代前後のさまざまな専攻領域（日本建築史、西洋建築史、日本近代建築史）の研究者たちが一丸となって擬洋風研究を進めた時期がある。おそらく擬洋風はそれら複数の専攻領域にまたがる多義的な意味と日本の近代化の起源としての意味を担わされていたからであろう。ここからは稲垣栄三『日本の近代建築』（丸善、一九五九年）や桐敷真次郎『明治の建築』（日経新書、一九六六年）、あるいは学会における渡辺保忠による生産史的観点からの分析が生まれた。また北海道においても木村徳国らが、開拓使建築についての独自な研究をはじめた。その後、擬洋風建築の研究は幕末明治初期洋風建築の史的評価の指標を小屋組みに求めた村松貞次郎および東京大学生産技術研究所周辺が担うようになった。七〇年代から八〇年代初頭にかけては、それらの成果をもとに包括的な論がまとまるようになり、越野武による著作は、その当時の研究成果を代表するものである。また九〇年代には、藤森照信が、独自の世界流通的視点によって擬洋風を総括した二著を発表した。

(6)二代喜助の手による一連の擬洋風作品の技術的特徴については『清水建設二〇〇年史　生産編』（第2章第1節、清水建設株式会社、2003）を参照のこと。

(7)北海道の開拓地においては、アメリカからの先進的な建築技術体系が、当時の北海道の非コンテクチュアルな土壌において全面的に展開したケースであり、また長崎の教会堂建設においては、カソリック教会の強い様式的規範を順守していた。いずれも特定の建築様式が強い規範力と現地における優秀な再現力を備えており、そこに様式的自由としての「擬」が参入することはむしろ少なかった。

(8)参考：藤森（1990）「解題」p.466.

（9）参考：越野（1979）p.115.
（10）参考：山口光臣（1975）「一八世紀後期の長崎出島かぴたん部屋の洋風化」『日本建築学会論文報告集』234：131-137.
（11）前掲に同じ。
（12）参考：「航路標識のはなし」社団法人燈光会発行。
（13）現存する公刊規矩術書の嚆矢は、一七二七（享保一二）年に出版された『匠家極秘伝集（しょうけごくひでんしゅう）』『秘伝書図解（ひでんしょずかい）』である。
（14）廷臣が刊行したのは『匠家矩術要解（しょうけくじゅつようげ）』（一八三二）と『匠家矩術新書（しょうけくじゅつしんしょ）』（一八四八）という二つの規矩術書である。
（15）参考：中谷礼仁・中川武・倉方俊輔（1997）「項目分析から見た明治期公刊規矩術書における伝統技法の継承と変質　日本近代における伝統的建築技術の継承、変質の研究-2」『日本建築学会計画系論文集』495：255-262.
（16）参考：藤森（1990）「解題」p.209, p.359.
（17）Alexander, C.（1964）*Notes on the synthesis of form*. Harvard University Press, Cambridge, 216pp.［『形の合成に関するノート』稲葉武司訳。東京：鹿島出版会，1978］
（18）Alexander, C.（1965）A city is not a tree. *Architectural Forum*, 1965（April and May）［「都市はツリーではない」『デザイン』押野見邦英訳。1967,（7）: 8-12,（8）: 10-14.］
（19）なお、ツリーとセミラチスの関係ならびにセミラチスにおいて下位要素がなぜ複数の上位要素に結合可能かについての考察は中谷礼仁（2011）『セヴェラルネス＋（プラス）——事物連鎖と都市・建築・人間』増補版、鹿島出版会、とくに、4・5章を参照のこと。
＊図❷チャックモール写真 ©Luis Alberto Lecuna/Melograna 2007〈http://www.flickr.com/photos/lecuna/1803450903/〉（This file is licensed under the Creative Commons〈http://en.wikipedia.org/wiki/Creative_Commons〉Attribution-Share Alike 2.0〈http://creativecommons.org/licenses/by-sa/2.0/〉Generic license〉、図❸ヘンリー・ムーア作品写真 ©Andrew Dunn 2004〈http://www.andrewdunnphoto.com/〉（This file is licensed under the Creative Commons〈http://en.wikipedia.org/wiki/Creative_Commons〉Attribution-Share Alike 2.0〈http://creativecommons.org/licenses/by-sa/2.0/〉Generic license）。

第6章

文化の継承メカニズム

学ぶことと教えること

板倉昭二・中尾央

比較認知発達科学の視点

「敷居を踏んではいけない」。筆者の一人は親からそう教えられた。もしかすると自分の子どもにもそう教えるかもしれない。「列に割り込んではいけない」。親やほかの人がきちんと列に並んで待っているのを見て、そう学習する。この二つの規範は、教育と学習によって前世代から次世代へと受け継がれている。すなわち、規範という文化について、親子間での系統が構築されているのである。

この学習・教育がいかにしてヒト文化の系統を構築してきたのか。これが本章のテーマである。このテーマを考察するには、学習や教育の進化と発達をみていくことが有効になってくる。たとえば、学習や教育に関してヒトだけにみられる（すなわちほかの動物にはみられない）能力を特定できれば、それがヒトの文化継承にみられるなんらかの独自性を生み出す要因になっていると考えることができるかもしれない。また、そのような能力が発達の初期にもみられるものであるならば、それは進化の過程で得られてきた能力であり、比較的古い時期から、ヒト系統の文化継承において重要な役割を果たしてきたと考えられるかもしれない。

このように進化・発達の両軸をふまえながらヒト（あるいはそのほかの動物）の行動を考察する分野が、比較認知発達科学である。藤田和生による比較認知科学の目的を援用し(1)、比較認知発達科学を特徴づけるとするならば、「比較認知発達科学とは、ヒトを含めた種々の動物の認知機能を、加齢も視野に入れ分析し比較することにより、認知機能の系統発生と個体発生を明らかにしようとする行動科学」ということになる。ここで使用されている認知機能とは、われわれが日常的に心の働きと信じていること、少なくとも、知・情・意のすべてを含んでいる。つまり、比較認知科学の目的は、心がいかに進化したかを明らかにするということである。また、藤田によれば、比較認知科学では、心とは何かを定義しない。そして定義しないことが、むしろ大変重要であることを強調する。なぜならば「この問いの答えは、定義によりいくらでも変わるので、問い自体が不毛である」からだ[2]。

本章では、このような比較認知発達科学の視点から、ヒトやそのほかの動物における文化の継承を検討し、文化の系統と「学習」あるいは「教育」の関係をみていく。具体的には、まず、これまで比較的多くの研究が蓄積されている「学習」について確認する。従来の研究では心の理論などと関連して、模倣がその研究対象とされることが多かった。近年では、ヒトのみならずほかの動物に関するこれらの研究もさまざまな点で詳細なものになってきているうえ、学ぶ相手をいかにして選ぶのか、という点についての研究も進められてきている。次に、これも近年注目されつつある「教育」に関する研究を紹介する。ヒト以外の動物における教育は、ティム・カロ（Tim M. Caro）とマーク・ハウザー（Marc D. Hauser）の論文以来約二〇年の歴史を持っているが[3]、教育の存在を実際に示した研究はほとんどなかった。しかし、アレックス・ソーントン（Alex Thornton）とキャサリン・マコーリフ（Katherine McAuliffe）の研究[4]に端を発し、動物における教育研究もさかんになりつつある。最後に、ガーガリー・チブラ（Gergely Csibra）やジェルジ・ガーガリー（György Gergely）などを中心とするハンガリーのグループによって提唱され、直示的シグナルを用いた教育に関連すると考えられているナチュラル・ペダゴジー（natural pedagogy）[5]について検討しよう。

学ぶこと／学習——さまざまな模倣

文化の継承を可能にしている要因の一つは、「学ぶこと」すなわち学習である。そのなかでも、模倣、すなわち他者の行為をまねることは、ヒトの学習においてもっとも有効な方法の一つであり、社会的学習の一形態である。世代を超えて文化を正確に継承していく際にこの模倣能力が重要な役割を果たしているであろうことは、（本章冒頭の例などからも）容易に想像できるだろう。

だがひと口に模倣といっても、正確には三種類に分けられる。模写（mimic）、目的模倣（emulation）、そしていわゆる模倣（imitation）である[6]。まず、模写とは、行動の目的を理解せずに行動を複製することである。具体例で考えてみよう。われわれはパソコンのキーボードを打って文字を入力し、文章を書いていく。あなたの子どもがこの行為を真似して、キーボードをむやみにカタカタと鳴らしていたとしよう。しかし、その子はキーボードを打つことで文字が入力されることを理解していないかもしれない。この場合、その子の行為はあなたの行為を模写したものだと考えられる。すなわち、キーボードを打つあなたの行動を観察・記憶し、キーボードという手がかりのもとでこの記憶された表象を取り出してキーボードを打っているのだが、これが文字を入力する「ため」であるということをその子は理解していないのである。

次に、目的模倣である。目的模倣においては、個体Aが目的Bを達成するために物体と相互作用しているところを、別の個体Cが観察する。次に、この個体Cが、同じ目的Bを達成するために、その物体を操作する。だが、個体Cは目的Bを果たすために、モデルとなった個体Aと同じ行動を複製するわけではない[7]。たとえば、あるチンパンジーが丸太を転がして丸太の下にいたアリを捕まえるのを、別の個体が観察する。その後、観察個体のチンパンジーは、アリを捕まえるために丸太に近づくが、観察した個体と同じ行動を取るとは限らない。丸太を動かしてアリを発見するまでさまざまな行動を試すが、たとえ観察した行動と違う行動であっても、成功すればその行動を学習するのである。西アフリカで観察されたチンパンジーのナッツ割行動の伝播の基礎となっているのは、この目的模倣や局所的強調（物や場所による促進）のメカニズムによるとされる[8]。

そして、最後が模倣（真の模倣）である。この模倣を行うための条件としては、模倣する相手、すなわちモデルの視点を取得することが必要だと指摘されている[9]。真の模倣は、ターゲット行動を観察してそれを繰り返すだけでは十分ではない。模倣する者は、モデルの目的を理解し（これは目的模倣と共通する部分である）、その行動の重要な点を正確に再現しなければならない。マイケル・トマセロ（Michael Tomasello）らは、このことが、獲得した行動や情報を世代内、世代間で正確に伝播させる、いわゆる文化学習（次節参照）においてきわめて重要であると主張している。

意図への敏感さ――ロボットからの学習？

こうした模倣学習について、ヒトにおいては発達のかなり早い段階で報告されているし[10]、さらに興味深いことは、模倣を行う際に、幼児が相手の意図にかなり敏感に反応しているという点である。たとえば、アンドリュー・メルツォフ（Andrew N. Meltzoff）は行為再現課題（reenactment of goal paradigm）という課題を用い、一八カ月児がモデルの意図を読み取って模倣を行うこと、また、人のモデルでなければそのような行動はみられないことを報告している[11]。まず、最初の実験で、幼児は大人のモデルがダンベルのようなおもちゃを二つに分離する場面を見せられる。モデルによるこの行為が三回繰り返されたのち、そのダンベルのおもちゃを渡された乳児は、モデルと同じように難なくダンベルを二つに分離することができた。次の実験では、ダンベルを二つに分離しようとするが、うまくいかずに失敗してしまう場面を見せられる。この場合においても、乳児はダンベルを二つに分離した。すなわち、一八カ月幼児は、最終的なダンベルの状態（この場合はダンベルが二つに分かれること）を見なくても、モデルがダンベルをはずそうとする意図を読み取って、最後まで「二つに分ける」という行為を遂行するのである[12]。

しかしながら、メカニカルピンサーと呼ばれる機械の腕のようなものが先の実験と同じような動作をすると、一八カ月児はその行為を完遂しない。この点についてはまだはっきりしたことがわかっていないのだが、どうやら、彼らは意図を持った対象の行為を模倣する傾向にあるようだ（そしてメカニカルピンサーの場合、意図を持っていないとみなされたため、機械の動きを模倣しなかったと考えられる）。実際、発声によって、その行為が「意図的」であることがわかるものと、「偶発的」であることがわかるものを示したのち、モデルの行為を模倣する機会を乳児に与えると、偶発的な行動よりも意図的な行動を有意に多く模倣することもわかっている[13]。

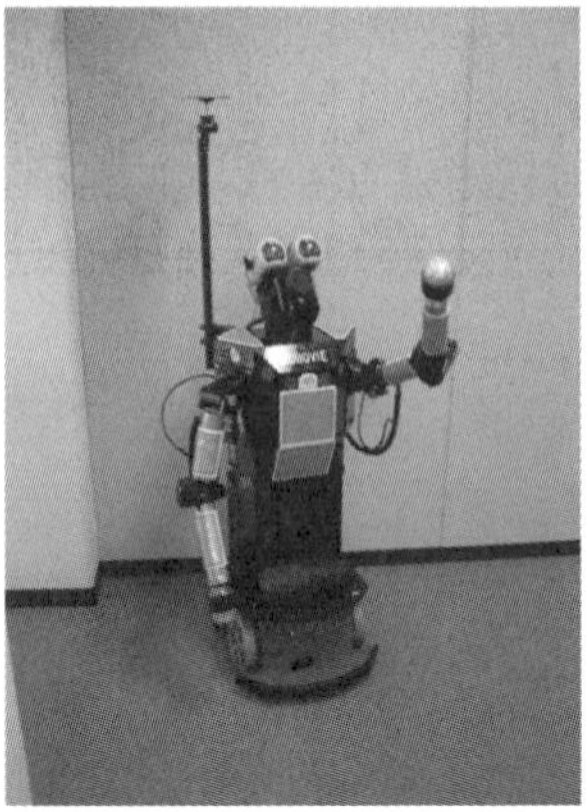

図❶　ロボビー
（写真提供：ATR 知能ロボティクス研究所）

こうした議論が正しいとすると、もしかするとロボットでさえも、なんらかの意図を持っているような行為を示せば子どもはその行為を模倣するかもしれない。たとえば、ATR知能ロボティクス研究所で制作された、日常活動型ロボットのロボビーを使用し、森口佑介らと板倉昭二らはこの仮説を裏付けるような実験結果を得ている[14]。ロボビーは人とのコミュニケーション機能に重点を置いて作られたヒューマノイドロボットで、高さ一二〇センチ、半径五〇センチ、重さはおよそ四〇キロと、人間の大人よりはひとまわり以上小さいサイズである（図❶）。

まず、森口らは四～五歳児を対象にして語彙学習場面を設定し、ヒトおよびロボットからの語彙の学習可能性を比較している。この実験では、ロボットまたはヒトが新奇な物体に対して命名する場面のビデオを参加児に見せた後、彼らに新奇物体の実物を提示し、命名に使用されたラベルと物体を結びつけることが求められた。その結果、五歳児は、ロボットからもヒトからもが語彙学習ができたのに対し、四歳児は、ヒトからのみ学習し、ロボットからは学習しなかった。このように、少なくともしかるべき年齢になれば、ヒトはロボットからも学習が可能なのである。

このロボビーは頭の部分を回転させることができ、また、腕もかなり自由に動かすことができる。さらに興味深いのは、コミュニケーションに必要なさまざまな機能が搭載されていることだ。ロボビーが注視する方向は、目の部分に入っている両眼ステレオカメラを制御することによって変えることができる。この目の部分には、三六〇度すべてを甘受できる全方位視覚センサが搭載されており、耳としてはステレオマイクロホン、そして、全身を覆うようにして接触センサも搭載されている。つまり、視覚、聴覚、触覚を使って人とコミュニケーションをとることのできるロボットというわけである。

では四歳児がロボットから学習することは不可能なのだろうか。板倉らは次のような実験を行い、二〜三歳児であってもロボットが意図を持っているような行為を見せれば、その行為を模倣する傾向にあることを明らかにしている。彼らの実験ではメルツォフの実験と同じ内容を、先ほどのロボビーをモデルとして行い、ダンベルなどに対するロボットの行為はすべてビデオに記録したうえで、それを実験に用いるモデルとした。このビデオ刺激を二〜三歳児に提示し、ビデオを見た後に彼らがモデルであるロボットの行為を完遂するかどうかを調べたわけである。[15]

板倉らの実験では興味深い結果が得られている。すなわち、ロボットの視線がパートナーや物体に向かっているとき、参加児はロボットが試みて失敗した行為を完遂したが、ロボットがまっすぐに前を見たままのときには完遂しなかったのである。これまでの実験をふまえるならば、前者の場合、ロボビーの（パートナーに対する）視線からロボビーがコミュニケーション可能であることを認め、メルツォフの解釈でいう意図をロボビーに付与したからこそ、失敗したときでもその行為を模倣できたのであろうし、もしロボビーが意図を持ったものだとみなされていないならば、おそらく幼児はロボビーの行為を完遂しなかっただろう。

もちろん、モデルがヒトであったときとの違いには注意しておかねばならない。たとえば、ヒトがモデルとなったメルツォフの実験では、モデルがまっすぐ前を見たままでターゲットとなる行為の失敗を示した場合でも、参加児はたしかにその行為を完遂していた。したがって、相手に意図を付与するような条件は、誰かとコミュニケーションを取っていることに限定はされないだろう。しかし、ここで大事なことは、ロボットの動きのなかに意図が読み取られるような要素が含まれていれば、二〜三歳児でも、ヒト以外のエージェントにも意図をみいだし、たとえそのエージェントがある行為に失敗しても、その行為を完遂して模倣するかもしれないということである。

動物における模倣

前節で紹介したように、ヒトの場合は相手の意図を正確に理解し、さらにはかなり正確に相手の行動を模倣する能力が発達の早い段階で獲得されているようにみえる。他方、ヒト以外の動物における模倣はどうであろうか。

まず、近年の研究ではとくにヒトに（系統的に）いちばん近い動物であるチンパンジーでさえ、相手の意図を理解できていることが示唆されつつある。たとえば、ヒトと同様、相手が失敗した行為でも背後の意図を読み取り、その行為を完遂することができるという報告もある。(16) この報告が正しいなら、チンパンジーもヒトと同様に、相手の意図を敏感に理解しているということになるだろうし、チンパンジーにおいてもヒトと同程度に正確な文化の継承が期待できるかもしれない。

しかし、どうやら実際どの程度正確に模倣できているかといえば、少々怪しいところがあるようだ。たとえば、デボラ・カスタンス（Deborah M. Custance）らは、四歳のチンパンジー二個体およびヒト四歳児に、ヒトがモデルとなって四八の新奇なジェスチャーを見せている。(17) その結果、チンパンジーは、半数近くのジェスチャーを再現したにとどまり、他方でヒトの四歳児はほとんどすべての行為を再現することができた。チンパンジー以外の類人猿についても、同様の報告がある。アン・ラッソン（Anne E. Russon）らは、手話を訓練されたチャンテックというオランウータンが、行為再現訓練の後に見せられた新奇な行為のうち、およそ三〇％の行為を模倣できたと報告している。(18) また、トマセロらは、ヒト幼児とチンパンジーやオランウータンなどの類人猿を対象に、新奇な道具の使用をいかに学習するか、その過程の比較考察を行っている。ここでは、ある特定の操作を実施すると食物を手に入れることができるという新しい道具の使用場面を、モデルとなった実験者が参加児および被験体に見せた。その結果、ヒト幼児は真の模倣を示したが、類人猿は目的模倣を示した。(19) すなわち、類人猿は目的を学習したが、その具体的な方法までは学習しておらず、たとえ相手の意図を敏感に読み取っていたとしても、結果として行われる模倣はそれほど正確なものではなかったのである。いくつかの実験では正確な模倣を行えた場合もあるが[20]、以上のように、ヒトの方が正確な模倣が行えることはある程度たしかといえそうである[21]。

誰から学ぶのか

もちろん、どれほど正確な模倣が可能でも、自身の適応度を下げるような行動を模倣していては模倣能力そのものが進化しえない。それに、あらゆる対象から学んでいるのだとすれば、ヒト文化の系統は判別困難なネットワークを形成するかもしれない。しかし、われわれは適応的な行動を、ある程度選択的に模倣するようなメカニズムをいくつか備えているようだ。

まずは、模倣の際のバイアスである。本書第1章でも指摘されていたように、ヒトは誰かれ構わず模倣するわけではない。たとえば集団内の多数派を模倣したり、あるいは権威者の行為を模倣したりする[22]。多数派や権威者の行動がつねに適応的なものだとは限らないが、おそらくそれ以外の行動に比べて適応的である可能性は高いと考えられるし、だとすればこのバイアスはおおむね適応的なものだと考えられるだろう。ヒトが発達のどの段階でこのバイアスを獲得できているのかはまだ明らかでないが、ほかの動物ではいくつかの報告がなされており[23]、進化的にみれば古い能力の一つであるようだ。

次は信頼性にもとづく選択的学習である。ヒト幼児は、三〜四歳くらいまでの段階で、他者の発言や情報の信頼性を評価するためにさまざまな基準を用いることが知られている。たとえば、情報提供者の相対的な年齢、親密さ、熟知度[24]、および情報提供者が与える情報に関して、情報提供者自身がどの程度の確信を持っているかなどにもとづいて選択的な信頼性を示すのである[25]。ほかにも、話し手の過去の発言が正確であったかどうかを追跡して、新奇な物体に対する名前を学習する際に、過去によく知っている物体に間違った命名をしていた話者よりも正しいラベルをつけていた話者から学習することを好むということを示した実験がある(26)。

四〜五歳児になると、情報提供者の過去の間違いの理由を考慮して、次の機会に適用することが報告されている。たとえば、同じ間違いでも、たまたまその人がなんらかの制限のために、見ることができなくて間違えた場合と、とくに理由もなく間違えた場合では、前者から学習することを選択するのである(27)。また、最近の研究によると、彼らは相手が持っている情報のソースに応じて判断を変えることができるようだ(28)。たとえば新奇な語彙を獲得する場合、過去に正確な情報を伝えたかどうかだけでなく、その正確な情報が自分の知識にもとづいたものか、それとも他者に助けを借りて得たものかを考慮して、前者を選択することができるのである。

以上のように、ヒト幼児は、すべての人から同じように学ぶわけではなく、さまざまな情報を駆使して、情報提供者が信頼できるか否かを判断し、信頼に足る人から学習することを好むようである。では、他の動物ではどうだろうか。現時点で報告がなされているのは最初に触れた模倣バイアスのみであるが、もしかすると、それ以外の選択的学習能力についても萌芽的な能力であれば期待することは可能かもしれない。だが、ここまで紹介してきた選択的学習はかなりの程度、過去のやりとりに関する記憶力が要求されている一方、ヒト以外の動物に関しては記憶力が限定的であることを示唆する研究もある(29)。また、自身に直接関係ない情報を他人同士がやり取りしているのを参照する、といった行為もヒト以外では報告がほとんどみられない(30)。だとすれば、相手の持っている情報が誰のものであるかについてまで注意を払っている可能性は低いだろう。

学ぶことの比較認知発達

ここまで模倣学習について、比較認知発達の視点から考察を加えてきた。ヒト以外の動物、とくにチンパンジーでも相手の隠れた（つまり、行動には現れなかった）意図を理解することは可能かもしれない。しかし、実際彼らが模倣した行動は必ずしも正確なものではなく、ヒト以外の動物に真の模倣は困難な場合があるようだ。だとすれば、目的以外の手段が正確に継承されていく可能性は低くなってしまう。さらに、ヒトはより正確な情報源にもとづいて相手を選び、そのうえで模倣をしようという傾向性を備えており、たとえ文化の場合は系統関係が融合する可能性があるとしても、そこには一定の制限がかかっている。また、ほかの動物の認知能力がいくつかの点で限定的であることを考慮すると、彼らが模倣の相手を選ぶ際にヒトほど多様な情報を利用している可能性は低いといえるかもしれない。

教えること／教育と文化の継承

「教える（teaching）」こと（あるいは教育）と文化の継承（inheritance）の間には、密接な関係がある。これまでに論じてきた模倣などによる学習は、文化の継承を可能にするメカニズムの一つであるが、ここで前世代の親たちが次世代の子どもたちを教育し、情報やスキルをさらにうまく伝達することができるのなら、それらはより正確に次世代へ継承されていくだろうし(31)、その結果、文化の系統関係はよりたしかなものとなるだろう。たとえば、イランや中央アジアで作られている織物は、実際に作る過程を見せたり、あるいは間違った場合は正しいやり方に修正したりして、作り方の教育が行われている(32)。その結果、この織物はかなり正確な継承をへて、混態（第2、3章を参照）のない系統関係を構築しているようである。実際、前節で触れた目的模倣などだけでは、これほどうまく文化が継承されず、系統関係そのものが困難になってしまうかもしれない(33)。キム・ステレルニー（Kim Sterelny）は、継承されていく文化が複雑になってその継承が困難になるにつれ、教育による学習の補助が重要になっていくと論じている(34)。現代社会のように、これほど複雑な文化を継承してきた背後には、われわれ自身による教育的環境の整備があったと彼はいうのだ。

実際、教育と文化継承の密接な関係は比較的早くから認識されていた。たとえば、トマセロたちは教育（もしくは教育による指示的（instructive）学習）を「文化学習（cultural learning）」の一つとして位置づけ、文化の伝達には教育が重要な役割を果たすことを指摘している(35)。だが、文化の継承メカニズムとしての教育は、これまであまり注目を浴びてこなかったというのが実状である。それには、次のような理由が考えられる。第一に、（とくにヒトに関する）文化進化のモデルでは、先述した模倣バイアスが強調されており、教育が果たす役割をそれほど強調していない（第1章参照）。第二に、教育と文化の関係を指摘したトマセロたちは、教育には心の理論、すなわち相手の意図を理解することが必要だと考え、教育（さらには文化）をヒト特有のものとみなそうとしている（次節参照）。このことにより、教育の発達研究は心の理論との関係に焦点を置くようになり、それ以外の観点（たとえば動物との連続性や教育の進化）からの研究がほとんど行われてこなかった。だが、のちほど紹介するナチュラル・ペダゴジーへの注目や、さらには動物社会における教育の存在を指摘する研究の登場により、教育と文化継承の関係が再び注目を集めつつある。以下では、この「教えること／教育」と文化継承の関係について考察しよう。

教えることの発達——心の理論との関係

教育の発達についての研究は、先述したように、おもに心の理論との関連で進められてきている。相手の意図を理解できていれば、教育による情報の伝達がさらに効率的なものになることは容易に想像できるだろう。たとえば、相手が自分とおなじ情報を共有できているのかどうか、あるいは間違った情報を共有しているのではないかなどを理解できれば、相手に何を教えればよいのか、自分が持っている情報を教えるべきなのかどうかなどを判断することができる。さらに、相手の意図を理解し、情報の伝達が必要であることを理解できなければ、そもそも教育など行われないかもしれない。このような理由から、ある研究者は「つまり、教育が心の理解に依拠していることを示唆するような、理論的な支持が得られている(36)」とまで述べている。

実際、心の理論[37]が大きく発達する三歳半ばくらいから五歳にかけて、相手が知らない情報を伝える時間や頻度はかなり大きく増加するし、手段も変化する。[38] たとえば、あるゲームのルールを子どもどうしで教える実験を行うと、ルールを理解していない相手に対してルールを例示するだけでなく、年齢とともに心の理論の発達が進むにつれ、ルールを口頭で説明するようになっていく。また、このような変化は西欧社会だけでなく、メキシコのマヤなどでもみられるもので、[39] 教育と心の理論の関係は特定の文化に限定されたものではないようだ。さらに、三歳半以前だと、自分が習熟している課題に関して、（課題をうまくこなせない）相手がその課題のこなし方を理解できているのかどうかを自分自身が理解できないため、相手に課題のこなし方をうまく教えることができない、というような実験・議論まである。[40]

これらの研究が示唆しているように、心の理論が教育をより効率的に、そしてスムーズなものにしているのはたしかであろうし、それを否定するつもりはない。だが、問題なのは、お互いの意図を理解していなければ、はたして教育は不可能であるのかどうかという点である。たとえば、大学で行われる大人数の講義で、学生が講師の意図を正確に理解し、なおかつ講師が学生達の意図を理解しているかといえば、残念ながらそうではないだろう。[41] では、これは教育ではないのだろうか。もちろん、この問いは教育をどのように定義するかに依存するが、この卑近な例が示唆しているのは、互いの意図を理解していなくても、（われわれにとって理想的なものはないとしても）一定の形で教育は可能だということである。だとすれば、心の理論を持たないとされているさまざまな動物についても、もしかすると（少なくとも萌芽的な）教育行動を観察することができるかもしれない。実際、近年の研究は、まさにこのことを裏付けるものとなっている。

動物社会における教育――教えることの進化

じつは、動物社会における教育の研究もその歴史はそれほど浅くない。四〇年以上前にもこのテーマについての論文は出版されているし[42]、一九九二年には「人間以外の動物に教育は存在するのか?」と題された論文で、カロとハウザーがさまざまな例を紹介している[43]。だが、先述したように、動物社会においては教育の明確な例がほとんど報告されてこなかった。カロとハウザーが取り上げた例も、教育の例とみなすにはいくつかの点で不十分であることが本人たちによって指摘されている。

では、カロとハウザーが想定していた教育とはどのようなものなのだろうか。彼らは、教育を次のような条件を満たすものとして操作的に定義している。①未熟な観察者Bがいる前にかぎって、個体Aは行動を変化させる(つまり、未熟な観察者だけに向けた行動である)。②この行動により、Aは何らかのコストを払う、もしくは少なくとも直接的な利益を得ることがない(この行動はAが得る利益によって進化しているわけではない)。③このAの行動は、Bを促すもしくは罰する、経験を積ませる、あるいは具体例を提示することになる。結果として、この行動がない場合よりも迅速かつ効率的に、もしくはより生涯の早い段階で、知識を獲得したり技術を得たりするだろうし、その知識や技術は、この行動がなければまったく学習できなかったかもしれない[44]。

先述したように、この定義を十分に満たす教育行動はなかなか発見されなかった。だが、近年興味深い例がいくつか報告され、それらをきっかけに動物社会における教育行動への注目が再燃している。その一つが、ミーアキャットにおける教育である[45]。ミーアキャットはサソリをエサにするのだが、サソリは猛毒を持っている。猛毒を持ったサソリの殺し方を試行錯誤で学習していては、学習段階でサソリに刺されて死んでしまうかもしれない。だが、若いミーアキャットは、この危険なサソリの殺し方を成体の教育によって学習しているのである。成体のミーアキャットは、個体の年齢に応じて死んだサソリ、あるいは毒針を取り除いたサソリを与え、若い個体がサソリに興味を示さない場合でも、繰り返しサソリを若い個体に提示して学習を促す。さらに、この行動は先の定義を十分に満たすことも示されている。まず、①この行為は若い個体の前でしかみられない。次に、②自分のエサ(になりうるもの)をわざわざ若い個体に与えており、成体にコストがかかっている。最後に、③死んだ、あるいは毒針を取り除いたサソリを自然状態よりも早い段階で与えると、通常よりも早くサソリの扱い方を覚えることが明らかにされており、成体の行動が実際に若い個体の学習を効率的にしているのである。

このような教育行動は、すでに触れた模倣による学習ときわめて（おそらく進化的にも、認知的にも）近い位置にある。(46) 模倣による学習は相手の意図を理解せずとも、たとえば目的模倣などによって可能であり、真の模倣でなければ動物社会に広くみられる行動であった。おなじく、教育もまた、相手の意図を理解することは必ずしも必要とされない。たしかに、教育は情報を学習するだけでなく、教える側が情報を伝えなければならない。だが、この点を除けば、学習と教育では要求される認知能力にそれほど大きな違いはないのである。実際、社会的学習を行えるアリやチメドリにおいても教育を観察することができるし、(47) もしかすると、教育はさらに広い種で観察が可能かもしれない。

もちろん、ミーアキャットやチメドリの教育とヒトの教育がおなじものかといえば当然そうではない。いちばんの違いは、先ほども言及したように、ヒトの場合は互いが互いの意図を理解することができることだが、ここで重要なのは、意図の理解が教育にとって必ずしも必要ではないということだ。若い個体は差し出されたサソリで殺し方を学習すればよいだけだし（成体が何を考えてサソリを差し出したかを理解する必要はない）、成体も若い個体の年齢や行動（サソリをうまく殺せるかどうか）にしたがい、さまざまなサソリを差し出してそれに注意を向けさせればよいだけである。

また、動物社会でも教育行動が観察されるとはいえ、その範囲がきわめて限られていることもたしかだ。まず、ヒト以外の動物の場合、継承される情報はたった一種類のみであり、巣の作り方や水の飲み方まで、教育され継承されているわけではない。だが、ヒトの場合はきわめて多様な情報が教育によって継承されてきている。また、ヒトは血縁関係にない個体同士でも教育を行うが、(48) 動物の場合はそれが血縁関係に限定されており、(49) 血縁選択によって説明されるものばかりである。すなわち、教える側と血縁関係にある個体の包括適応度が教育によって上昇し、その結果、教える側に多少のコストがあっても教育行動は進化していると考えられる。非血縁個体間での教育は、今のところ動物社会では観察できていない。また、ヒトにもっとも近縁なチンパンジーでさえ、一つの報告を除いては教育行動の観察や実験的な確証が得られておらず、たとえ今まで想定されていた以上に教育が幅広い種で観察されたとしても、やはり動物社会で文化の継承が行われ、系統関係が想定される場合、それらの多くは教育によらない学習過程によるものだと考えられるだろう。(50)

ナチュラル・ペダゴジーとはなにか

他方、先述した動物とはちがい、ヒトが教育を行っていることは日常的にも明らかであるように思われる。現代社会に生きるわれわれにとって学校教育は当たり前のことであるし、親からの教育もまた、当然の現象にみえる。このように当たり前のように思われるヒトの教育について、発達の視点からは、先述したような心の理論との関連で研究が進められてきた。しかし、ここで問題になってくるのは、トマセロたちが主張していたように、教えることに際してはたして心の理論が必要であるのかどうか、ということである。前節で確認したような動物社会における教育なども、この主張に対する反論の一つとみなすことができる。

もう一つの反論になりうる（かもしれない）ものとして、ヒトにおける教育行動について近年興味深い仮説が提案されてきている。それが、チブラやガーガリーたちによるナチュラル・ペダゴジー（natural pedagogy）である。このナチュラル・ペダゴジーもまた、心の理論を必要としない（すなわち、心の理論が現れるよりも発達の早い段階で観察できる）ものであり、さらにはヒト特有（すなわち他の動物／系統にはみられないもの）だと考えられている。以下では、このナチュラル・ペダゴジーについて検討を行っていこう。

ただ、彼らの議論はさまざまな実験を土台にしているので、ナチュラル・ペダゴジーそのものをみる前にそれらの実験を確認しておいた方がよいだろう。(51) まず、乳児は相手の直示的(ostensive)なシグナルに対して、そうでないシグナルよりも強い注意を払うことが明らかにされている。たとえば、生後二〜五日の乳児でさえ、彼らから目をそらしている顔よりも目を見つめている顔を長い時間眺めるし、たとえ目を見つめていても、その顔が逆向きになると注意を払わなくなる。次に、乳児は直示的シグナルからなんらかの参照(reference)、すなわち、相手が何かを指し示してその情報を伝えようとしていることを期待するようだ。たとえば、六カ月の乳児に対して(目を合わす、もしくは乳児に向かって挨拶をするなどの)直示的シグナルを送った後に実験者が別の対象に目を向けると、乳児が実験者の視線を追う頻度は、直示的シグナルを送らなかった場合よりもはるかに増加している。最後に、乳児は直示的シグナルから一般的な知識を獲得する。たとえば、二人の実験者がそれぞれある対象について直示的に肯定的・否定的情動表出をおなじ回数行い(たとえば実験者Aは対象O_1に肯定的で対象O_2に否定的、実験者Bは対象O_1に否定的で対象O_2に肯定的表出を行う)、その後で実験者が否定的情動表出を行った対象を選んでも(実験者AがO_2、実験者BがO_1を選ぶ)、一四カ月の乳児はとくに驚きをみせない。これは、直示的シグナルから、選んだ実験者の主観的選考ではなく対象そのものについての一般的な価値を学んだからだと考えられる。さらに、それぞれの実験者が肯定的・否定的情動表出を見せる割合は同じままに、乳児の前にそれぞれの実験者が現れる頻度を操作して、たとえばO_1への肯定的表出の総合回数を対象O_2への否定的表出の総合回数より多く見せたとしよう。すると、たとえ(少ないながらも)肯定的情動表出を一貫して行っていた実験者BがO_2を選んでも、乳児は驚きを見せる。これもまた、先の直示的情動表出の回数から、(実験者AやBの主観的選好ではなく)O_2の一般的価値がO_1の一般的価値よりも低いことを学習した結果だとチブラたちは論じている。

これらの実験結果をまとめておくと、われわれは心の理論を十分に発達させる以前(これは三〜四歳頃だと考えられている)に、直示的シグナルに対する選好を持ち、そのシグナルからなんらかの参照を期待し、さらにはそのようなシグナルを通じて得られた知識を一般的な知識であるとみなす。このような一連の認知システムを、チブラたちはナチュラル・ペダゴジーと呼んでいる。

また、このナチュラル・ペダゴジーには注目すべき特徴がいくつかある。まず、このようなナチュラル・ペダゴジーにもとづく学習は、それまで得られてきた各種情報にもとづいて行われる統計的学習とは別個のものであると考えられる。[52] すなわち、ナチュラル・ペダゴジーにおいては、直示的シグナルによって参照された対象から、統計的な情報を経由することなく、一般的な知識を獲得できるのである。さらに重要なことは、現時点でこのナチュラル・ペダゴジーはほかの動物では報告されておらず、ヒト特有の適応形質であり、われわれに普遍的な形質であるとも考えられていることである。もしそうだとすれば、ヒトの文化をほかの動物の文化と大きく隔たせている要因の一つが、このナチュラル・ペダゴジーであるのかもしれない。

ナチュラル・ペダゴジーの留意点

チブラたちが巧妙な実験で示したように、現代社会で生まれた子どもたちは直示的シグナルから（なんらかの形で）特別な意味を読み取っているのかもしれないし、これはもしかするとほかの動物などにはみられないヒト特有の形質なのかもしれない。ただし、いくつかの点に関しては疑問が残るのも事実である。

もっとも気になるのは、ナチュラル・ペダゴジーが普遍的であるという主張である。たとえば、これまで伝統的な社会では西洋のような教育がほとんどみられないという研究が多かった。チブラたちも引用しているように、ジョー・ヘンリック（Joe Henrich）は、「ほとんどの小規模社会では、能動的に教えるという行為は非常に少ない」と記述しているし、[53] アンドリュー・ホワイトゥン（Andrew Whiten）らも、「子どもと養育者の相互作用を観察しても、とくにアフリカの伝統的社会では、能動的な教育の兆候はあまりみられなかった」と報告している。[54] しかし、チブラたちは、これらの研究でもその詳細をみれば一定の形で直示的な教育が行われており、教育そのものは文化に依存しない普遍的な行為であると述べている。

しかし、まず注意しなければならないことは、チブラたちの実験が明らかにしている内容が、あくまでも学ぶ側が備えている学習システムであり、教える側の教育システムについてはほとんど言及がなされていないということである。すなわち、われわれはたしかに相手の直示的シグナルから特別な内容を期待・学習するメカニズムを備えているのかもしれないが、教える側のシステムについては、なんら実験的検証がなされていない。さらにいえば、彼らの実験で示唆されているのは、心の理論が十分に発達する以前に、直示的シグナルによって学ぶ側が一般的知識を獲得できるようなメカニズムを備えている可能性である。したがって、教える側の心の理論について何も言及されていないことに注意すべきであろう。

もちろん、現代社会においては、重要な情報を伝達する際に直示的シグナルを用いるということはかなりありうることのように思えるが、伝統的社会ではどうだろうか。この点に関していえば、依然として反論となりうるような報告の方が多いのはたしかである。たとえば、ディヴィッド・ランシー（David F. Lancy）は一貫して伝統的社会での教育行動が限定的であることを論じてきている。彼によると、西アフリカに住むクペレ（Kpelle）族の母親はわれわれと同様、赤ん坊を背中に背負いつつ世話をするそうだが、赤ん坊にはほとんど注意を払わないという。さらに、母親が赤ん坊とほとんど目を合わすこともなく、彼らに対してはっきりとした情動表出を行わないような文化もあるという。[55]これらはすべて民族誌的な報告だが、ある実験的研究によると、伝統的社会出身の子どもはわれわれよりも観察学習に優れているということが報告されている。[56]たとえば、別の二人が何か相互作用をしていて自分がそれを見ているだけの場合、現代社会の子どもは注意散漫になることが多いのだが、他方でグアテマラのような伝統的社会出身の子どもたちは、そのようなときでも注意深く他人の行動を観察しているようだ。もしも直示的シグナルによる教育がこれらの社会で一般的であるのなら、相手の注意がこちらに向けられていないときにまで他人の相互作用を観察する必要はないかもしれない。また、チブラたちの実験はあくまでもわれわれが生活する現代社会の幼児を対象としているが、伝統的社会における教育については、これまでの報告の多くは幼児というよりはもっと成長した子どもを対象としているものが多い。ここでもし、彼らに対して直示的教育が行われていたとしても、チブラたちの主張するナチュラル・ペダゴジーを構成する認知的能力（たとえば直示的シグナルから一般的知識を読み取る、など）を幼児が備えている証拠にはならないだろう。もちろん、伝統的社会における比較的成長した子どもに関する報告から、この社会の幼児がナチュラル・ペダゴジーを備えていない、という主張が支持されるわけでもない。しかし、上記のような報告・実験をみるかぎりでは、（たとえ彼らにそれが備わっているとしても）ナチュラル・ペダゴジーが伝統的社会（さらには過去の狩猟採集時代の人間社会）における文化の継承に際して、チブラたちが想定しているほどには重要でない可能性もあるだろう。[57]

教えること／教育と文化系統

「教えること／教育と文化の継承」（129頁）冒頭でも述べたように、教えること／教育によって文化の系統関係はよりたしかなものになりうるはずである。そして、いくつかの文化については、（たとえば冒頭で触れたイランや中央アジアで作られている織物などのように）実際そのとおりになっていると考えられる。それはヒトの文化に限られず、動物社会においても同様で、ミーアキャットはサソリを殺してエサにすることを教育によって伝達し、それは文化の系統を構築している。だが、先述したように動物社会において教育による文化系統の構築はかなり限定的だろうし、やはり教育によらない（学習のみによる）文化継承が主流だろう。さらには、ヒトの伝統的社会でも、さまざまな文化情報を伝達するにあたってどれほどの役割を果たしてきたのかはまだ明らかではない。これまでの報告やいくつかの実験からは、このような伝統的社会では文化の継承にあたってチブラたちが想定しているような教育がそれほど大きな役割を果たしていない可能性もある。だとすると、直示的なシグナルにもとづく教育が文化の継承を正確にし、系統関係の構築に大きな役割を果たすようになったのは比較的最近であるのかもしれない。

結び

本章では文化の継承を支えるメカニズムとして、学習と教育に焦点をあてて検討してきた。学習は文化の継承を可能にし、この継承によって文化は系統関係を構築していく。さらに、教育は学習を促進し、文化の継承をより正確にすることができる。現代社会においては、通常の学習だけでは継承が困難に思える文化（たとえばコンピュータなど）でも、世代を超えてうまく伝達されてきているが、ステレルニーが指摘するように、これは教育的環境を整えることによってはじめて可能になったことかもしれないし、チブラたちが提唱するナチュラル・ペダゴジーは、このような環境を整えるにあたって重要な役割を果たしてきたかもしれない。

さらに、教育はヒトに限られたものではなく、動物社会においてもある種の文化が教育によって継承されている。この場合、トマセロたちが考えていたように、教育する側に心の理論（すなわち相手の意図や信念の十分な理解）は必要とされず、教育の発達心理学で主流となってきた「心の理論→教育」という図式は必ずしも正しいわけではない。このような教育行動はさらに幅広い種でみられるかもしれないし、そうだとすればそこには文化の継承が確認できるはずである。

しかし、前節で指摘したように、教えること／教育が文化の系統関係構築にどこまで影響を与えているのかはまだ不確かな部分が残されている。実際、動物社会において文化の系統関係が構築されていた場合でも、それが教育によるものである可能性は（以前想定されていたほどには小さくないといえ）それほど大きくはないだろう。さらに、伝統的社会に関する諸報告は、これらの社会では依然として直示的な教育が限定的なものであることを示唆している。

それでもやはり、ヒトの文化継承メカニズムはさまざまな点で動物よりも（文化の継承を正確にするという意味で）優れているようだ。たとえば、模倣すべき相手を選ぶ際にさまざまな背景知識を用いることが発達のかなり早い段階において可能になっているし、さらにはほかの動物よりも正確な模倣が可能である。もし直示的シグナルを用いた教育が伝統的社会（さらには過去の狩猟採集時代の人間社会）においてそれほど大きな役割を果たしていなかったとすれば、ヒトの系統初期における文化の継承においては、こうした学習メカニズムの洗練がより重要であったのかもしれない。

注

（1）藤田和生（1998）『比較認知科学への招待——「こころ」の進化学』、ナカニシヤ出版。

（2）藤田（1998）p. 122.

（3）Caro, T. M. and Hauser, M. D.（1992）Is there teaching in nonhuman animals? *The Quarterly Review of Biology* 67（2）: 151–174.

（4）Thornton, A. and McAuliffe, K.（2006）Teaching in wild meerkats. *Science* 313: 227–229.

（5）Csibra, G. and Gergely, G.（2009）Natural pedagogy. *Trends in Cognitive Sciences* 13（4）: 148–153.

（6）たとえば Bjorklund, D. F. and Pellegrini, A. D.（2002）*The origins of human nature: Evolutionary developmental psychology*. New York: American Psychological Association.［『進化発達心理学——ヒトの本性の起源』松井愛奈他訳。東京：新曜社、2008］

（7）Boesch, C. and Tomasello, M.（1998）Chimpanzee and human cultures. *Current Anthropology* 39（5）: 591–614.

（8）Boesch & Tomasello（1998）.

（9）Boesch & Tomasello（1998）; Tomasello, M., Kruger, A. & Ratner, H.（1993）Cultural learning. *Behavioral and Brain Sciences* 16: 495–552.

（10）たとえば Meltzoff, A. N.（1988）Infant imitation and memory: Nine-month-olds in immediate and deferred tests. *Child Development* 59: 217–225 など。

（11）Meltzoff, A. N.（1995）Understanding the intentions of others: Re-enactment of intended acts by 18-month-old children. *Developmental Psychology* 31（5）: 838–850.

（12）実藤らは、一四カ月児を対象とした追試実験により、同様のことをみいだしている。Sanefuji, W., Hashiya, K., Itakura, S. and Ohgami, H.（2004）Emergence of the understanding of the other's intention: Re-enactment of intended acts from "failed-attempts" in 12-to 24-month olds. *Psychologia* 47（1）: 10–17 を参照。

（13）Carpenter, M., Akhtar, N. and Tomasello, M.（1998）Fourteen-through 18-month-old infants differentially imitate intentional and accidental actions. *Infant Behavior and Development* 21（2）: 315–330.

（14）Moriguchi, Y., Kanda, T., Ishiguro, H., Shimada, Y., and Itakura, S.

(2011) Can young children learn words from a robot? *Interaction Studies* 12: 107–119; Itakura, S., Ishida, H., Kanda, T., Shimada, Y., Ishiguro, H., and Lee, K. (2008) How to build an intentional android: Infants' imitation of a robot's goal-directed actions. *Infancy* 13: 519–532.

(15) 実際に目の前でやって見せるのと、記録したビデオを見せるのとでは、被験児への効果が異なるのではないかとの懸念もあったが、すでに先行研究で、ビデオ刺激からも子どもが模倣をすることがたしかめられていた。

(16) Call, J. and Tomasello, M. (2008) Does the chimpanzee have a theory of mind? 30 years later. *Trends in Cognitive Science* 12: 187–192.

(17) Custance, D. M., Whiten, A., and Bard, K. A. (1995) Can young chimpanzees (*Pan troglodytes*) imitate arbitrary actions? Hayes and Hayes (1952) revisited. *Behaviour* 132: 839–858.

(18) Russon, A.E., and Galdikas, B.M.F. (1993) Imitation in ex-captive orangutans. *Journal of Comparative Psychology* 107: 147–161.

(19) Tomasello, M., Savage-Rumbaugh, S., and Kruger, A. C. (1993) Imitative learning of actions on objects by children, chimpanzees, and enculturated chimpanzees. *Child Development* 64: 1688–1705.

(20) Whiten, A., Horner, V., and de Waal, F. B. M. (2005) Conformity to cultural norms of tool use in chimpanzees. *Nature* 437: 737–740 など。

(21) この章では触れることができなかったが、ヒトとそれ以外の動物における模倣能力の違いとして、近年ではヒト幼児における過剰な模倣 (overimitation) や、ヒト以外の動物ではもっと効率がよい場合でも従来の技術に固執する傾向性などが指摘されている。Horner, V. and Whiten, A. (2005) Causal knowledge and imitation/emulation switching in chimpanzees (*Pan troglodytes*) and children (*Homo sapiens*). *Animal Cognition* 8: 164–181; Marshall-Pescini, S. and Whiten, A. (2008) Chimpanzees (*Pan troglodytes*) and the question of cumulative culture: an experimental approach. *Animal Cognition* 11: 449–456 などを参照。

(22) Boyd, R. and Richerson, P. (1985) *Culture and the evolutionary process*. Chicago, IL: The University of Chicago Press, Richerson; P. and Boyd, R. (2005) *Not by genes alone: How culture transformed human evolution*. Chicago, IL: The University of Chicago Press.

(23) たとえば Whiten et al. (2005).

(24) Corriveau, K.H. and Harris, P.L. (2009b) Choosing your informant: Weighing familiarity and recent accuracy. *Developmental Science* 12: 426–437; Jaswal, V.K. and Neely, L.A. (2006) Adults don't always know best: Preschoolers use past reliability over age when learning new words. *Psychological Science* 17: 757–758; Luz, D.J. and Keil, F. C. (2002) Early understanding of the division of cognitive labor. *Child Development* 73: 1073–1084.

(25) Sabbagh, M.A. and Baldwin, D.A. (2001) Learning words from knowledgeable versus ignorant speakers: Links between preschoolers' theory of mind and sematic development. *Child Development* 72: 1054–1070.

(26) Birch, S.A., Vauthier, S. A., and Bloom, P. (2008) Three- and four-year-olds use spontaneously use others' past performance to guide their learning. *Cognition* 107: 1018–1034; Koenig, M.A. and Woodward, A.L. (2010) Sensitivity of 24-month-olds to the prior inaccuracy of the source: Possible mechanisms. *Developmental Psychology* 46:815–826.

(27) Nurmsoo, E. and Robinson, E. J.（2009）. Children's trust in previously inaccurate informants who were well or poorly informed: When past errors can be excused. *Child Development* 80: 23–27.

(28) Einav, S. and Robinson, E.J.（In press）. When being rights is not enough: Four-year-olds distinguish knowledgeable informants from merely accurate informants. *Psychological Science*.

(29) Stevens, J. R., Cushman, F. A., and Hauser, M. D.（2005）Evolving the psychological mechanisms for cooperation. *Annual Review of Ecology, Evolution, and Systematics* 36: 499–518.

(30) たとえば第三者どうしのやりとりにおける裏切りを観察したり、あるいはその裏切り者の評判にもとづいて協力するかしないかを決める間接的互恵性（e.g., Nowak, M. A. and Sigmund, K.（1998）Evolution of indirect reciprocity by image scoring. *Nature* 393: 573–577）などは、ヒト以外の動物についてこれまで報告がなされていない。

(31) Tehrani, J. J. and Riede, F.（2008）Towards an archaeology of pedagogy: Learning, teaching and the generation of material culture traditions. *World Archaeology* 40（3）: 316–331.

(32) Tehrani, J. J. and Collard, M.（2002）Investigating cultural evolution through biological phylogenetic analyses of turkmen textiles. *Journal of Anthropological Archaeology* 21（4）: 443–463.

(33) Tehrani & Riede（2008）, p. 326.

(34) Sterelny, K.（2006）The evolution and evolvability of culture. *Mind and Language* 21: 137–165; 中尾央（2010）「人間行動の進化的研究：その構造と方法論」松本俊吉編『進化論はなぜ哲学の問題となるのか』（pp. 163–183）、勁草書房。

(35) Tomasello et al.（1993）.

(36) Davis-Unger, A. C. and Carlson, S. M.（2008）Development of teaching skills and relations to theory of mind in preschoolers. *Journal of Cognition and Development* 9: 26–45, p. 27.

(37)「心の理論（theory of mind）」とは他者の意図や信念を理解する能力を指す。一五カ月乳児（Onishi, K. H. and Baillargeon, R.（2005）Do 15-month-old infants understand false beliefs? *Science* 308: 255–258）や七カ月幼児（Kovacs, A. M., Teglas, E., and Endress, A. D.（2010）The social sense: Susceptibility to others' beliefs in human infants and adults. *Science* 330: 1830–1834）でさえも相手が誤った信念を持っているということを理解できる（誤信念課題を通過する）かもしれないという報告もなされているのだが、現時点では、そのような信念を明確に理解できるようになるのは三〜四歳だと考えられている。

(38) Davis-Unger, A. C. and Carlson, S. M.（2008）; Strauss, S., Ziv, M., and Stein, A.（2002）Teaching as a natural cognition and its relations to preschoolers' developing theory of mind. *Cognitive Development* 17: 1473–1487.

(39) Maynard, A. E.（2002）Cultural teaching: The development of teaching skills in Maya sibling interactions. *Child Development* 73（3）: 969–982. だが、そもそも教育が汎文化的にみられる行動なのかどうかについては明らかではない。「ナチュラル・ペダゴジーの留意点」の節を参照。

(40) Ashley, J., and Tomasello, M.（1998）. Cooperative problem-solving and teaching preschoolers. *Social Development* 7: 143–163.

(41) Thornton, A. and Raihani, N. J.（2008）The evolution of teaching. *Animal Behaviour* 75: 1823–1836.

(42) Barnett, S. A.（1968）The 'instinct to teach'. *Nature* 220: 747–749.

(43) Caro & Hauser（1992）.

(44) Caro & Hauser（1992）, p. 153.

（45） Thornton & McAuliffe（2006）.
（46） Hoppitt, W., J. E., Brown, G. R., Kendal, R., Rendell, L., Thronton, A., Webster, M. M., and Laland, K. N.（2008）Lessons from animal teaching. *Trends in Ecology & Evolution* 23（9）: 486-493.
（47） アリについては Franks, N. R., and Richardson, T.（2006）Teaching in tandem-running ants. *Nature* 439: 153, チメドリに関しては Raihani, N. J., and Ridley, A. R.（2008）Experimental evidence for teaching in wild pied babblers. *Animal Behaviour* 75: 3-11 を参照。
（48） Thornton & Raihani（2008）.
（49） 包括適応度とは遺伝子レベルの適応度である。親と子はある程度遺伝子を共有しており、子の適応度が上がれば共有された遺伝子の数が増える可能性が高くなる。この場合、共有された遺伝子の包括適応度が上がっていると考えられる。
（50） Boesch, C.（1991）Teaching in wild chimpanzees. *Animal Behaviour* 41（3）: 530-532.
（51） 以下の議論のもとになっている諸実験については Csibra & Gergely（2009）などを参照。
（52） Saffran, J. R., Newport, E. L., and Aslin, R. N.（1996）Statistical learning by 8-month-old infants. *Science* 274: 1926-1928.
（53） Henrich, J.（2004）Reply. *Journal of Economic Behavior & Organization* 53（1）: 127-143, p. 129.
（54） Whiten, A., Horner, V., and Marshall-Pescini, S.（2003）Cultural panthropology. *Evolutionary Anthropology*. 12: 92-105, p. 96. 他にも MacDonald, K.（2007）Cross-cultural comparison of learning in human hunting. *Human Nature* 18 : 386-402.など。
（55） Lancy, D. F. and Grove, M. A.（2010）The role of adults in children's learning. In D. F. Lancy, J. Bock, and S. Gaskins, eds. *The anthropology of learning in childhood*, pp. 145-179.
（56） Corre-Chavez, M. and Rogoff, B.（2009）Children's attention to interactions directed to others: Guatemalan Mayan and European American patterns. *Developmental Psychology* 45（3）: 630-641.
（57） 以上の点についてはチブラたち自身も部分的に認めている。たとえば、Csibra, G. and Gergely, G.（2011）Natural pedagogy as evolutionary adaptation. *Philosophical Transaction of the Royal Society B*. 366: 1149-1157, pp. 1153-1154 などを参照。

第7章

イメージの系統樹

アビ・ヴァールブルクのイコノロジー

田中　純

はじめに――美術誌からイメージの系譜学へ

美術作品の記述に「歴史」の概念を導入し、美術史の創始者とされるのが、ヨハン・ヨアヒム・ヴィンケルマン（Johann Joachim Winckelmann）である。彼は著書『古代美術史』（一七六四年）によって、「様式」をはじめて美術史の具体的対象として確定し、それを歴史一般に関係づけている。このヴィンケルマンについて、カルロ・ギンズブルグ（Carlo Ginzburg）は、博物学者ジョルジュ＝ルイ・ルクレール・ビュフォン（Georges-Louis Leclerc de Buffon）からの影響を指摘している。すなわち、ヴィンケルマンにとって様式とは、ビュフォンにおける動物種であり、この科学者同様、ヴィンケルマンもその注意を個物や個人（個々の芸術作品あるいは芸術家）ではなく、種（様式）に向けたというのである。[1]

美術の歴史（Art History）と自然史＝博物誌（Natural History）は、「種」としての「様式」の概念を通じて、その成立当初から接触していたといえる。一八六〇年代に造形芸術の様式論を著わした建築家ゴットフリート・ゼンパー（Gottfried Semper）もまた、自分自身の様式論の立場と生物学者ジョルジュ・キュヴィエ（Georges Cuvier）の比較解剖学の問題設定との類似を認めている。工業製品や建築といった広汎な文化単位における様式を論じたゼンパーに対して、ドイツに学んだ美術史家ジョヴァンニ・モレッリ（Giovanni Morelli）は、芸術家個人の様式的特徴の発見に向かった。ゼンパーとモレッリのいずれもが、ヨハン・ヴォルフガング・フォン・ゲーテ（Johann Wolfgang von Goethe）の形態学からキュヴィエの比較解剖学へと向かう道をたどり、さらにダーウィンの進化論に適合するようにその再解釈を行った、とギンズブルグは指摘している。

ゼンパーの様式論を批判的に継承し、現代的な美術史学の礎を築いたアロイス・リーグル（Alois Riegl）は、一八九三年に刊行した著書『美術様式論――装飾史の基本問題』において、植物文様という装飾様式に密着した形式分析を通じ、古代エジプトから中世イスラム圏におけるアラベスクへの漸進的な変異をみいだしている。その分析は、植物というモティーフの性格とも相俟って、「種」としての「様式」の変化を形態学的にたどるかのような様相を呈していた。ただし、こうした様式史としての美術史は、美術作品を「様式」という概念によって、認知的パターンのもとに分類するに留まっており、様式ないし作品相互間の客観的な系譜関係を解明する分析にはなりえていなかった。歴史的変化が問題とされる場合にも、そこでは様式や芸術家集団という流派が一つの擬似的な生命体に見立てられ、その誕生・成長・衰退・死滅がアナロジーとして語られたにすぎない。

この点を鋭く批判したのが『時のかたち――事物の歴史について』(一九六二年)におけるジョージ・クブラー(George Kubler)である。[2] 彼は進化生物学のモデルを美術史の記述形式に導入しようとした。クブラーは、いわば突然変異にあたる芸術上の「一次的産物(prime objects)」からはじまる系譜関係を「シークエンス」と呼ぶ。三中信宏は Natural History の二つの訳語である「自然誌」と「自然史」を使い分け、自然の記載と分類を目指す「自然誌」の特徴が分類思考、自然の歴史の復元を目指す「自然史」を支えるのが系統樹思考であるとしている。[3] これにしたがえば、様式論が分類思考的な「美術誌」であったのに対し、クブラーは系統樹思考的な「美術史」を志向したといえよう。

美術史を含む文化科学の領域では近年、ジークリット・ヴァイゲル(Sigrid Weigel)が、系譜学(Genealogie)、世代論(Generation)、遺伝学(Genetik)を横断する「系譜－論理(Genea-Logik)」についての総合的な考察を展開して、精神科学(人文科学)と自然科学との架橋を試みている。これは考古学を物質的基礎に根ざした精神科学全般のあらたなモデルとみなそうとする動向などとも呼応した、[4] 方法論的な反省ととらえることができよう。先史時代研究への系統学的分析の導入によって、人類学・考古学と進化生物学は共通する方法を通して現に結びつきつつあり、一九六〇年代にはいまだ刺激的なアイディアにとどまっていたクブラーの着眼が、美術作品の具体的な系譜関係(シークエンス)を分析する手法として発展する可能性はある。

本論で試みたいのは、芸術作品を含む人工の物体をあくまで対象とするクブラーの発想とは異なるかたちで、文化系統学的な方向へと「美術誌」を乗り越えようとしてきた、人文科学的な探究の系譜をたどることである。具体的には、ヴァイゲルによる「系譜―論理」の歴史的な追跡のなかでも重要な位置を占めているドイツの文化史家アビ・ヴァールブルク（Aby Warburg）について、その分析の手法を詳細に検討することにより、そこで「何の」系譜が「どのように」解明されようとしていたのかという点を明らかにしたい。結論の一部を先取りしていえば、そこで問題とされたのは個々の作品ではなく、作品によって媒介される「イメージ」だった。すなわち、「イメージの系譜とは何か」という問題が、以下における分析の最終的な焦点となることだろう。

ヴァールブルク研究のアクチュアリティ

視覚的イメージを対象とする従来の美学・美術史学の研究は、近年ではイメージ論やイメージ分析と称されることが多い。英語圏では「視覚文化論（visual studies）」などと呼ばれてきたこうした動向に対し、ドイツ語圏では「イメージ学（Bildwissenschaft）」の名が総称として定着しつつある。これはもっとも広義では、数学・論理学、神経科学や認知科学から哲学・修辞学にいたるまでの諸学問を基礎として、考古学や歴史学などの「歴史的イメージ学」、文化科学や社会学などの「社会科学的イメージ学」、コンピュータ・グラフィックスやカルトグラフィなどの「応用イメージ学」を包摂し、美術、写真、コミュニケーション・デザイン、映画やニューメディアにいたる、現代のイメージ現象全般の分析を手がけようとする学際的な研究分野である。(5)

イメージ学の精神史的な系譜をたどるうえで必ず言及される存在がアビ・ヴァールブルクである。(6) 一般的には、現在ロンドン大学の附属施設となっているヴァールブルク研究所の元になる図書館をハンブルクに私費で作り上げ、イコノロジー（iconology）の祖とされている人物だ。イコノロジーは、ドイツからアメリカ合衆国に亡命したエルヴィン・パノフスキー（Erwin Panofsky）が確立した美術史の分析方法だが、近年ではパノフスキーによって合理的に整理される以前の、ヴァールブルクの業績の再評価がさかんに行われている(7)。ヴァールブルクは第一次世界大戦後に統合失調症を病むなど、狂気と隣り合わせの一生を送った。過去の記憶を蓄えたイメージに対する彼の敏感な感受性——それをヴァールブルクは過去からの波動を感知して記録する「地震計」にたとえている——にもとづく分析の価値が、ここ二〇年ほどの間で急速に発見されつつある。とくに欧米におけるヴァールブルク研究の進展は著しく、ヴァールブルク研究所のアーカイヴに保管された資料を元にした文献学的研究を核に、いわば「ヴァールブルク学」が着々と形作られようとしている(8)。

これはヴァールブルクが生きた一九世紀後半から二〇世紀初頭という時代の知的風土の豊かさを反映したものでもあろう。ヴァイゲルは、ヴァールブルクのテクストには、考古学と文献学のほか、考古学と進化論・心理学などとのハイブリッドな融合が認められるという。それは、「象徴の本質」をめぐる形而上学、生物学的進化論、エネルギー心理学、象徴論、様式史、図像学、文献学などを横断する概念形成によって、一九〇〇年前後における精神科学と自然科学の緊迫した相互関係やこうした学問諸ジャンルが密接に関係し合うダイナミズムを如実に体現している。それゆえに、ヴァールブルクの業績は、この時代における諸学問のパラダイム間の関係性を問う「知の考古学」にふさわしい対象なのである(9)。われわれはさらに、人文・社会科学と自然科学との関係があらたに問い直され、両ジャンルを架橋するハイブリッドな概念の創造が求められている現代において、ヴァールブルクを対象とした「知の考古学」が有するアクチュアリティを強調することができるだろう。

「情念定型」とニンフ研究

ヴァールブルク自身が進化論の時代の子であることも関係し、チャールズ・ダーウィン（Charles Darwin）との結びつきは深い。彼は青年時代にダーウィンの『人間および動物の表情』と出会い、研究対象だったイタリア・ルネサンス美術における激しい情念表現を分析する手がかりをそこに求めようとした。ダーウィンのこの著作はのちにヴァールブルクが考案することになる「情念定型（Pathosformel）」の理論に影響を与えている。これは古代ギリシア・ローマの美術作品に由来する悲しみや絶望、怒りや陶酔といった激しい情念《パトス》（Pathos）を表す身ぶりが、ルネサンスにおいて芸術表現の定型として反復的に用いられた現象をめぐる研究である。「情念定型」とはその身ぶりの型を指している。ヴァールブルクはダーウィンの表情理論のなかに、こうした身ぶりの生物学的な根拠を見ていた。この点で「情念定型」とは、ヴァイゲルのいう「ハイブリッドな概念」の一つなのである。

　ヴァールブルクにおける文化系統学の萌芽を論じようとするわれわれの関心からすると、彼がまさに一九〇〇年頃に「ニンフ（Ninfa）」と呼ばれた女性の情念定型を中心とした研究で、おびただしい表や系統樹を使った分析を試みていたことが注目される。この表は古代の神話や文学作品、イタリア・ルネサンスの文学、祝祭・演劇、芸術家や依頼主などの実在の人物、そして芸術作品の相互関係を一覧できるように表したダイアグラムだった。また、フィレンツェの名家だったトルナブオーニ家（Tornabuoni）の詳細な家系図を、ヴァールブルクは何種類も自筆で残している[10]。

　ニンフとは古代風のゆったりとした装いに身を包み、軽やかな歩みで進みながら、髪の毛や衣裳を風になびかせている女性のイメージを指す。ヴァールブルクはその姿に、狂乱した陶酔状態で踊るディオニュソスの巫女たちの末裔を認めていた。とくにサンドロ・ボッティチェッリ（Sandro Botticelli）やドメニコ・ギルランダイオ（Domenico Ghirlandaio）の作品をはじめとするフィレンツェのルネサンス絵画には、こうした女性像が頻出している。ヴァールブルクはこのニンフという定型表現をめぐる研究で、「彼女が生い立った大地に文献学的なまなざしを向ける」ことを宣言し、「この稀にみる繊細な植物はいったい全体本当に、醒めたフィレンツェの大地に根ざしているのだろうか」[11]と問いかけている。つまり、ニンフのイメージを植物に見立て、それを「流行の花」や「鑑賞用の花」に、そして画家たちを「庭師」にたとえるのである。

ニンフのモティーフと芸術家たちや時代区分とを関係づけた表を作り、依頼主の家系（そこには「ニンフ」として描かれた女性も含まれている）を表す系統樹を描くヴァールブルクの姿は、ニンフという植物の系統を調べ分類する博物学者を思わせる。定型化したイメージの分類学的および系統学的分析による、イメージの博物誌ないし自然史がそこで模索されていたようにみえるのである。

図像アトラス「ムネモシュネ」

ヴァールブルクは主著と呼べるものを残さなかった。その代わりに晩年に彼が自分の研究の集大成として手がけたのが、「ムネモシュネ（Mnemosyne）」と名づけられた「図像アトラス（Bilderatlas）」だった。[12] これは六〇枚以上の等身大の黒いスクリーン上に、古代から現代にいたるさまざまな図像の複製図版を配置したパネルのシリーズである。図版の配置は日々変えられ、パネルの数も変動していた。ヴァールブルクが一九二九年一〇月に急逝した時点で写真に記録されていた最終状態のパネルは六三枚、図版の総数は一〇〇〇枚近くに達していた。ただし、パネルそのものは紛失して残されていない。現在見ることができるのは、制作プロセスのいくつかの段階を定着した白黒写真のみである。さらに、序論のほかには断片的なメモしか残っておらず、パネル上の図版どうしの関係やパネル相互の関係をめぐるヴァールブルク自身の意図は、そうした情報や彼の著作から推し測るしかない。

最終ヴァージョンでは、各パネルはほぼ時代順に数字で番号が付けられ、おおまかなテーマごとに図版が集められている。ただし、A、B、Cと題された三枚のパネルだけは別で、これらは図像アトラス全体への導入の役割を持つものと思われる。その筆頭であるパネルAには、「アトラス（地図帳）」の名にふさわしく、「地図」に類する図版が三点配置されている。その一番上に位置する図は、ヴァールブルクが研究対象として発見したといってよい占星術に関わる、一七世紀の星座図である。その下に並べられた図は、占星術の伝播を示すヨーロッパから西アジア一帯にかけて

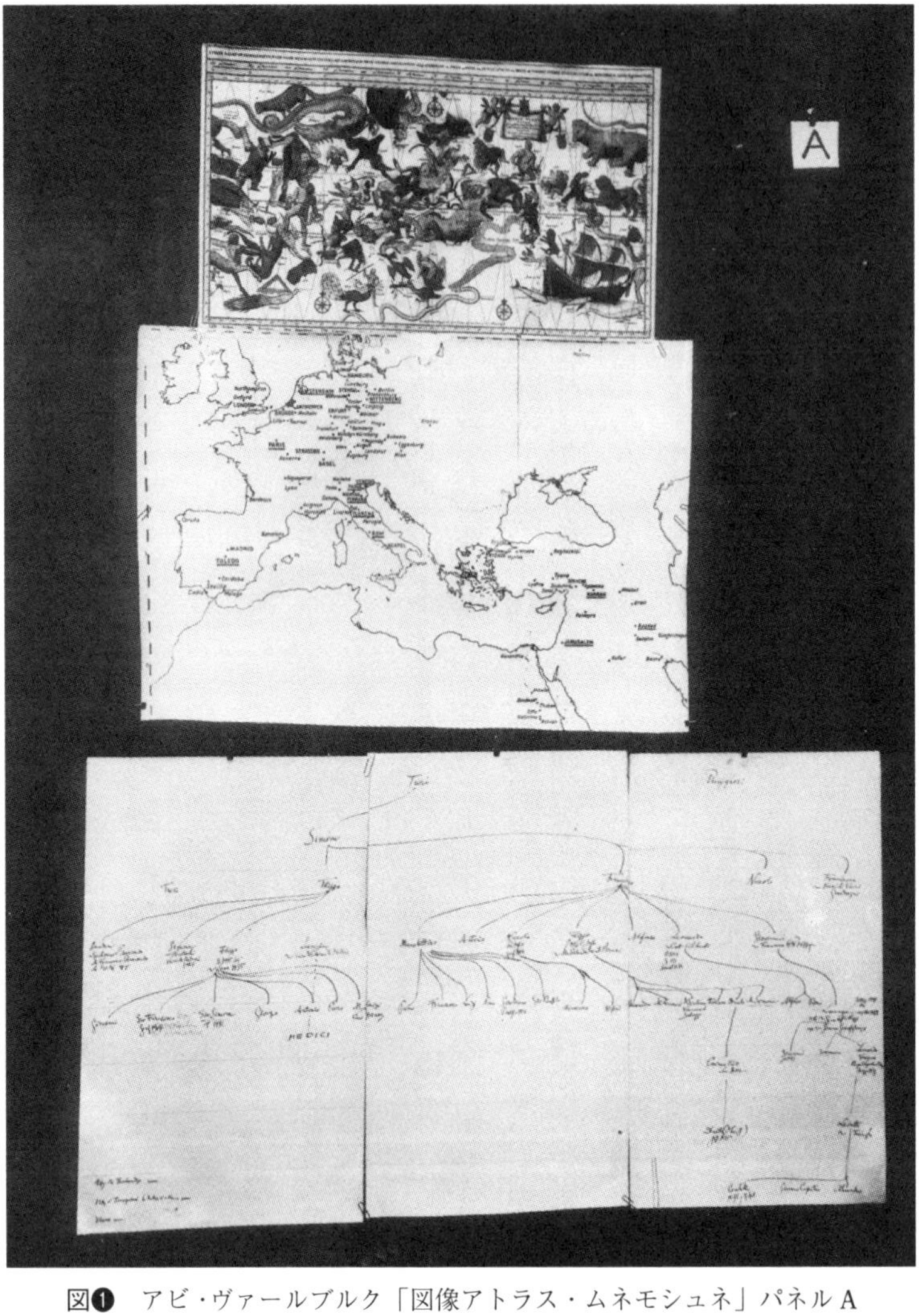

図❶　アビ・ヴァールブルク「図像アトラス・ムネモシュネ」パネルA
The Warburg Institute，London.

の地図である。そして、もっとも下に置かれている図が、ヴァールブルク自身の手になるトルナブオーニ家の家系図である。この図では、人名のネットワークによって、ある一族の系譜という「時間」が空間的な配置として表されている（図❶）。

つまりそれらは、天空、大地、時間における「配置」をいずれも主題としているのである。ヴァールブルクが好んで用いた概念でいえば、そこで表現されているのは、世界のなかで人間が「方位・位置確認（Orientierung）」を行うための三つの手段にほかならない。天空との関係における、大地の上における、時間のなかにおける自己の位置が、星座図、地図、家系図を通して確認される。配置関係を形成し、あるいは読み取ることによって、人間は自分の「位置確認」を実行する。三点の図版は、イメージ記憶の蓄積のなかで歴史における「位置」を試みようとする、図像の「星座」としての「ムネモシュネ」を寓意的に表現しているといえるだろう。

周知のように、『和漢三才図絵』をはじめとする中国や日本の「類書」と呼ばれる百科事典は、天・地・人の「三才」による分類を多く用いている。こうした東洋における知の分類法に通じる世界認識のパラダイムをこのパネルAは示唆している。

「ムネモシュネ」パネルAの関係ネットワーク

星座を表す人物や動物などがおびただしく描かれた天球図（上段の図）には、古代以来広く知られた北天の星座ばかりではなく、一七世紀初頭にあらたに加えられた南天の一二星座も盛り込まれている。ランダムに散らばった天空の星々をつなぎ合わせて星座というパターンを見出し、そこに人間や獣たちの具象的なイメージを重ね合わせる想像力の営みは、ヴァールブルクにとって「位置確認」を行ううえでの重要な契機であると同時に、そのように具象化された対象が魔神的な存在として実体化され、占星術をはじめとする非合理的で魔術的な思考の支配を招く要因でもあった。それはイメージのこうした相反する両極的な力をもっとも典型的に体現した図像だったのである。

占星術の伝播というかたちで古代の星辰の神々が遍歴した土地を示す地図（中段の図）のなかで、大文字で書かれた地名にさらに下線を引かれて強調されているのは、アテネ、エルサレム、ハラーム、トレド、ローマ、フィレンツェ、フェッラーラ、パドヴァ、ヴェネツィア、パリ、ヴィッテンベルク、アムステルダムといった都市である。一九一二年の講演「フェッラーラのスキファノイア宮におけるイタリア美術と国際的占星術」でヴァールブルクは、一五世紀後半に描かれた壁画の占星術図像がどのような源泉を持ち、いかなる変化のプロセスを経て生み出されるにいたったかという過去の経緯を復元している。(13) それによれば、星辰の魔神たちのイメージを含む占星術思想は、ヘレニズム時代の小アジアで著されたテウクロス（Teukros）の『異邦の天球』に発したのち、エジプトを通ってインドに達し、おそらくペルシアを通過して、アブー・マアシャル（Abu Ma'shar）の占星術書『大序説』にいたったという。その流れは、スペインにおける『大序説』のヘブライ語訳や、その後のフランス語訳、そしてヴェネツィアで出版されたラテン語訳によって、フェッラーラの宮殿壁画に登場する人物像のイメージへと注ぎ込んでいる。中段の地図に記載された都市は、こうした占星術思想、占星術図像が流浪した道程を表している。

パネルA下段の図をはじめとする家系図は、ヴァールブルクにとって、絵画作品に登場する人物や依頼主を同定するための貴重なデータだった。フィレンツェの聖堂に描かれたギルランダイオによる壁画の数々には、この家系図が示すトルナブオーニ家の人々や当時の実在のフィレンツェ市民たちが数多く描き込まれている。ヴァールブルクは家系図を一つの手がかりとして、彼らが誰であるかを推定した。

だが、パネルAが示す星座図、地図、家系図はいずれも、「位置確認」や研究のための手段であるばかりではなく、ほかのパネル上の絵画作品などとおなじく、それ自体が独自な価値を有した図像として、ここに配置されているという点に注意しなければならない。星座とは天球上の星々という離散的な対象群から析出された有意味なパターンのイコンである。地図上の都市名は、明示的に書き込まれてはいないものの、占星術の伝播と変形のプロセスを暗示している。そして、系統樹は時空的に散在する対象を結びつける系譜関係の可視的な表象である。

踏み込んでいえば、ヴァールブルクは地図の空間的な表象に家系図と同様の、占星術図像をめぐる系統樹的な関係も重ね合わせていたのではないか。占星術書の写本や翻訳、そこに記載された図像の地域的な移動はおのずと変化をともない、分岐する系譜関係を形成していたにちがいないからである。三中が適確に指摘しているように、「〈ムネモシュネ〉における有限の図像から無限の記憶への橋渡しをする関係ネットワークそれ自体が、一つ上の高次レベルでの図像と解釈することができる[14]」。このパネルAが示しているのは、こうした「高次レベル」における図像としての、関係ネットワークそれ自体の論理としての系統樹思考ではないだろうか。

ヴァールブルクは、先述したように表情をはじめとする身ぶりについてダーウィンの研究をもとに動物と人間との生物学的な連続性を想定したり、イメージ形成のプロセスやその心理的作用の考察に進化論的な思考を援用したりすることはあっても、ここで述べたようなイメージの系統学的な分析を自覚的に展開したわけではない。家系図の場合を除き、イメージ相互の系譜関係を系統樹によって表した例も限られている。「ムネモシュネ」においても、図版相互の関係が明示されていないことによって、イメージ相互の類似性と差異は、恣意的な連想による解釈の余地を許してしまっているようにみえる。

だが、「ムネモシュネ」における図版の配置関係は、あくまでもそれに先立ってヴァールブルクが積み重ねてきた、テクストの緻密な実証的批判にもとづくイコノロジーによる、象徴的イメージが形成する系譜関係の研究成果を前提にしている。それゆえ、イメージの系統学的分析の方法とその根底にある系統樹思考を探るためには、ヴァールブルクのイコノロジー的な分析手法が詳しくたどられなければならない。

言葉・イメージ・情念

ヴァールブルクによるイタリア・ルネサンス美術研究は、ボッティチェッリの作品《ウェヌスの誕生》と《春》を分析した博士論文からはじまっている。一般的な理解では、ヴァールブルクはそこで、ボッティチェッリが典拠とした文学作品を明らかにした、とされる。これはある程度正しいが、問題はそこでどのような推論方法が用いられていたか、そしてさらに、典拠の解明を通じて最終的に何が目指されていたか、という点である。

問題の論文「サンドロ・ボッティチェッリの《ウェヌスの誕生》と《春》――イタリア初期ルネサンスにおける古代表象に関する研究」は一八九三年に刊行されている。その序言でヴァールブルクは、自分が行おうとする探究を「《ウェヌスの誕生》と《春》を同時代の芸術理論および詩文芸の対応する表象と関係づけ、そうすることで、一五世紀《クアトロチェント》の芸術家たちに古代への「関心を抱かせた」ものが何であったのかを明らかにすること」[15]と規定している。

つまり、目的は二重である――言語的な表象との関係と芸術家たちの古代への関心という心理的動機の由来と。では、そのそれぞれはどのような手続きで考察されたのか。ヴァールブルクはまず《ウェヌスの誕生》を取り上げ、この作品でボッティチェッリに着想を与えた人物は、彼とおなじくフィレンツェの有力者ロレンツォ・デ・メディチ（Lorenzo de' Medici）周辺の知識人・芸術家サークルに属していた詩人アンジェロ・ポリツィアーノ（Angelo Poliziano）だろうという。

注目すべきはその根拠である。この作品については、古代の文学作品『ホメロス讃歌』との関連のほか、ポリツィアーノの詩『ジュリアーノ・デ・メディチの馬上槍試合のためのスタンツェ』における記述との類似がすでに指摘されていた。ヴァールブルクが着目するのは、画家と詩人の両者がともに、おなじ箇所で『ホメロス讃歌』から逸脱しているという点だった。

問題となるのは『馬上槍試合』における試合の描写に先立つ恋愛物語で、ウェヌスの宮殿の入り口を飾る鍛冶神ウルカヌスの手になる浮き彫りを描写した部分である。元になったとみられる『ホメロス讃歌』と比較すると、ポリツィアーノが細部の記述を追加することにより、写実的な美術作品の忠実な再現という印象を強めようとしていることが判明する。具体的にその細部とは、吹きつける風、風が運ぶウェヌスの乗る貝殻、ホーラー（季節の女神）たちがウェヌスに着せかける「星を散りばめたガウン」、衣裳のなかで戯れる風、ホーラーたちの垂れ下がってなびく解かれた髪といった、衣服や髪の毛などの運動である。そして、ヴァールブルクはこうした細部表現がボッティチェッリの《ウェヌスの誕生》にも共通していることを確認する。おなじ原典（『ホメロス讃歌』）からのこの「逸脱」の共通性によって、『馬上槍試合』と《ウェヌスの誕生》は『ホメロス讃歌』から分岐して派生した、いわば姉妹群とみなされる。さらに、ポリツィアーノの詩には『ホメロス讃歌』とおなじく三人のホーラーが登場するのに、ボッティチェッリの絵画ではそれが一人になっているところから、詩のほうが時間的に先行する、手本により近い修正と判断され、絵画はより後の、より自由な翻案と推定される。そこにもし直接的な依存関係が存在したとすれば、詩人が画家の助言者であったという推測が導かれることになる。

このようにして『ホメロス讃歌』→『馬上槍試合』→《ウェヌスの誕生》という系譜関係がみいだされた。では、逸脱箇所である細部描写は何に由来するのか。ヴァールブルクは同時代の理論家レオン・バッティスタ・アルベルティ（Leon Battista Alberti）の『絵画論』に、髪や小枝や葉や衣服などの波打つ運動が視覚的に引き起こす快感に関する記述があることに注目する。さらに、アルベルティが改築計画を手がけたリミニのテンピオ・マラテスティアーノには、アゴスティーノ・ディ・ドゥッチョ（Agostino di Duccio）が占星術にまつわる寓意的なレリーフを作成しており、その人物像には極端に誇張された髪や衣裳の運動表現が認められる。このドゥッチョの作品には、古代ローマの石棺に彫られた浮き彫りをはじめとする古代美術からの形態の借用も確認できる。他方、ポリツィアーノは、オウィディウス

（Ovidius）をはじめとする古代詩人たちの作品における動きのモティーフを自作の詩で模倣している。

すなわち、髪や衣裳といった「動きの激しい付帯物」は、古代作品から選び出された要素なのである。ヴァールブルクはボッティチェッリの工房作とされる素描とそれが依拠した古代の石棺の浮き彫りを比較し、そこでも風に膨らんだ衣服という細部が模倣されていたことを示している。

だが、この素描には元の石棺にはない細部も付け加えられている。それは女性の髪の自由になびく房毛である。こうした要素は「古代風」の細部として、古代石棺の描写に追加されている。これは先に触れた「ニンフ」の顕著な特徴だった。ルネサンスのイタリアでは、こうしたニンフ的な表現こそが古代的であるという、一種の転倒が起こっていたのである。

まとめよう。《ウェヌスの誕生》の主たる系譜関係は確認された。さらに、その細部表現については、ポリツィアーノによるオウィディウスらの模倣、ボッティチェッリやドゥッチョによる古代美術作品の模倣といった系譜関係に加えて、アルベルティをはじめとする「動きの激しい付帯物」の愛好やそのような細部表現を特徴とするニンフ的な女性像の偏愛といった、ルネサンス期フィレンツェという時代環境の特性が浮かび上がってきた。「一五世紀の芸術家たちに古代への『関心を抱かせた』ものが何であったのか」というヴァールブルクの問いには、この「動きの激しい付帯物」やニンフという女性像が答えを与えているといえよう。

そして、ここからはさらに、「なぜ、古典古代の原型よりも誇張された「古代風」の変形が生じるのか」という問いが生じることになる。この問いに対してヴァールブルクは、これに続く《春》の分析を通じて、激しく動く付帯物という細部表現の型を通して、人間の不可視な内的情念の視覚的表現がもくろまれていた、という結論を導き出してゆく。ここでもっとも重要なのは、最終的にボッティチェッリの作品にいたる文学作品や美術作品が織りなす系譜関係それ自体ではなく、その系譜関係における変異を生む、特徴的な表現傾向の方なのである。

「情念定型」の概念がはじめて用いられた一九〇五年の講演「デューラーとイタリア的古代」では、アルブレヒト・デューラー（Albrecht Dürer）の素描《オルペウスの死》とその手本と思われるマンテーニャ派の画家による銅版画が比較され、そこに登場する棍棒を振りかざして荒れ狂うマイナデス（ディオニュソスの巫女たち）や彼女らに撲殺される寸前のオルペウスといった人物たちの身ぶりの由来が、古代ギリシアの壺絵に探られてゆく。[16] イタリア・ルネサンスの画家たちは、激しい人体表現のために、こうした古代の造形作品における身ぶりの型に依拠し、北方の画家デューラーはさらにそこからおなじ型を模倣したのである。

この型をヴァールブルクは「身ぶり言語の古代的最上級表現（Superlative）」と呼んでいる。この「最上級表現」という用語は言語学者ヘルマン・オストホフ（Hermann Osthoff）の研究から取られている。オストホッフは、インド＝アーリア系言語が、同一の語根から比較級や最上級を形成しない現象（good に対する better, best）について、こうした不規則現象が生じるのは人間の感情が強く関わっている場合であると論じていた。つまり、ヴァールブルクは、古代作品から転用された身ぶり言語に、異なる語根の利用に対応するものをみいだしたのである。激しい感情の負荷がかかった身ぶり言語の最上級は、伝統的な手法による規則性に沿って表現されるのではなく、古代という異質な時代・文化から借用された「語根」としての「情念定型」によって表されたのだ。

ここでもヴァールブルクは、イメージと言語との比較を通じて、この両者に共通する表現の論理を探ろうとしている。ただしこの場合には、絵画というイメージはそれが表す物語において言葉と一致するのではなく、身ぶり表現という単語の語形変化のレベルにおいて、言葉との同型性を示すのである。これは激しい動きの付帯物という細部が「古代風」として偏愛され、それが人物の情念を表現する型として頻繁に用いられた事実の発見に呼応している。つまり、古代風の細部やそれを特徴とするニンフ的な女性像とは、古代から「語根」が借用された情念定型の一種なのである。そして、古代風の細部や情念定型の身ぶり言語が流行するという時代環境がもたらした造形表現の変形のプロセスには、激しい感情の作用という心理的な要因が関わっている。

象徴的イメージをめぐる歴史心理学として

ここで改めて注目したいのは、ヴァールブルクがこのようなプロセスを明らかにするための前提として、一連の分析のなかで析出しているパターンの性格である。ポリツィアーノが『ホメロス讃歌』にもとづいて詳細に描写したのは、ウルカヌスの作った浮き彫りという美術作品だった。つまり、それは神の手になる実在しない造形作品の言語による記述、いわゆるエクフラシス（ekphrasis）なのだ。ボッティチェッリはその描写を視覚的なイメージへと再翻訳したことになる。

ポリツィアーノからボッティチェッリへの系譜関係を成り立たせているのは、とりあえずここで「翻訳」と呼んだような、言葉とイメージとの間の変換可能性である。ヴァールブルクはそれを「言葉とイメージとの間の自然な結束」と呼んでいる（論文『肖像芸術とフィレンツェの市民階級』より）[17]。これは直接的にはルネサンス期フィレンツェの文化史を総合的に記述するための、文書資料と肖像画との内在的な結びつきを形容した言葉だが、ボッティチェッリ論においてもすでに、ヴァールブルクの関心は言葉とイメージとがどのような相互関係に置かれているかという点にあった。

のちに占星術図像が研究対象となってからも基本的な方法は変わらない。フェッラーラのスキファノイア宮壁画に描かれた、占星術上の十日神《デカン》を表す男性像の背後に潜む系譜関係は、占星術書の言語による記述とその図版をはじめとするイメージとの両者を通して明らかにされてゆく。そして、刀や斧を持った姿で記述され描かれるのが通例であったデカン像と、一本の紐が巻き付いたぼろぼろの服を纏った壁画中の人物像とを結びつけるミッシング・リンクが、アラビア語で書かれたアブー・マアシャルの著作中に発見されることで、古代ギリシア神話のペルセウスから一五世紀イタリアの壁画の人物像にいたる系譜関係が復元されることになる。

だが、総合的文化史のために想定された「自然な結束」という前提には注意が必要である。ヴァールブルク自身にとって、言葉とイメージとの関係はけっして「自然な」ものではなかったからだ。彼は「言葉とイメージとの間の自然な結束」という一節を書いた数年後の一九〇七年の日記でこう告白している。「わたしが四〇歳になるまで一般観念の連合の糸とその基礎にある視覚印象とは、自然に織りなされたかたちで意識の敷居を越えることに抵抗していたかのように思われる[18]」。視覚印象と一般的観念の連合のいずれもが無意識的な領域にあり、ヴァールブルクの場合には、この両者の関係に障害があるため、それらを自然な結びつきのもとに意識化することができない。これはイメージと言葉との「自然な結束」の不在こそを意味するのではなかろうか。

ヴァールブルクは同じ日の日記で自分を「トリュフを探す豚」にたとえ、自分の採用したさまざまな「誤った」形式的観念には少なくとも、それまで知られていなかった事実を掘り起こすように自分を興奮させる利点はあったと書いている。ヴァールブルクという臭覚の鋭い豚を興奮させていたのは、形式的観念という言葉そのものというよりも、それが誤っていること、つまり、視覚印象という心的イメージとのずれであり、無意識下でのイメージから言葉への翻訳過程で抜け落ちる何かであるといったほうがよい。そこにはヴァールブルクがやがて統合失調症に陥る原因となった、イメージに対する過度の鋭敏さによる心理的障害がうかがわれる。だが、まさにその障害によってこそ、ヴァールブルクはボッティチェッリの作品をはじめとするルネサンス美術の秘められた側面を発見しえたのだった。

彼の知的伝記を書いたエルンスト・ゴンブリッチ（Ernst Gombrich）は、四〇代のヴァールブルクは、一八九〇年代に覚え書きを満たしていた一般的な心理的諸観念に対応する理想的事例を占星術の象徴にみいだすことによって、この障害を克服したと述べている[19]。たしかに一九〇七年を境として、ヴァールブルクの研究対象は初期ルネサンスの美術から占星術図像へと重心を大きく変えている。

だが、こうした障害がヴァールブルクの研究者的臭覚の源だったとすれば、それはここで克服されたのではなく、むしろ逆に、占星術的象徴にこそ、ヴァールブルクは「トリュフを探す豚」を興奮させる言葉とイメージとのずれやきしみをまざまざと感知したのではないか。ヴァールブルクが統合失調症に陥る直前に手がけていたのもまさに、ルターの時代の占星術をめぐる研究にほかならなかった。

言葉とイメージとが自然に結束して同一の対象、同一の事実を指示する記号にとどまるかぎり、それは実証的な歴史記述や系譜関係の根拠となる史料以上のものではあるまい。だが、ヴァールブルクの分析の――時には意図せざる――帰結は、イメージをそのような史料として扱うところにはなかった。「言葉とイメージとの間の自然な結束」を語った『肖像芸術とフィレンツェの市民階級』においてさえ、彼が実際に明らかにしたのは、聖堂の壁画に描かれたフィレンツェ人たちの肖像に期待されていたのが、奉納された蝋人形への信仰と同じ一種の魔術的効果だったという、単なる記号的な指示性を越えたイメージの作用――一種の呪物崇拝――だったのである。ヴァールブルクにとってこうした芸術作品のイメージがとくに問題となるのは、それらがたとえばイタリア・ルネサンスにおける銀行家や商人たちの合理的な思考のもとにおいても、魔術的な性格をいまだ残存させていたからである。占星術のイメージの場合に、そうした魔術性が際立つことはいうまでもない。日記で告白されたような「興奮」に関連し、こうしたイメージの位置づけについては、ヴァールブルクにおける「象徴（symbol）」概念をめぐるエトガー・ヴィント（Edgar Wind）の次のような指摘がある。

だが、危機的《クリティッシュ》な段階は中間にあり、そこでは象徴は記号として理解されているものの、イメージとしての生命力を保っており、この両極の狭間の緊張状態に置かれた魂の興奮は、隠喩の結合能力によって儀式のなかに放出されるほど濃縮されてはおらず、思考の分解的な秩序化によって概念のなかに気化してしまうほど溶解されてもいない。そしてまさにここにこそ、（芸術的イリュージョンという意味における）「イメージ」の場所がある。(20)

芸術作品の象徴的イメージは、魔術的儀式における呪物のような状態にはすでになく、言語的概念を指し示す記号として理解されているものの、呪物的な生命力をまだ完全に失っているわけではない。われわれがこれまで「言葉とイメージとのずれやきしみ」として語ってきたものは、ヴィントがいう「危機的」な「両極の狭間の緊張状態」とみなしてよかろう。天界による人間の運命の支配という魔術的思考にもとづく占星術図像とは、そんな緊張状態を体現した象徴的イメージの典型だった。

ヴァールブルクがたどろうとしたのは、以上のような意味における「象徴」の系譜関係だった。こうした象徴は言語とイメージの両者を架橋したところに形成される緊張状態を特徴とする。それは不可視なものの可視化である。そこには、エクフラシスで問題になるような造形作品の描写から、抽象概念を具象化した寓意的表現まで含まれる。髪の毛や衣裳のはためきといった古代風の細部が内面的な情念を伝達し、怪物めいた擬人像が人間に及ぼされる星辰の支配力を表現する。心的イメージまで意味しうる「イメージ」概念の拡がりを前提とすれば、ヴァールブルクが探究したのは、象徴的イメージの歴史的変遷におけるパターンであったといってよい。このような象徴的イメージのイコノロジーはメディアや表現形態を限定しない。その点が昨今のイメージ学に共通する性格である。

言葉や造形表現によって記録された象徴的イメージは可視性と不可視性の間を揺れ動いており、心理的な要因にもとづく変化が加わりやすい。それが地域や時代によって異なる変形を生む。そこに作用する力をヴァールブルクは「選択的時代意志」と呼び、社会的に条件づけられた時代的発展の関数として、この意志をとらえようとした。「意志」という言い方が形而上学的であれば、社会心理的な「環境圧」とでもみなせばよい。その圧力が偏差を生じさせる。そのパターンの発見にもとづくこうしたプロセスの探究は、結果として、時代・地域ごとの比較心理学といった様相を呈することになる。(21)

ヴィントが指摘した象徴的イメージの中間的な性格をヴァールブルク自身は「間隔〔中間的空間〕(Zwischenraum)」と称し、それこそが自分の文化科学固有の対象であると「ムネモシュネ」の序論で述べている[22]。そのような文化科学的分析は「間隔のイコノロジー」とも呼ばれた[23]。「間隔」とは「人間精神と非時系列的に層をなした物質とが衝動を介して絡み合った深み[24]」である。古代の象徴的イメージが蘇生されて作品に用いられた場合、芸術作品という物質を織りなす歴史性の地層は時系列にしたがったものではなくなる。さらに、ヴァールブルクにとっての問題は、そのように時系列を裏切る物質と人間の精神とが、情念や衝動といった激しい情動を通じて絡み合った状態に置かれている点にこそあった。情念定型が具現しているのはそのような錯綜状態にほかならない。

これは芸術作品や文書記録といった事物そのものではなく、それによって媒介されたファンタスムを分析対象にしようとすることである。この点でヴァールブルクの文化科学は、後継者とされるフリッツ・ザクスル(Fritz Saxl)やパノフスキーらの美術史や文化史よりも、むしろ深層心理学や精神分析に接近しているといったほうがよい。ただし、情念定型は、たとえばカール・グスタフ・ユング(Carl Gustav Jung)の心理学における元型(archetype)とは異なり、歴史的な由来を持つ芸術作品という物質に根ざし、それ自体が時代的・地域的な環境に応じて変形されるものととらえられていた。ヴァールブルクが「表現の歴史心理学」を標榜し、「心理の歴史家」といった自己規定を行う所以である[25]。

この点はギンズブルグが『闇の歴史』で展開している、ユーラシア大陸の神話と儀礼をめぐる分析と比較できよう。ギンズブルグは文献によって歴史学的に実証できるわけではない「類質同像(isomorphism)」の文化現象を、あらかじめ生得的に共有されているような集合的記憶や元型を前提とすることなく、伝播の過程で言語の深層構造と同様に無意識裡に働く、神話や儀礼における象徴そのものの形態学的な変形規則によって説明しようとした。その際にギンズブルグが類質同像的象徴に力を与える要因として挙げているのは、それらが人間の身体との間に取り結んでいる関係である。そこで重要なのは「具体的〔身体的〕経験を象徴的形態に練り上げる範疇的活動[26]」である。こうした視点は、ほかならない人間身体の激情的な身ぶりが象徴的形態として定型化されるプロセスに着目した、情念定型をめぐるヴァールブルクの発想に近い。『闇の歴史』はサバトに関する歴史研究に神話学などで駆使される形態学的な着想を導入することで、象徴的イメージの歴史心理学というヴァールブルクの構想を継承している。

イメージの狩りにおけるアブダクション

ギンズブルグは象徴形成を規定する無意識な構造でもっとも優位にあるのはメタファー（metaphor）であるという。メタファーは異なった経験領域、異なったコードに属する現象を同一視する。それによって、たとえば象徴的機能を担う羊膜袋のイメージが神話のなかでマントや仮面に置き換えられてゆく(27)。神話をめぐる形態学が分析対象とするのは、神話素のこうしたメタファー的な体系である。

三中はメタファー的な体系化とメトニミー（metonymy）的な体系化を、それぞれ「分類思考」と「系統樹思考」に対応させている(28)。ギンズブルグが『闇の歴史』で腐心した形態学と歴史学との両立は、神話と儀礼をめぐる「分類思考」と「系統樹思考」の相互補完的な実践であったということができるかもしれない。この研究は、分類思考的な形態学的分析を導入することにより、歴史学の通常の方法によっては扱うことのできない時空の拡がりにおける、ユーラシア大陸の文化の巨視的な系譜関係を浮かび上がらせている点で、直接には系統学的手法を用いているわけではないものの、文化系統学的な試みとみなしうるように思われる。

ギンズブルグは、メトニミー的な思考様式の特徴である断片的情報から全体を再構成して物語るという徴候解読型パラダイムの起源を、狩猟社会における獲物の痕跡の解読という人類の古層の経験にまでさかのぼらせている(29)。三中はそれを受けて、メトニミー的に復元される全体的ストーリーとは、「アブダクション（abduction）」による最良の仮説の推定にほかならないという(30)。この点に関連して、アブダクションという推論様式を提起したチャールズ・サンダース・パース（Charles Sanders Peirce）は、緊密度の高い一元性を復元するアブダクションによる仮説構築の過程が、無意識的な知覚や興奮をともなった情動を生み出すという指摘をしている。[31] シービオク夫妻（Thomas A. Sebeok and Jean Umiker-Sebeok）は、こうした感覚の作用や本能的・非言語的な力に対応するものを、ワトソンが描写する猟犬のようなシャーロック・ホームズの姿にみいだしている。推理の手がかりという「臭い」をかぎつけて興奮したホームズは、黒みを帯びて紅潮した顔色で、鼻腔は獲物を追う動物そのままに拡がり、声をかけても唸り声のような気短かな声が返ってくるばかりなのである。[32] それはあたかも獲物の痕跡を解読する狩人の記憶が呼び覚まされたかのようだ。

われわれはここでヴァールブルクがみずからを「トリュフを探す豚」にたとえていたことを思い起こさずにはいられない。象徴的イメージをめぐる徴候解読型の知、ささいな細部によって駆動されたアブダクションによる仮説構築にともなう興奮がそこにはあったのではなかろうか。ヴァールブルクが情動に深く根ざした身ぶりの象徴的イメージをめぐる「歴史心理学」を目指していたことは、そうしたイメージによって触発された彼自身の心理や精神状態についての自己分析を誘発した。いや、そのような自己分析を彼は積極的に研究方法の核心とした。精神分析がジークムント・フロイト（Sigmund Freud）の自己分析なしにはありえなかったのと同様である。「ときどきわたしには、自分が心理の歴史家（Psychohistoriker）として、自伝的な反映映像におけるイメージ的なものから、西洋の統合失調症を読み取ろうと試みているように思われる」[33] とヴァールブルクは最晩年に書いている。

これを単純に学術的な客観性の放棄とみるべきではなかろう。逆に象徴的イメージの分析において避けがたい、情動の喚起などの分析者自身の身体反応までも微細に感じ取ったうえでの、自覚的な方法化の意識をそこに認めるべきなのである。ヴァールブルクはヨーロッパ数千年にわたる象徴的イメージの系譜関係をメトニミー的な推論によって探索し、その隠された全体的構造を復元しようと、いわば「狩り」をしていたのだ。そこにはパノフスキーが論理的に整序したイコノロジーとは異質の発見法があった。ヴァールブルクをめぐる伝記的な研究がさかんに行われる理由はここにある。

おわりに——接ぎ木された系統樹

イメージの歴史を語るに際して樹木のメタファーを好んだヴァールブルクは、死の数日前、その年に珍しく花を咲かせて熟した実を付けていた林檎の老木にみずからをたとえた。[34] その数年前、統合失調症の治療のために滞在していた療養所では、自分自身を「オリエントから北ドイツの肥沃な平原に移植され、イタリア産の枝を接ぎ木された苗木から育った樹木の木片からなる地震計[35]」になぞらえていた。「オリエント」とはユダヤ人という出自、「北ドイツの肥沃な平原」とは故郷であるハンブルク、「イタリア産の枝」とはルネサンス研究をはじめとするイタリア文化との深い関わりを指している。

ヴァールブルクの探究を終生導いていた象徴があったとすれば、それはここにも登場している「接ぎ木」のイメージであろう。作家ジャン・パウル（Jean Paul）に由来する「一本の幹に接ぎ木されて花開いていた」というフレーズを、彼は人間の精神における論理と魔術の共存や文化のハイブリッドな性格を指すためにしばしば用いた。たとえば、異質な「語根」として古代の造形表現が借用された情念定型とは身ぶり言語の接ぎ木であろう。そして、ヴァールブルクが生涯の主題とした「古代の再生」とは、いわば「時間の接ぎ木」にほかなるまい。

象徴的イメージの系統樹は接ぎ木されている。「接ぎ木された系統樹」——それはヴァールブルクにとって、異なる時代の産物が情動を介して接合される、イメージの系統そのものの象徴的イメージではなかったか。ヴァールブルクの史的ヴィジョンが凝縮されたそんなイメージにたどりついたこの地点で、彼の構想した文化科学における系統学的思考の探求をひとまず終えることとしたい。

注

（1）Ginzburg, C.（1998）*Occhiacci di legno : nove riflessioni sulla distanza.* Milano：Feltrinelli.［カルロ・ギンズブルグ『ピノッキオの眼——距離についての九つの省察』竹山博英訳。東京：せりか書房，2001, p.237］なお，田中純（2010）『イメージの自然史——天使から貝殻まで』（pp. 13-27），羽鳥書店も参照。

（2）Kubler, G.（1962）*The shape of time: Remarks on the history of things.* New Haven and London：Yale University Press.　なお，クブラーに関しては，田中純（2007）『都市の詩学——場所の記憶と徴候』（pp. 188-194），東京大学出版会参照。

（3）三中信宏（2006）『系統樹思考の世界——すべてはツリーとともに』（p.176），講談社現代新書参照。

（4）たとえば，Ebeling, K. und Altekamp, S.（eds.）（2004）*Die Aktualität des Archäologischen in Wissenschaft, Medien und Künsten.* Frankfurt am Main：Fischer など。

（5）このような定義は，Sachs-Hombach, K.（2005）*Bildwissenschaft : Disziplinen, Themen, Methoden.* Frankfurt am Main：Suhrkamp にもとづく。

（6）たとえば，Probst, J. und Klenner, J. Ph.（2009）*Ideengeschichte der Bildwissenschaft : Siebzehn Porträts.* Frankfurt am Main：Suhrkamp など。

（7）代表的なものとして，Didi-Huberman, G.（2002）*L'image survivante : histoire de l'art et temps des fantômes selon Aby Warburg.* Paris：Éditions de Minuit.［『残存するイメージ——アビ・ヴァールブルクによる美術史と幽霊たちの時間』水野千依・竹内孝宏訳。京都：人文書院，2005］など。

（8）そのような評伝として，田中純（2001）『アビ・ヴァールブルク　記憶の迷宮』青土社。

（9）Weigel, S.（2004）*Zur Archäologie von Aby Warburgs Bilderatlas Mnemosyne.* In Ebeling und Altekamp（2004），pp.185-208.

（10）一例として，田中（2001），p.166 の図四参照。

（11）引用は，Gombrich, E. H.（1986）*Aby Warburg : An intellectual biography.* 2nd ed. Chicago：University of Chicago Press, p.113 ［『アビ・ヴァールブルク伝——ある知的生涯』鈴木杜幾子訳。東京：晶文社，1986, p.133］より。

（12）Warburg, A.（2003）*Gesammelte Schriften. Studienausgabe.* Bd. II. 1：*Der Bilderatlas MNEMOSYNE.* Herausgegeben von Martin Warnke unter Mitarbeit von Claudia Brink. Zweite, ergänzte Auflage. Berlin：Akademie Verlag. 詳しくは，Warburg, A., 伊藤博明，加藤哲弘，田中純（2012）『ムネモシュネ・アトラス』，ありな書房参照。

（13）Warburg, A.（1912）*Italienische Kunst und internationale Astrologie im Palazzo Schifanoja zu Ferrara.* In Warburg, A.（1998）*Gesammelte Schriften. Studienausgabe.* Bd. I：*Die Erneuerung der heidnischen Antike. Kulturwissenschaftliche Beiträge zur Geschichte der europäischen Renaissance.* Reprint der von Gertrud Bing unter Mitarbeit von Fritz Rougemont edierten Ausgabe von 1932. Neu herausgegeben von Horst Bredekamp und Michael Diers, pp.459-481, Berlin：Akademie Verlag.［「フェッラーラのスキファノイア宮におけるイタリア美術と国際的占星術」『デューラーの古代性とスキファノイア宮の国際的占星術』伊藤博明監訳，加藤哲弘訳。東京：ありな書

房、2003, pp.45-97]
(14) 三中信宏 (2010)『進化思考の世界——ヒトは森羅万象をどう体系化するか』(p.78)、NHK出版。
(15) Warburg, A. (1893) *Sandro Botticellis "Geburt der Venus" und "Frühling": Eine Untersuchung über die Vorstellungen von der Antike in der italienischen Frührenaissance.* In Warburg (1998), p.5. [『サンドロ・ボッティチェッリの《ウェヌスの誕生》と《春》——イタリア初期ルネサンスにおける古代表象に関する研究』伊藤博明監訳、富松保文訳。東京：ありな書房、2003, p.8]
(16) Warburg, A. (1905) *Dürer und die italienische Antike.* In Warburg (1998), pp.443-450. [「デューラーとイタリア的古代」、『デューラーの古代性とスキファノイア宮の国際的占星術』伊藤博明監訳、加藤哲弘訳。東京：ありな書房、2003, pp.7-34]
(17) Warburg, A. (1902) *Bildniskunst und florentinisches Bürgertum.* In Warburg (1998), p.96.
(18) 引用は、Gombrich (1986), p.140 [邦訳、p.162] より。
(19) Gombrich (1986), p.195 [邦訳、p.219]
(20) Wind, E. (1931) *Warburgs Begriff der Kulturwissenschaft und seine Bedeutung für die Ästhetik.* In Warburg, A. (1992) *Ausgewählte Schriften und Würdigungen.* Heransgegeben von Dieter Wuttke. 3., durchgesehene und durch ein Nachwort ergänzte Auflage. p. 410. Baden-Baden: Valentin Körner. [「ヴァールブルクにおける「文化学」の概念と、美学に対するその意義」『シンボルの修辞学』加藤哲弘ほか訳、晶文社、2007, pp.124-125]
(21) この点は、田中 (2001), p.270 参照。
(22) Warburg (2003), p.3.
(23) Warburg, A. (2001) *Gesammelte Schriften. Studienausgabe.* Bd.VII. 1: *Tagebuch der Kulturwissenschaftlichen Bibliothek Warburg.* Herausgegeben von Karen Michels und Charlotte Schoell-Glass, p. 434, Berlin: Akademie Verlag.
(24) Warburg (2003), p.4.
(25) Ginzburg, C. (1989) *Storia notturna: una decifrazione del sabba.* Torino: G. Einaudi. [『闇の歴史——サバトの解読』竹山博英訳。せりか書房、東京：1992]
(26) Ginzburg (1989) 邦訳 p.392.
(27) Ginzburg (1989) 邦訳 p.430.
(28) 三中 (2010) p.104.
(29) Ginzburg, C. (1986) *Miti, emblemi, spie: morfologia e storia.* Torino: G. Einaud. [「徴候」『神話・寓意・徴候』竹山博英訳。東京：せりか書房、1988, pp.177-226]
(30) 三中 (2010) p.104.
(31) Peirce, C. S. (1932) *Collected Papers of Charles Sanders Peirce.* Vol. 2: *Elements of Logic.* Cambridge, Mass.: Harvard University Press, p. 387, 2. 643. 訳文は Sebeok, Th. A. and Umiker-Sebeok, J. (1983), *You Know My Method': A Juxtaposition of Charles S. Peirce and Sherlock Holmes.* In *The Sign of Three: Dupin, Holmes, Peirce.* ed. Eco, U. and Sebeok, Th. A., pp. 11-45, Bloomington: Indiana University Press の邦訳 [「『僕の方法は知っての通り』——パース対ホームズ」ウンベルト・エーコ＋トマス・A・シービオク編『三人の記号——デュパン、ホームズ、パース』小池滋監訳。東京：東京図書、1990、pp.25-26] による。
(32) Sebeok and Umiker-Sebeok (1983), 邦訳 pp.26-27 参照。
(33) Warburg (2001), p.429.
(34) Warburg (2001), p.554.
(35) Warburg Institute Archive, III. 93. 4., p.15.

第8章

文化系統学と系統樹思考

存在から生成を導くために

三中信宏

はじめに――存在の様相としてのパターン、生成の過程としてのプロセス

「進化（evolution）」という概念を生物にのみ適用するとき、進化するもの（オブジェクト）としての「生物」に特有のさまざまな性質（遺伝、生理、発生、形態など）に関する背景仮定のもとで、生物進化という現象を記述したり考察したりする。たしかに、生物というオブジェクトは、チャールズ・ダーウィン（Charles Darwin）やエルンスト・ヘッケル（Ernst Haeckel）が活躍した一九世紀以来、多くの進化学者たちの研究対象となってきた。この意味で、生物が進化という現象を担う「進化体（evolver）」の典型的な「モデル」であることは議論の余地がない(1)。実際、現代の進化学の概念や理論のほとんどすべては生物を研究することにより構築されてきたのであり、進化学といえばほとんど自動的に「生物進化学」を指すことは当然のなりゆきだろう。

ここで生物の「進化」という概念には「パターン」と「プロセス」という二つの要素がもともと含まれていることに注目しよう。一般に、「パターン」とは存在の様相であり、「プロセス」とは「パターン」を生成する過程である。ある生物がどのような歴史的な因果過程によって生じてきたかを論じるとき、進化学者は「プロセス」に目を向けている。他方、現存する生物のありさまや生物相の全体を見渡すとき体系学者にとってはむしろ「パターン」が関心の対象となるだろう。本書では生物以外のオブジェクトの系統も論じられている。著者によって「パターン」と「プロセス」をどのように解釈するかは異なっているかもしれない。しかし、様相としての「パターン」とそれを生成する「プロセス」という点では大きな異論は生じないと思われる。

ダーウィンが生物進化の主たる要因として提示した自然淘汰（natural selection）は、生物進化がどのような因果メカニズムにしたがって進行するのかを説明する「プロセス理論」の一つである。同様に、ヘッケルが思い描いた「生物発生原則」すなわち「生物の個体発生は系統発生を繰り返す」という主張もまた、単なる憶測ではあったが、彼なり

に生物の進化を因果的に説明しようとしたプロセス仮説だった。[2] それ以外にも、近年の木村資生の「分子進化中立説」にまで目を向ければ、形態から遺伝子にいたるまで、さまざまなスケールで生物進化を因果的に説明しようとするプロセス理論はたくさん提唱されてきたし、それぞれ経験的なテストも受けてきた。[3] たしかに、生物進化のプロセスに関する現実的な仮説を立てようとするならば、進化体である生物の持つ性質を考慮したうえで提唱される必要があるだろう。

ここで、プロセスとともに進化の概念を構成するパターンに目を向ける必要がある。これらの進化プロセスに関する仮説や理論はいずれも、生物進化がもたらした結果である生物の「様相」にほかならない。それでは、生物進化の「様相」とはいったいなんだろうか。それは生物多様性（biodiversity）の持つ秩序性である。過去から現在にいたるまで、この地球上にはおびただしい数の生き物がいて、それらは背骨の有無のような基本的な体制（ボディプラン）がちがっていたり、その生息域も陸・海・空のさまざまな環境に及んでいる。一般の人々が日常的に見たり触れたりできるのは、これら多様な生き物たちのごく一部だけである。それでも、ヒトにとっての身のまわりの生物多様性とは、日常世界のなかで形成される認知的（直感的）観念であることはたしかだろう。そのような素朴な生物多様性概念を基礎として、科学的な生物多様性概念が作られるようになった。[4] 生物のような多様な対象物（オブジェクト）を前にしたとき、われわれヒトはどのようにそれを理解しようと努めてきたのだろうか。

地球上に広がる生物多様性の様相は、昔から生物体系学（systematics）あるいは博物学（natural history）の研究対象だった。古代ギリシャのアリストテレスにはじまり、一八世紀のカール・フォン・リンネ（Carl von Linné）によって確立された体系学は、生物進化という因果プロセスに関する観念が一九世紀に登場するはるか前から、体系学的パターンに関する研究を連綿と行ってきた。進化という観念をともなわない生物の記載と分類の時代が一九世紀にいたるまで長らく続いてきたことは、パターンに関する知見はプロセスに関する考察とは生物学史的に独立して蓄積されてきたこ

とを意味する。(5)

博物学者たちは世界中から蒐集した生物の体系化を目指し、過去から現在にいたる地球上の多様な生物の様相が持つ秩序を発見しようとしてきた。パターンの体系化（systematization）のよりどころとしては、一方で形態的類似度にもとづくグルーピングすなわち分類（classification）にもとづく分類学（taxonomy）があり、他方で個体間の血縁を表示する系譜すなわち系統樹（phylogenetic tree）にもとづく系統学（phylogenetics）がある。(6)分類と系統はいずれも生物進化という観念が登場するよりもはるか昔から、われわれ人間にとってなじみ深い体系化の基準である。

進化オブジェクトの制約を越えて

民俗分類学（folk taxonomy）の半世紀以上にわたる知見の蓄積は、ヒトであるわれわれがオブジェクトの体系化に際して、無意識のうちにさまざまな認知心理的制約を課されていることを示唆している。(7)すなわち、分類学におけるグルーピングや命名法あるいは系統学における階層的な構造様式の特徴は、ヒトによる体系化の根底には生物としての人間が多様性を整理・記憶する際に暗黙に要求される諸条件がある。たとえば、先住民たちが持つ民俗知識体系としての生物分類を広範に調査してきたブレント・バーリン（Brent Berlin）は、民俗分類にはいくつかの通文化的共通性があることを指摘している。(8)まず、生物界に関する認知カテゴリー化では、入れ子状の大小の認知分類群による階層構造を作る。この階層構造では、オブジェクトが互いに類似しているほど小さな群に、異なるほど大きな群に含まれるという特徴がある。そして、生物界―生命型―類―属―種という分類群のカテゴリーが普遍的にみられる。

かつてヤーコプ・フォン・ユクスキュル（Jakob von Uexküll）は、生物と環境が複合的に構成する世界を「環世界（Umwelt）」と名付けた。生物としてのヒトが生きる現象世界は、「分類する者」と「分類される物」によって構成する世界である。ユクスキュルの言葉を借りれば、それはヒトにとっての環世界にほかならない。(9)環世界に存在する事物の多様性を入れ子的に（すなわち階層的）に体系化するという階層分類化は、民俗分類体系にみられる通文化的な共通特徴である。ヒトが多様な生物を分類整理するために、階層分類という秩序を自然界に対して押し付けたとき、リンネによって構築された科学としての生物体系学もまたその分類構造を知的遺産として引き継ぐことになった。

ヒトが本来持っている素朴な民俗分類学的にもとづく「体系化の精神」は、この環世界のなかで育まれてきたと考えられる。「分類」をめぐっては、切り分けられた「種（species）」や「分類群（taxon）」が自然のなかに実在するのか、それとも単にわれわれヒトが心理的にカテゴライズしているだけなのかなど大きな問題が何世紀にもわたって未解決のままだ。その理由は、それらの問題が「分類される物」すなわちオブジェクトの側の特徴だけでなく、「分類する者」すなわち主体の側の認知カテゴリー特性をも含まざるをえないからである(10)。そして、この論議は、ヒトが環世界にある事物をどのように理解しようとしてきたのかというもっと大きな疑問を浮上させることになる。

オブジェクトを生物に限定したとしても、進化のプロセスに関わる議論とは別の軸でパターンについての考察を進める必要がある。プロセス仮説はその説明対象としてパターン構築を求める。しかし、体系学的パターンはプロセス仮説ではなくむしろヒトの認知的特性の制約のもとに認識されてきた。それでは、パターンとプロセスの間にはどのような一般的関係があるのだろうか。それについて論じるためには、オブジェクトに関する一般化をする必要がある。これまではモデル・オブジェクトとして生物を暗黙の前提にしてきた。しかし、進化体としてのオブジェクトを生物に限定する必然的理由は何もない。われわれは暗黙のうちに「進化」という観念を過剰に〝生物学的〟に引き寄せて解釈しがちである。進化と生物とをいったん切り離してみることにより、進化の観念を「非生命体」のオブジェクト、すなわち言語や写本、考古学や先史学の遺物、デザインやスタイルなど生物以外のものにも適用することが可能になるだろう(11)。

収斂するパターン分析の方法論（1）——生物体系学

すでに述べたとおり、プロセス理論はオブジェクトの持つ特性に依存して立てられる必要がある。もちろん、生物と言語では「進化」の内容も原因も当然異なっている。生物における進化が形態的特徴や遺伝子頻度の変遷であるのに対し、言語における進化は単語の音韻論的あるいは文法の形態論的な変化をともなうからである[12]。しかし、このオブジェクト依存性はプロセス理論の考察においては問題とはなっても、その説明対象であるパターン構築にまでは波及しない。ここで、特定のオブジェクトから切り離された「進化」の観念には、祖先から子孫への「系譜」という要素だけが残っていることに注意しよう。生物進化であれ言語進化であれ、ある祖先から子孫が派生するという関係性こそ進化がもたらす基本パターンであるという点では共通している[13]。

以下では、生物体系学と写本系譜学を例にとり、進化体としてのオブジェクト（生物と写本）の違いを越えたパターン分析の方法論が異なる分野でどのように個別に確立されていったかを論じる。とくに、それぞれの学問分野の間で独立に体系学的パターンを記述する概念体系が築き上げられたにもかかわらず、結果として収斂したことを指摘したうえで、その背景と意味について考えてみたい。

はじめに、生物体系学の過去一世紀にわたる現代史を振り返ってみよう[14]。一九世紀末から二〇世紀初頭にかけては実験発生学やメンデル遺伝学の隆盛の陰で、進化学や系統学など伝統ある自然史学の諸分野は実証的ではないとしておとしめられ、人材的にも金銭的にも不遇な時代を送ったといわれている。研究者コミュニティの復活を賭けた一九四〇年代の現代的総合（the Modern Synthesis）という歴史的イベントをきっかけに、これらの分野に再び光があたるようになった。それとともに生物体系学においては、一九六〇年代からおよそ二〇年間にわたり体系学の方法論をめぐって激しい議論が繰り広げられた。体系学にも科学としての客観性を求めようとする背景動機のもとで、それまで不問に付されてきた多くの概念や方法論が再検討されるにいたった。

この論争を三つ巴で戦った学派は、系統体系学（phylogenetic systematics：のちに分岐学（cladistics）と呼ばれるようになった）、進化体系学（evolutionary systematics）、ならびに数量表形学（numerical phenetics）だった。分岐学派は系統関係のみを前提に分類体系を構築すべきだと主張したのに対し、数量表形学派は、実証不能な系統樹ではなく、生物の表現形形質を数値コード化した類似度指数を計算し、多変量解析の手法であるクラスター分析を用いてその類似度指数から分類体系を構築すべきだと対立した。進化分類学派は系統関係と類似度の双方を折衷した分類体系がもっとも有用であるという立場をとった。

分岐学派は昆虫学者ヴィリ・ヘニック（Willi Hennig）によって一九五〇年代以降に世に知られるようになった。しかし、ヘニックに先立つ植物学者ヴァルター・ツィンマーマン（Walter Zimmermann）は一九三〇年代に分岐学的方法に相当する理論を発表している[15]。分岐学は、共有派生形質状態（synapomorphy）すなわち新たに生じた形質状態の共有にもとづいて、ある共通祖先に由来するすべての子孫からなる群（単系統群：monophyletic group）を発見しようとする。一方、共有原始形質状態（symplesiomorphy）あるいは固有派生形質状態（autapomorphy）は単系統群を発見する手がかりにはならない[16]。

以下では、この方法論にもとづく系統推定において、ヘニックが体系学的パターンをどのようにイメージしていたかを検討しよう（図❶）。系統樹の末端のオブジェクト（番号1～12）を系統関係と対応づけて階層的な単系統群に変換すると次のようになる（注：ヘニックにより命名されていない高次分類群X、Yを含む）。ヘニックは系統樹の持つ構造を正確に反映する分類体系が望ましいと考える。図に示されているように、系統樹上である分岐（共通祖先）に由来するすべての子孫からなる「単系統群」を作ることにより、集合論でいうベン図（Venn diagram）として単系統群の階層構造を表現できる。このとき、系統関係と分類体系とは正確に一対一対応している。ヘニックのいう厳密な系統学的体系と

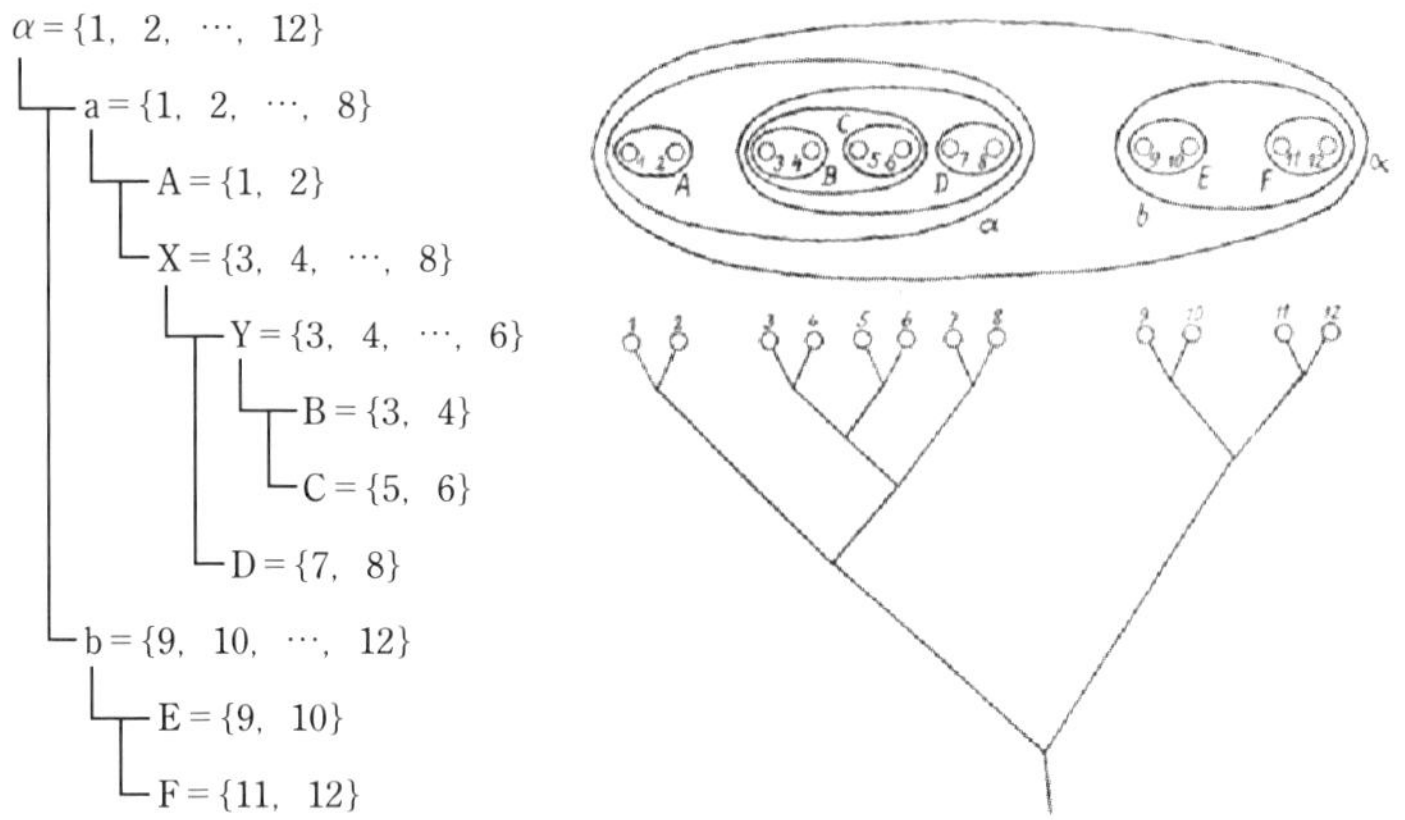

図❶ ヴィリ・ヘニックによる系統樹と単系統群との相互関係
系統樹（図右下）に正確に1対1対応する単系統群の階層構造（図右上）が、ヘニックのいう厳密な系統学的体系である。（出典：Hennig 1950, 204ページ, 第37図）

は単系統群が作るこの階層構造パターンにほかならない。

系統関係と分類体系の対応は体系学論争の主たる論点の一つだった。この問題が生物体系学におけるパターンとプロセスの問題とからんで再浮上するのは一九七〇年代に入ってからのことである。分類体系と系統関係との厳密な整合性を主張する分岐学派は、進化プロセスに関するいっさいの仮定を除去し、体系学的パターンそのものを進化という観念から切り離そうとした。後述するように、この動きは分岐学の「変容（transformation）」と呼ばれ、その結果、分岐学派の一部は「発展分岐学（transformed cladistics）」あるいは「パターン分岐学（pattern cladistics）」への道を歩みはじめることになる。[17]

収斂するパターン分析の方法論（2）——写本系譜学

このように、一九三〇年代以降の生物体系学では、系統樹にもとづく体系学的パターンの理論が形作られてきた。しかし、ほぼ同時期の一九二〇年代、生物体系学とはまったく別の写本系譜学（manuscript stemmatics）においても、まったく同様の写本の系統関係を構築するための概念体系と方法論が整備されていた。しかも、その道のりはのちに生物体系学が進むことになる道のりを先取りするかのようだった。

比較文献学における写本群の系譜（ステマ：stemma）に関しては、その研究史をたどると、[18] 聖書や古典の写本群の比較を通じて系譜と祖本復元の方法論が作られていった。祖本からの書字生による書写の過程で生じるさまざまな変異（単語の綴りのミスや文の欠落や転座など）は、共有派生形質として子孫本に伝承されていく。この伝承データにもとづいて、現存する諸写本の異同を相互比較することにより、写本がたどってきた系譜を推定し、失われた祖本を復元できる。この写本系統樹の推定は生物の系統樹の推定と本質的に何も違いはない。単に対象となるオブジェクトが異なるだけである。

系統推定の方法に関しては生物体系学よりもはるかに先んじていた写本系譜学の歴史上には、何人かの特筆すべき文献学者がいた。たとえば、一八世紀の聖書学者ヨハン・アルブレヒト・ベンゲル（Johann Albrecht Bengel）は、一七三四年に写本間の〝血縁関係〟に関してこう述べている。

> 複数の写本が、その本文や署名などに関して同一の古い特徴を共有しているならば互いに近縁である。
>
> （Bengel 1734, Timpanaro 2005：65）

一七三四年といえば、リンネが近代生物分類学の基盤を作った『自然の体系』の初版（一七三五年）が世に出る一年前である。リンネは生物進化や系統発生という説が登場する一世紀以上も前に当時のキリスト教創造説のなかで、神の摂理を理解するため手段として生物分類体系を構築するという営為を正当化した。そのおなじ時代に、ベンゲルは早くも写本間の「類縁関係」にもとづく祖本復元と系統推定を論じていたのである。しかも、一九世紀なかばのダーウィンやヘッケルによる生物進化学よりも一世紀半さかのぼった時代に提示されたということにも注目しよう。

さらに、ベンゲルはすべての写本群の源をたどれば単一の祖本にたどりつき、その系譜は血縁表（tabula genealogica）

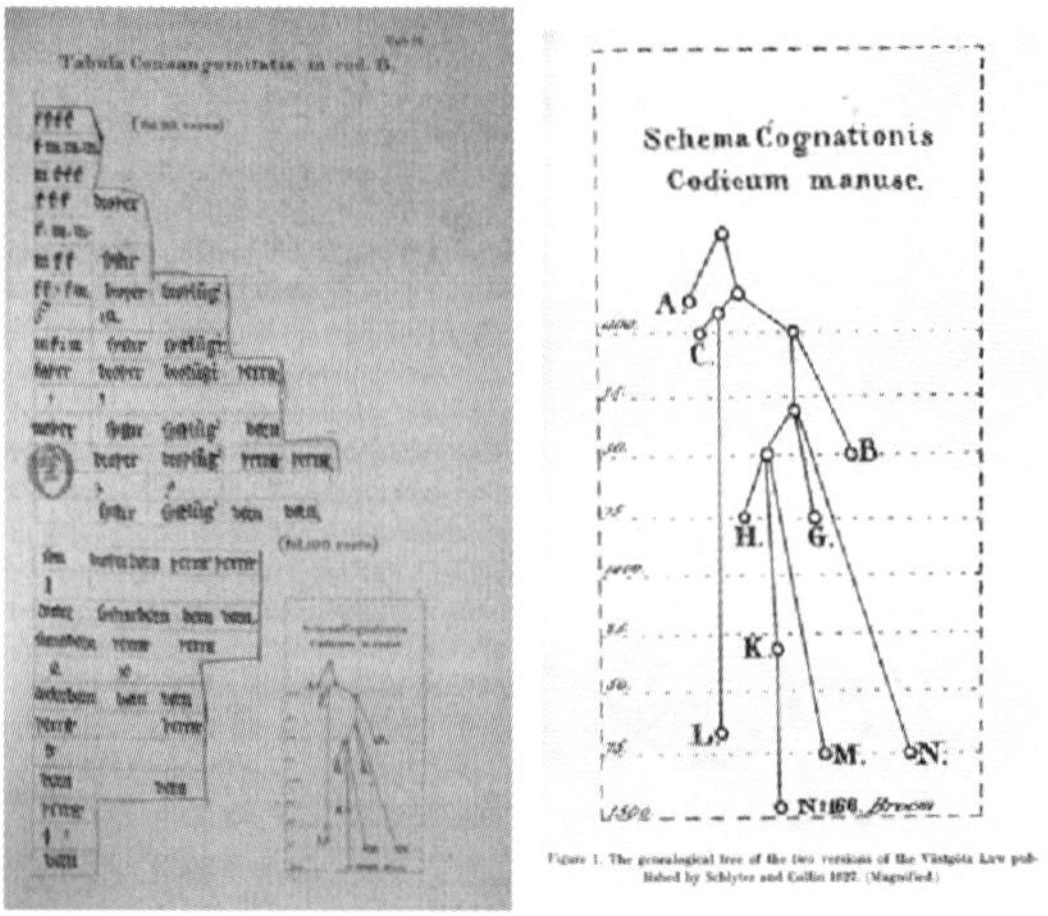

図❷　スウェーデンの中世法典『Västgöta』の類縁表（左：Ginzburg 2004）と写本系図（右：拡大図：Holm 1972）。シュリーターは写本群の類縁表（tabula consanguinitatis）を作り、それにもとづいて写本系図（「写本の近縁図」schema cognationis codicum manusc［riptorum］）を描いた。この系図には絶対年代スケールが記入されていて、系統関係のみならず分岐年代の推定まで行われていることに注意しよう。

として要約できると述べた[19]。ベンゲルによる写本系譜学のヴィジョンにもとづく写本の血縁表をはじめて図像的な系統樹として描いたのは、スウェーデンのカール・ヨハン・シュリーター（Carl Johan Schlyter）だった[20]。一八二七年、シュリーターは中世のある法典の写本群をもとに写本系図を樹状図として描いた（図❷右）。祖本を最上部に配置して、下方に系図を伸ばし、その末端に子孫写本群を配置するという〝逆さま〟の描画スタイルは、シュリーターのこの図がはじまりである。

なお、図❷のシュリーターの類縁表（左）は、西洋で一〇世紀以来ずっと使われ続けてきた縁戚関係を表す類縁樹（arbores consanguinitatis, arbores affinitatis）の形式と関連づけられる。写本系図の黎明はじつは古来の家系図の書式を模して描かれていることがわかる[21]。

シュリーターの後、写本系図は樹状図として描写されるようになった。一八三一年、ラテン語学者カール・ゴットロープ・ツンプト（Carl Gottlob Zumpt）は、写本系図に対してステマすなわち「系統樹」の語をあて、写本系統樹（stemma codicum）という名称を作った。このようにして、生物進化の考えがまだ萌芽的であった時代に、すでに写本研究の世界では、系統樹にもとづく類縁関係の究明が研究プログラムとして確立されていた。

このような先人たちによる写本系譜学の理論と技法を集大成したのは一九世紀の古典学者カール・ラハマン（Karl Lachmann）であり、のちに写本間の血縁関係にもとづく系統推定の方法論は、いささか不正確ながらも一括して「ラハマン法」と呼ばれるようになった。ここでは、子孫写本が有するさまざまな変異（その多くは祖先写本から転写する際のエラー）の情報がどのように利用されてきたかに着目しよう。比較文献学者パウル・マース（Paul Maas）は、写本伝承のプロセスで生じうるエラーのうち、偶然によっていつでも生じうる単純ミス以外の意味のあるエラーを下記のように整理した。(22)

情報的過誤（errores significativi）：偶然では生じえない意味のある過誤
・分離的過誤（errores separativi）：特定写本に固有の情報的過誤
・結合的過誤（errores coniunctivi）：複数写本に共有される情報的過誤

書写される前の祖本はエラーをまったく含まないから、子孫写本に含まれるすべてのエラーは「派生的」とみなすことができる。そのなかでも、情報的過誤は写本系統樹を復元するうえでの手がかりとなりうる。そして、これらの概念は、すでに説明したヘニックの分岐学における形質状態の区別と一対一に対応させることができる。分離的過誤とは固有派生形質であり、結合的過誤は共有派生形質と解釈できるからである。この点で、生物体系学と写本系譜学が期せずして同一の概念体系に収斂している。(23)

生物と写本では「祖先」の意味がまったく異なっていることは当然であるし、祖先から子孫への進化（伝承）のプロセスもまた別物であることは自明である。しかし、そのようなオブジェクトによる違いを越えて、現存するオブジェクトに関する知見をふまえた祖先復元ならびに系譜推定という作業が生物体系学と写本系譜学で共有されていることは論を俟たない[24]。アヴェジール・タッカー（Avezier Tucker）のいう「歴史記述的科学（historiographic sciences）」とは共通要因の探索と系統関係の復元を共有する複数の学問分野を束ねる用語である[25]。明らかに、生物体系学と写本系譜学での概念体系や方法論が実質的に収斂したことは、それぞれが対象とするオブジェクトの差異を越えて、歴史記述的科学に共通する同一の推論問題を解こうとしてきたからにほかならない。この推論問題とは観察されたデータにもとづいてベストの体系学的パターンを推定するという「アブダクション（abduction）」である[26]。

存在パターンと生成プロセスとの関係の公理化

前節で例として用いた生物と写本のように、時空的な変化を遂げる進化体としてのオブジェクトは生物と非生物の区別なくさまざまな事例を挙げることができる。オブジェクト依存の「進化」観念はプロセス理論によって負荷されたパターン構築をわれわれに求める。しかし、個々のオブジェクトからいったん離れるならば、プロセス理論とは独立のパターン構築について考察する視座がはじめて得られるだろう。本書が掲げる共通テーマである「文化系統学」の論議を進めるためには、さまざまな文化構築物をオブジェクトとする進化や系統を語るための汎用的な「ことば」がなければならない。オブジェクト非依存的なパターン分析について考察することにより、生物をも含めたあらゆるオブジェクトに対応できる普遍体系学が構築されるだろう。

二〇世紀はじめ、アルフレッド・ノース・ホワイトヘッド（Alfred North Whitehead）とバートランド・ラッセル（Bertrand Russell）が著した記念碑的著作『数学原理（Principia mathematica）』（1910-1913）では、以下に述べる半順序や束を含む記号論理学と論理数学がその中核を占めている[27]。そして、この著作を契機として、個別科学における徹底的な「公理化（axiomatization）」を目指す時代思潮が生まれた。生物体系学や写本系譜学もその影響を受け、二〇世紀前半には論理式で埋め尽くされた〝公理論〟的な論文や著書がいくつか公刊された。
　結果としていえば、現場の生物学者や文献学者に対して大きなインパクトを与えることなく、これらの公理化の試みは歴史の闇に忘却されることになった。しかし、オブジェクト間のパターンを論理的に定式化することそれ自体は今でも有効であると私は考えている。なぜなら、分類構造は分類群という集合の間の包含関係（「○は◎を含む」という関係）が形作るパターンである。また、系譜構造は系統樹という全体を構成する部分の間に成立する全体部分関係（「○は◎の部分である」という関係）である。

【BOX】パターン構造の代数的体系

このボックスでは、任意のオブジェクトの体系学的パターンを、オブジェクト間で定義される「半順序（partial order）」によって記述する[*1]。一般に、ある集合 S における半順序 R とは次の定義の3条件を満たす2項関係（○ R ◇）である。

《定義1：半順序》
集合 S における2項関係 R は次の3条件を満たすとき「半順序」と定義する。
1）S に属する任意の要素 x に対し、xRx が成立する。［反射性］
2）S に属する任意の要素 x, y に対して、xRy かつ yRx が成立するならば $x = y$ が成立する。［反対称性］
3）S に属する任意の要素 x, y, z に対して、xRy かつ yRz が成立するならば xRz が成立する。［推移性］
半順序 R が定義されている集合 S を「半順序集合」（partially ordered set）と呼ぶ。

たとえば、体系学的パターンとしての分類体系は、分類群間の集合論的包含関係「○は◇に含まれる（○⊆◇）」という半順序「⊆」によってその構造を記述できる。同様に、パターンとしての系統樹は、祖先子孫関係「○は◇の祖先である（○→◇）」という半順序「→」によって由来の関係を表現できる。オブジェクトが何であるかとはまったく関係なく、体系学的パターンとしての「分類」（＝集合論的包含関係）と「系統」（＝祖先子孫関係）は半順序と

lattice)」と呼ぶ。

《定義3：ブール束》

半順序関係 R にもとづく束 L が以下の条件をすべて満足しているとき、Lをブール束、

1) L に属する任意の要素 x, y, z に対して、$(x \cup y) \cap (x \cup z) = x \cap (y \cup z)$ が成立する。

2) L に属する任意の要素 x, y, z に対して、$(x \cap y) \cup (x \cap z) = x \cup (y \cap z)$ が成立する。

3) L の最大元と最小元をそれぞれ1と0で表すとき、L の任意の要素 x に対して、$x \cup x' = 1$ および $x \cap x' = 0$ となる L の要素 x' が存在する。

たとえば、集合 S の冪集合 $\mathcal{P}(S)$ は集合論的包含関係に関するブール束であることが証明できる。体系学的パターンを記述する際、冪集合がブール束であることが理論的な基盤となる（図）。

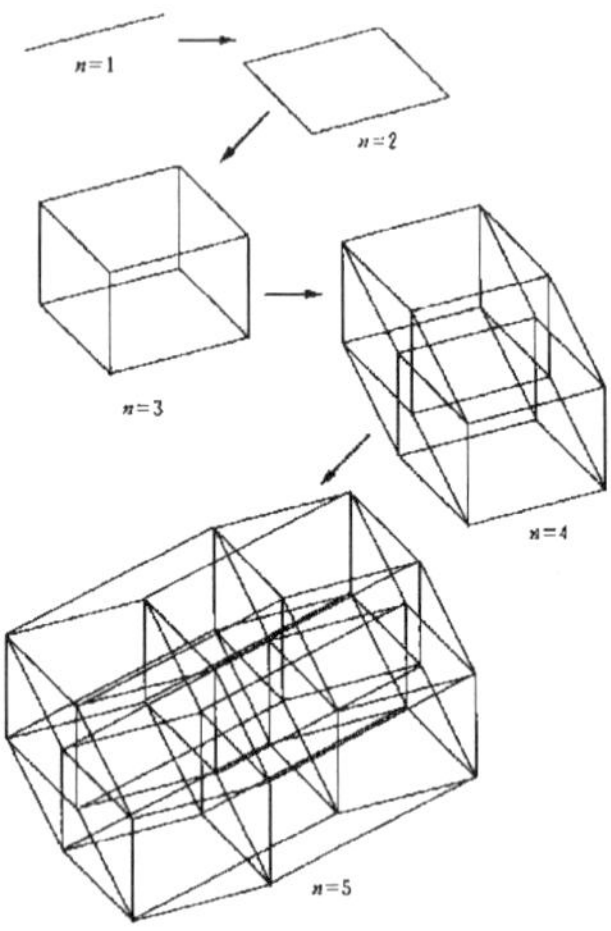

図　1次元〜5次元までのブール束
このブール束から半束を含む系統樹や系統ネットワークが導出される。（三中 1997、p.308、図4-70）

＊1　系統推定論における半順序理論ならびに束論の適用に関しては三中（1997）の第2章（pp. 49-63）を参照されたい。数学的な詳細については、たとえば、Davey, B. A. and Priestley, H. A.（2002）*Introduction to lattices and order, second edition.* Cambridge: Cambridge University Press に解説されている。

＊2　Kuratowski, K.（1921）Sur la notion d'ordre dans la théorie des ensembles, *Fundamenta Mathematicae*, 2: 161-171.なお、公理論的集合論については Potter, M. D.（1990）*Sets: An introduction.* Oxford: Clarendon Press を参照されたい。

いう「ことば」によって統一的に語ることができる。

集合 S のすべての部分集合を要素とする集合 $\mathcal{P}(S)$ を「冪《べき》集合（power set）」と呼ぶ。数学者カジミェシュ・クラトフスキー（Kazimierz Kuratowski）は、任意の半順序関係をこの冪集合によって定義した*2。

$$\bigcirc R \diamondsuit := \{\{\bigcirc\}, \{\bigcirc, \diamondsuit\}\}$$

クラトフスキーにしたがえば、左辺の半順序は右辺の冪集合の部分集合によって定義されることになる。したがって、上述の集合論的包含関係あるいは祖先子孫関係はオブジェクト集合から導かれた冪集合の部分集合として統一されることがわかる。

系統学の用語として用いられてきた「ツリー（樹）」や「ネットワーク（網状図）」と呼ばれる構造も上の半順序を用いて厳密に定義できる。その出発点となるのは「束（lattice）」の概念である。

《定義2：束と半束》
半順序 R にもとづくある半順序集合 S に対して、上限（least upper bound）と下限（greatest lower bound）を次のように定義する。
- 上限（$x \cup y$）とは、x と y の上界（upper bound）の集合（すなわち集合 $Z=\{z \mid z$ は S の要素で xRz かつ $yRz\}$）の任意の要素 z に対して z_0Rz となる Z の要素 z_0 である。
- 下限（$x \cap y$）とは、x と y の下界（lower bound）の集合（すなわち集合 $U=\{u \mid u$ は S の要素で uRx かつ $uRy\}$）の任意の要素 u に対して uRu_0 となる U の要素 u_0 である。

このとき、
1) S の任意の要素 x と y に対してその上限 $x \cup y$ と下限 $x \cap y$ がともに存在するとき、S を「束」（lattice）と呼ぶ。
2) S の任意の要素 x と y に対してその上限 $x \cup y$ が存在するとき、S を「上半束」（upper semilattice）と呼ぶ。
3) S の任意の要素 x と y に対してその下限 $x \cap y$ が存在するとき、S を「下半束」（lower semilattice）と呼ぶ。

たとえば、分岐的な系統樹やそれを一般化した網状の系統ネットワークは、「根」を上限または下限と規定するならば、この定義の「半束（semilattice）」として定義できる。さらに、次に示す条件を満たす束を「ブール束（Boolean

分類と系統をそれぞれ構成する集合包含関係（集合論）と全体部分関係（メレオロジー）は、どちらも「半順序関係（partial order）」という論理数学の理論を用いて統一的に記述できる。本章の内容に関わるテクニカルな内容は、以下の【BOX：パターン構造の代数的体系】にまとめたので参照されたい。

以下では、この公理化がどのように適用されたかについて実例をいくつか挙げることにしよう。

生物体系学と写本系譜学における公理化の例

たとえば、生物体系学においては、一九三〇年代後半にジョゼフ・ヘンリー・ウッジャー（Joseph Henry Woodger）が公理論的生物学（Woodger 1937）を提唱して、分類学・遺伝学・発生学の概念と用語の公理化を提案した(28)。そして、彼の学統を引き継ぐジョン・R・グレッグ（John R. Gregg）は、一九五〇年代に生物分類学の公理化（Gregg 1954）をさらに進めて、リンネ式分類体系の階層性をはじめとして分類群とそのランクなど生物分類学が依拠する概念体系全体にわたって集合論にもとづく公理化を試みた(29)。分類学史的にはこの公理化は必ずしも成功したわけではない。しかし、集合論が分類体系の構造を語る能力を持つ「ことば」であることは明らかだった。

その一方で、生物学でのこの公理化の流れに先立つ一〇年前に、それとは独立に写本系譜学においては同様の「公理化」がすでに試みられていた。その推進役だった文献学者ウォルター・ウィルソン・グレッグ（Walter Wilson Greg）は一九二七年に『異文の公理論』という書物を公刊し、写本系譜学における公理化の必要性を説いた。ここでいう「代数学」とは『数学原理』に準拠する「公理的体系」と同義である。彼もまた写本系図の記述に必要な諸概念の明示化と公理化に取り組んだ(30)。

同じ『数学原理』をルーツとしていても、ウッジャーら公理論的生物学者たちがリンネ分類体系の持つ階層性の公理化に注目したのに対して、グレッグは写本の「分類」ではなくむしろ祖先子孫関係にもとづく「系統」の公理化に関心があった。グレッグは『数学原理』の第一巻（第二部・セクションE、*90: p.576）で論じられている「祖先関係 $\overset{*}{R}$（the ancestral relation）」をふまえて、次のような写本間の系統関係の公理化を試みた。

いま、写本群{A, B, C, D, E, F}が与えられたとする。このとき「C, D, E, F」に対するある「共通祖先（common ancestor）」は、『数学原理』の記法に則って、「A' CDEF」と記される。さらに、それらの共通祖本のうち、「排他的共通祖先（exclusive common ancestor）」すなわち「C, D, E, F」の共通祖先であって、しかも「C, D, E, F」以外の子孫を導かないユニークな直接共通祖先は、「(x) A' CDEF」と表記される。この直接共通祖先の概念は、後年ヘニックが提唱した「単系統群」の概念と同一である。グレッグは、この排他的共通祖先を用いることにより、写本からなる単系統群の階層構造が数式として表現できるという。たとえば、「(x) A' CDEF, (x) A' DEF, (x) A' EF」そして「(x) A' AB」があるとき、

$$(x)\,A'\,CDEF + (x)\,A'\,DEF + (x)\,A'\,EF + (x)\,A'\,AB = (x)\,A'\,(AB)(C(D(EF)))$$

という記法を著者は提案している。排他的共通祖先 (x) A' を共有する単系統群の階層構造を「(AB)(C(D(EF)))」と表記することにより、写本系統樹の構造を『数学原理』の記法で正確に表現できることをグレッグは示した（図❸）。

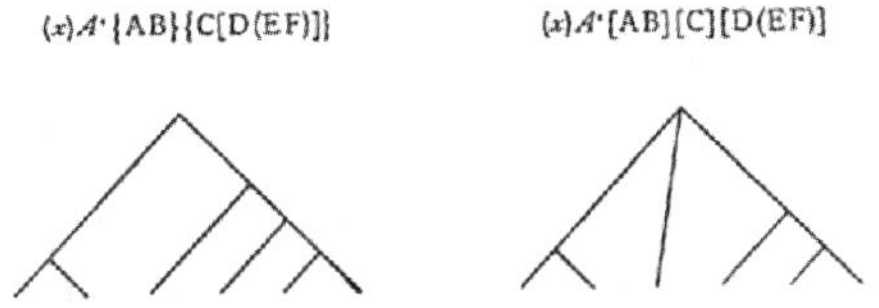

図❸　グレッグによる写本系統樹の記法（Greg 1927, p.60）

『数学原理』がのちの体系学の理論的研究に及ぼした影響はけっして小さくない。体系学的パターンとしての分類あるいは系統に関する厳密な理論は、二〇世紀後半になって離散数学にもとづく理論体系学や数理系統学の構築として再び浮上してくる(31)。

上で述べてきたような体系学的パターンを『数学原理』に代表される集合論や論理学に準拠して形式化する動きに対して、それとは別の理論化の動きが同時並行的に進められていた。

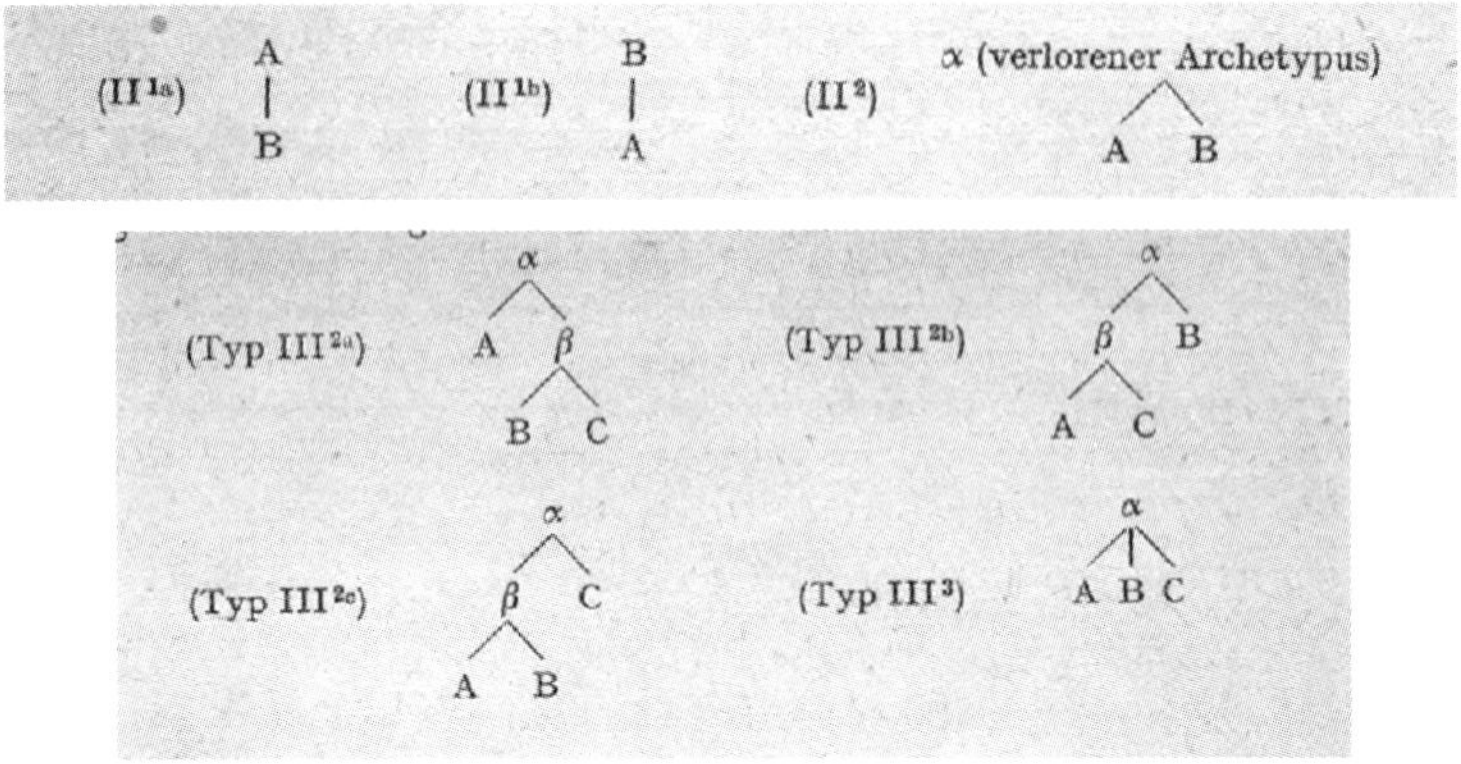

図❹　マースによる写本系統樹の枚挙とタイプ分け（Maas 1937）

それは、系統樹の図像としての側面に着目するアプローチである。グレッグ『異本の代数学』が出版された[32]のと同年の一九二七年、マースの『本文批判（Textkritik）』が出版された。本書はラハマン以後の文献系譜学の集大成にあたる重要な文献であり、伝承された写本群から祖本を推論するための概念と方法が簡潔にまとめられている。マースが注目したのは、写本系統樹の持つグラフ理論的な特徴である。とくに、上述の伝承された書写上の過誤にもとづいて写本間の系統関係を推論するにあたり、彼は可能な写本系統樹の樹形の数え上げとタイプ分けに関する考察をのちに進めた[33]（図❹）。

　写本系譜学的な情報を持つ過誤をデータとするとき、数ある写本系統樹のうちどれがベストであるかを判定する必要がある。マースは、結合的過誤と分離的過誤によって写本の単系統群が逐次的に構築されるとともに、写本系統樹の樹形がどのように変遷していくか、そして共通祖先としての祖本をどのように仮定すればいいのかを論じた。

　写本系統樹に関するマースの考察は、けっして公理論的ではなく、むしろグラフの構造理論に関わる離散数学に通じる部分が多い。実際、マースのグラフ理論的アプローチを踏襲する比較言語学者ヘンリー・M・ホーニクスワルド（Henry M. Hoenigswald）は、一九七三年に出版した『形式的歴史言語学の研究』において、写本と言語の系統樹に関するグラフ理論的研究を展開することにより、系統樹が持つ図像言語としての体系を明らかにした[34]。

分岐図と系統樹――数学としてのパターン分析

さて、ここで同時代の生物体系学の動向に目を向けよう。ホーニクスワルドが歴史言語学と写本系譜学における「グラフ理論」を公表した一九七三年の五月、アメリカ自然史博物館の魚類学者ガレット・ネルソン（Gareth Nelson）は同僚の三葉虫学者ナイルズ・エルドリッジ（Niles Eldredge）と鳥類学者ジョエル・クレイクラフト（Joel Cracraft）との共著で、コロンビア大学出版局から『比較生物学の原理（Principles of comparative biology）』を出版する契約を結んだ。しかし、この出版計画は最終的に成就しなかった[35]。

生物進化のプロセス理論よりも、体系学的パターン分析の方法論に深い興味をもっていたネルソンは、ヘニックの分岐学理論の改訂に乗り出した。この展開は分岐学の歴史のなかで「パターン分岐学（pattern cladistics）」という分派を生み出したといわれている。本節では、パターン分岐学の中核には、体系学的パターン分析をオブジェクトに依存しない一般的な離散数学として基礎づける動きがたしかにあったことを指摘したうえで、最後にオブジェクトの進化プロセスとの関連性について論じる。

幻の共著である『比較生物学の原理』のためにネルソンが書いた「分類（Classification）」と銘打たれた章の原稿は一九七六年に書き上げられた[36]。この原稿は未出版の状態で英語圏の生物体系学者の間で広く回覧されたようだ。その内容は体系学的パターンの「言語」としての樹形図概念を再定式化する試みで、とりわけ「分岐図（cladogram）」と「系統樹（phyletic tree）」とは互いに異なる概念であるという彼の主張は大きな衝撃をもって迎えられた。この章の原稿は、最終的には改訂され、蜘蛛学者ノーマン・プラトニック（Norman Platnick）との共著による『生物体系学と生物地理学』（一九八一年）の第三章「体系学的パターン」として出版された[37]。

分岐図は系統樹とは異なる樹形図概念であるというネルソンの主張は、一九六九年の講演ですでにその萌芽が見て取れる。[38] ネルソン自身の図(図❺)を例にとって説明しよう。[39] 図❺では観察された既知の生物を黒丸(●)で表し、仮想共通祖先を(○)で表記している。ネルソンは、系統発生には「祖先子孫関係(相A:図❺左)」と「共通祖先関係(相B:図❺右)」のふたつの相(aspect)があると指摘する。祖先子孫関係(相A)はすべての既知生物をダイレクトに祖先子孫関係で結びつけた系統樹(phyletic tree)である。一方、共通祖先関係(相B)は祖先にあたるV、W、Xが占めていた位置に仮想共通祖先をそれぞれ配置してそこから枝を伸ばし、その末端にV、W、Xを配置した分岐樹(phylogram)である。

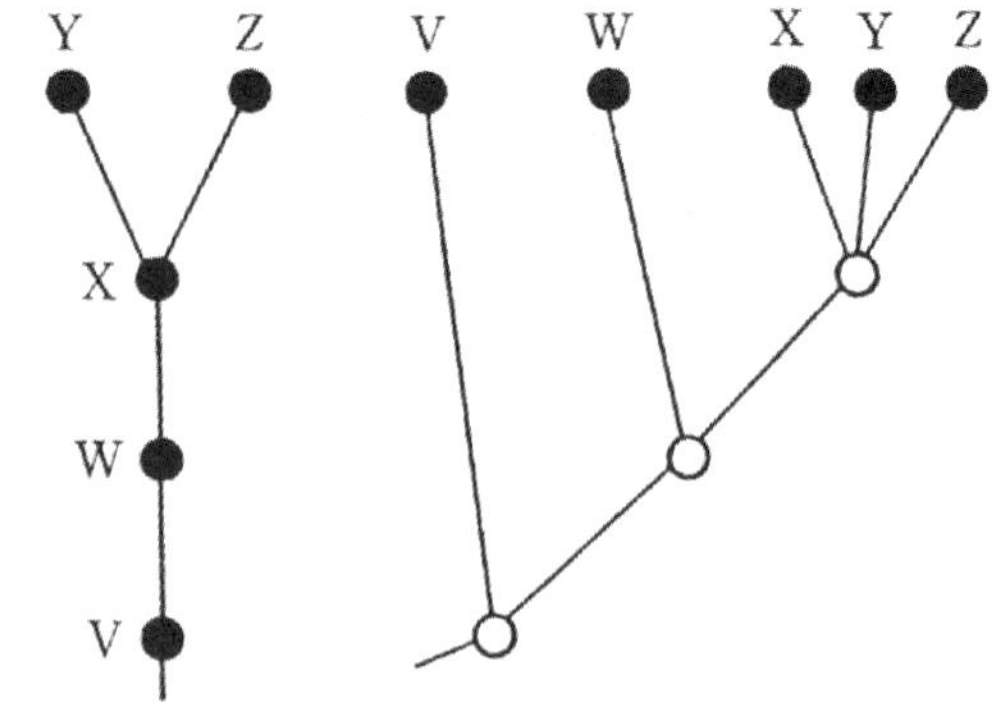

図❺　相A(祖先子孫関係)(左)と相B(共通祖先関係)(右)の関係。(Nelson 1973)

重要な点は、相A(系統樹)から相B(分岐樹)への移行は上の手順で可能だが、その逆の移行は不可能であるということだ。なぜなら、相Aの祖先の位置に仮想祖先を代置して延長枝を挿入する手順は一意的だが、相Bの共通祖先を除去したときそこにどの既知生物を配置すればいいかは一意的には決定できないからである。ある系統樹にはただ一つの分岐樹が対応するが、ある分岐樹には複数の系統樹が対応する。この一対多対応に注目しよう。

のちにプラトニック(Platnick 1979)は、一九七〇年代のパターン分岐学の出現を総括する論文のなかで、この二種類の樹形図の違いを次のように説明する。

要するに、分岐図の構築と系統樹の構築とは別物ということである。なぜなら、分岐図は系統樹ではなく、系統樹の集合だからである。したがって、ある特定の分岐図は多くの系統樹のいずれの結果でもありえる。(40)

おわりに――オブジェクトに依存しないパターンとプロセスの解析

科学哲学者ディヴィッド・ハル（David Hull）は、この時期に生じた分岐学の理念的変容に注目し、ヘニックの分岐学は次の二つの学派に分裂したと述べた。(41)

- 「小文字の分岐学」（"cladistics" with small "c"）：生物体系学の枠の中で系統関係の復元を目的とする
- 「大文字の分岐学」（"Cladistics" with large "C"）：生／非生物を問わず、もっと一般的に階層パターンの検出を目的とする

ハルのいう「小文字の分岐学」とはのちに「系統分岐学派（phylogenetic cladistics）」と呼ばれ、一方、「大文字の分岐学」は「パターン分岐学派（pattern cladistics）」と対置されるようになる。

一般的な樹形図の科学としての「大文字の分岐学」すなわちパターン分岐学は、生物という特定のオブジェクトから解放されて、一般的なオブジェクトが構成するグラフや半順序を研究対象とする離散数学（discrete mathematics）の一領域に属しているとみなすのが自然だろう。現代的な言い方をすれば、パターン分岐学は「数理系統学（mathematical phylogenetics）」の萌芽だったのである。(42) 一九七〇年代の分岐学の変容が一般樹形図学――のちに分岐成分分析（cladistic component analysis）と命名される(43)――への転身であったと考えるならば、パターン分岐学が進化プロセス理論から距離をおいたこと、厳密な論理体系化と仮説検証にこだわったこと、そして分岐学のなかでの系統分岐学派とパ

ターン分岐学派との論争がつねにすれちがいに終わったことの理由がよくわかる。

分岐学の祖であるヘニックの系統体系学の理論のなかには、二分岐的種分化（dichotomous speciation）・偏差則（deviation rule）・前進則（progression rule）のような、現在の進化生物学からみて不適当な進化プロセス仮定がいくつも入っていた。パターン分岐学者はそれらの余計で有害な仮定を分岐学の方法論から排除することにより、悪しき進化プロセス理論への依存をなくそうとした。しかし、ネルソンらはさらに一歩踏み出して、体系学的パターンの検出には生物進化という考えすら必要ないだろうと発言しはじめた(44)。体系学的パターンのみではなく進化プロセスにも関心を持つ系統分岐学派にとっては、パターン分岐学派が「変化をともなう由来（descent with modification）」という進化の大仮定そのものをないがしろにする動きにはとうてい同調できなかった。進化という大前提なくして、はたして生物体系学が科学的に成立しうるのかという大きな問題が生じるからである。実際、進化は不要であると論じたパターン分岐学者は「反進化的」だという批判の矢面に立たされることになった(45)。

体系学的パターンを進化的思考のもとで解釈するならば、分岐図は系統図を介して進化プロセスを表示する系統樹の集合とみなされる。生物体系学における「パターン」と「プロセス」との関係は、単に「説明する側の進化プロセス」と「説明される側の分類パターン」という単純な図式にはおさまらない。「パターン＝被説明項」と「プロセス＝説明項」とを対置させるのは過度の単純化だろう。たとえば、分岐図は共通祖先関係を通して観察された子孫の仮想祖先によって、子孫の系統発生を説明しようとしている。一方、系統樹はその祖先に関してより詳細な仮定を置くことにより、もっと個別的な説明をしようとしている。系統発生に関してどのようなモデルを立てているのかに関して分岐図と系統樹では基本的な違いがある。分岐図よりも系統樹の方が祖先に関してより複雑なモデルを立てているからである。

このように考えるならば、「パターン」と「プロセス」の対置関係は、絶対的ではなくむしろ相対的にとらえられるべきだろう。一般論として、プロセス仮定が皆無の状況でのパターン認識はありえない。オブジェクトの進化プロセスに関わる最低限の仮定を置かないと、得られた分岐図のデータにもとづく比較を論じることができないからである(46)。たとえば、進展著しい分子系統学では、DNA塩基配列やタンパク質アミノ酸配列の分子進化プロセスに関する知見が蓄積されている(47)。同様に、言語進化や写本伝承のプロセスに関しても一九五〇年代からすでに確率統計モデルを用いたモデルが提唱されてきた(48)。進化プロセスに関するそのような知見までも体系学的パターン分析から断固排除することは、逆にアドホックな弁明が要求される。この点で、体系学はふたたび進化モデルとの接点を広めるべきだろう(49)。

さらにいうならば、体系学的パターン分析において「ツリー（樹）」を用いることそれ自身がすでにモデルである。上述したように、ツリーという半順序構造は完全分岐という条件を緩めた系統ネットワークの部分構造であり、ツリーもネットワークも最終的にはブール束に埋め込まれている。体系学的パターンを検出するうえで、「ツリー」のみに拘泥するのではなく、オブジェクトの特性と進化プロセスの知見によっては「ネットワーク」も採用すべきモデルとして選択肢に入りうるだろう。オブジェクトの体系学的パターン解析の方法論の一般化と進化プロセス理論の精緻化は並行的に前進している。そして、経験的に十分な根拠のある進化プロセスを組み込むことで、推定された体系的パターンの信頼性が高まるのであれば、われわれは積極的にそうすべきだろう。

注

（1）進化体（evolver）とは広義の系統発生（phylogenesis）を担う系統樹の「時空的断片」である。一般化された「オブジェクト」を進化体とみなすことにより、本章のキーワードである「パターン」と「プロセス」が議論の対象となる。進化体の概念を核とする詳細な議論は次の文献の第6章を参照されたい。三中信宏（2010a）『進化思考の世界──ヒトは森羅万象をどう体系化するか』日本放送出版協会。

（2）ダーウィンやヘッケルら一九世紀の先駆的進化学者の業績とその

現代的意義については、三中信宏（2010a）の第1～2章を参照されたい。

（3）形態から分子までさまざまなデータにもとづく系統解析の方法論とその歴史的背景に関しては次を参照されたい。三中信宏（1997）『生物系統学』東京大学出版会。また、近年の分子進化学をふまえた分子系統学については、下記の文献でその全貌を鳥瞰することができる。Felsenstein, J.（2004）*Inferring phylogenies*. Sunderland: Sinauer Associates.

（4）ヒトによる原初的な認知分類様式としての民俗分類学（folk taxonomy）に関しては下記の文献に詳述されている。Atran, S.（1990）*Cognitive foundations of natural history : Towards an anthropology of science*. Cambridge: Cambridge University Press; Berlin, B.（1992）*Ethnobiological classification: Principles of categorization of plants and animals in traditional societies*. Princeton: Princeton University Press. 認知分類が現在にいたるまで生物体系学にどのような影響を及ぼしてきたかについては、三中信宏（2006）『系統樹思考の世界――すべてはツリーとともに』講談社、三中信宏（2009）『分類思考の世界――なぜヒトは万物を「種」に分けるのか』講談社、ならびに、Yoon,C.K.（2009）*Naming nature: The clash between instinct and science*. New York: W. W.Norton でさまざまな具体例とともに考察されている。

（5）古代ギリシャのアリストテレス以来続く生物体系学の歴史に関しては、Papavero, N. and Llorente Bousquets, J.（1993-2008）*Principia taxonomica: Una introducción a los fundamentos lógicos, filosóficos y metodológicos de las escuelas de taxonomía biológica*（volumen I - IX）. Ciudad Universitaria: Universidad Nacional Autónoma de México が通史としてたいへん詳しい。また、生物分類学の歴史のなかでどのような図像が用いられてきたかについては、Barsanti, G.（1992）*La scala, la mappa, l'albero: Immagini e classificazioni della natura fra Sei e Ottocento*. Firenze: Sansoni Editore を参照されたい。

（6）体系学的パターン構築のよりどころとして、「分類思考（group thinking）」と「系統樹思考（tree thinking）」とを対比させたのは下記文献である。O'Hara, R. J.（1988）Homage to Clio, or, toward an historical philosophy for evolutionary biology. *Systematic Zoology*, 37: 142-155; 三中（2006, 2009）も参照されたい。

（7）Atran（1990）は、生物分類学の歴史全体を認知心理学の観点から再考察している。また、Atran, S. and Medin, D.（2008）*The native mind and the cultural construction of nature*. Massachusetts: The MIT Press は、さらに発展的に、民俗分類に根ざした先住民的知識体系としての自然観と生物多様性観について論じている。

（8）Berlin（1992）は、彼と共同研究者たちによる長年にわたる民俗分類の理論と実践に関する研究の総括である。

（9）Yoon（2009）は、ユクスキュルの「環世界」の概念をふまえて、人間が長い時間をかけて進化してきた過程で自然淘汰によって獲得されたさまざまな認知心理的傾向の重要性を強調した。

（10）「種」と「分類群」の存在論的地位に関する形而上学的問題をめぐっては、近年の生物学哲学において多くの研究論文がある。三中（2009）および網谷祐一（2010）「種問題」松本俊吉編『進化論はなぜ哲学の問題になるのか――生物学の哲学の現在』（pp.121-140）、勁草書房での議論と引用文献を参照されたい。

（11）非生命体の系統発生に関するケーススタディは本書の各章で論じられている。本章では生物・写本・言語に関する系統樹について論じるが、それ以外にも多くの事例が列挙できる。たとえば、芸術様式の系統樹：Kubler, G.（1962）*The shape of time: Remarks on the history of things*. New Haven: Yale University Press と Schmidt-Burkhardt, A.

(2005) *Stammbäume der Kunst : Zur Genealogie der Avantgarde*. Berlin: Akademie Verlag；工業技術の系統樹：Brandis, C. (2005) *Stammbäume der Technik : Einführung in die Systematik und Geschichte technischer Innovationen*. Bremen: MontAurum Verlag；茶道の系統樹：眞岡哲夫（2004）「茶道所作の系統進化」『遺伝』58: 98-103；考古学的遺物の系統樹：Lipo, C. P., O'Brien, M. J., Collard, M., and Shennan, S. J. (eds.) (2005) *Mapping our ancestors: Phylogenetic approaches in anthropology and prehistory*. New Brunswick: Transaction Publishers ならびに O'Brien, M. J. and Lyman, R. L. (2003) *Cladistics and archaeology*. Salt Lake City: The University of Utah Press；比較文学史における小説様式の系統樹：Moretti, F. (2005) *Graphs, maps, trees: Abstract models for a literary history*. London: Verso.

(12) 言語間の系統推定法については Hoenigswald, H. M. (1960) *Language change and linguistic reconstruction*. Chicago: The University of Chicago Press を参照されたい。また、言語間の相互比較のための方法論すなわち「比較法（the comparative method）」とその歴史については Hoenigswald, H. M. (1963) On the history of the comparative method. *Anthropological Linguistics*, 5: 1-11 が参考になる。

(13) 生物進化と言語進化に関する研究は、科学史的にみて興味深い相互関係がある。ヘッケルは、『種の起源』が出版された直後の一八六〇年代はじめにダーウィン進化論をドイツに上陸させた。イェナ大学での同僚だった言語学者アウグスト・シュライヒャー（August Schleicher）は、ヘッケルから大きな影響を受け、言語進化をダーウィン進化論に沿って説明しようとした。Schleicher, A. (1863) *La théorie de Darwin et la science du langage*. M. de Pommayrol 訳. Paris. しかし、系統樹という図像を用いてシュライヒャーが言語間の系統関係をはじめて表現したのは一八五三年であり、ヘッケルよりも先行していた（三中 1997, 第3章, pp.87-93）。後述するように、一九世紀の言語系統学や写本系譜学における系統樹の利用は生物進化学よりも早く、生物の系統樹はむしろ言語や写本の系統樹を模して用いられるようになったという見解もある。Alter, S. A. (1999) *Darwinism and the linguistic image: Language, race, and natural theology in the Nineteenth Century*. Baltimore: The Johns Hopkins University Press；Bouquet, M. (1996) Family trees and their affinities: the visual imperative of the genealogical diagram. *Journal of the Royal Anthropological Institute* (N. S.), 2: 43-66.

(14) 生物体系学の現代史については三中（1997）第3章（pp.143-196）ならびに三中信宏（2005）「Ernst Mayr と Willi Hennig——生物体系学論争をふたたび鳥瞰する」『タクサ』19: 95-101 を参照されたい。また、「現代的総合」の歴史的意義については Smocovitis, V. B. (1996) *Unifying biology: The evolutionary synthesis and evolutionary biology*. Princeton: Princeton University Press をみられたい。進化学と体系学の研究者コミュニティの動態については Hull, D. L. (1988) *Science as a process: An evolutionary account of the social and conceptual development of science*. Chicago: University of Chicago Press がたいへん参考になる。

(15) 分岐学の創始者たちについては下記を参照。Hennig, W. (1950) *Grundzüge einer Theorie der phylogenetischen Systematik*. Berlin: Deutscher Zentralverlag; Zimmermann, W. (1931) Arbeitsweise der botanischen Phylogenetik und anderer Gruppierungswissenschaften. In *Handbuch der biologischen Arbeitsmethoden. Abteilung IX: Methoden zur Erforschung der Leistungen des tierischen Organismus, Teil 3: Methoden der Vererbungsforschung, Heft 6 (Lieferung 356)*, ed.

E. Abderhalden,pp.941-1053. Berlin：Urban & Schwarzenberg.

（16）分岐学（最節約法）にもとづく系統推定法の詳細は、三中（1997）ならびに Williams, D. M. and Ebach, M. C.（2008）*Foundations of systematics and biogeography*. New York：Springer-Verlag をみられたい。

（17）パターン分岐学（発展分岐学）の成立に関しては Platnick, N. I.（1979）Philosophy and the transformation of cladistics. *Systematic Zoology*, 28：537-546；Beatty, J.（1982）Classes and cladists. *Systematic Zoology*, 31：25-34 ならびに Hull（1988）, 三中（1997）, Williams and Ebach（2008）を参照されたい。

（18）写本系譜学がたどってきた歴史については Timpanaro, S.（2005）*The genesis of Lachmann's method*. Glenn W. Most 編訳. Chicago: The University of Chicago Press を参照されたい。

（19）血縁関係を「表（tabula）」として図式表現する様式は、西洋あるいはイスラームの社会において一千年以上も前から続いている家系図の伝統に則っている。初期近世ヨーロッパにおいて歴史的・系譜的知識の体系化の手段として「表」が果たした意義については Steiner, B.（2008）*Die Ordnung der Geschichte: Historische Tabellenwerke in der Frühen Neuzeit*. Köln：Böhlau Verlag で詳しく論じられている。また、歴史と時間の図像化に関しては Rosenberg, D. and Grafton, A.（2010）*Cartographies of time: A history of timeline*. New York：Princeton Architectural Press が参考になる。

（20）Holm, G.（1972）Carl Johan Schlyter and textual scholarship. *Saga och Sed*（Kungliga Gustav Adolf Akademiens Aarsbok）,1972：48-80.なお、Ginzburg, C.（2004）Family resemblances and family trees：two cognitive metaphors. *Critical Inquiry*, 30：537-556 は、シュリーターの文献系図に関して修辞学の観点から考察している。

（21）「樹（arbor）」という図式表現に関しては過去に多くの図像学的研究が蓄積されている。たとえば、家系図とその表現に関する浩瀚な研究書である Klapisch-Zuber, C.（2000）*L'ombre des ancêtres: Essai sur l'imaginaire médiéval de la parenté*. Librairie Arthème Fayard, Paris；Klapisch-Zuber, C.（2003）*L'arbre des familles. Éditions de la Martiniére*, Paris を参照されたい。西洋社会史を家系図から考察した Bizzocchi, R.（2009）*Genealogie incredibili: Scritti di storia nell'Europa moderna, nuova edizione*. Bologna: Società editrice il Mulino も参考になる。また、「樹」表現をめぐるより広範な文化史・科学史の文脈については Weigel, S.（2006）*Genea-Logik: Generation, Tradition und Evolution zwischen Kultur-und Naturwissenschaften*. München：Wilhelm Fink Verlag に詳しい。西洋中世における類縁樹の図像様式に関する詳細な解析は Schadt, H.（1982）*Die Darstellungen der Arbores Consanguinitatis und der Arbores Affinitates: Bildschemata in juristischen Handschriften*. Tübingen：Verlag Ernst Wasmuth をみられたい。なお、この類縁樹のルーツの一つはキリスト教の旧約聖書に描かれている「エッサイの樹（the tree of Jesse）」にあると考えられるが、この点については Watson, A.（1934）*The early iconography of the tree of Jesse*. London：Oxford University Press が参考になる。さらに、「樹」にもとづく知識体系化のもう一つのルーツは一三世紀の修道士ライムンドゥス・ルルス（Raimundus Lullus）に端を発する「知識の樹（arbor scientiae）」である。Domínguez Reboiras, F., Villalba-Varneda, P., and Walter, P. eds.（2002）*Arbor scientiae: Der Baum des Wissens von Ramon Lull*. Turnhout：Brepols Publishers の所収論文を参照されたい。

（22）Maas, P.（1937）Leitfehler und stemmatische Typen. *Byzantinische Zeitschrift*, 37：289-294.

(23) 写本系譜学・歴史言語学と生物系統学の系統推定法の収斂に関しては，Platnick, N. I. and Cameron, H. D.（1977）Cladistic methods in textual, linguistic, and phylogenetic analysis. *Systematic Zoology*, 26: 380–385；Cameron, H. D.（1987）The upside-down cladogram: problems in manuscript affiliation. In *Biological metaphor and cladistic classification: An interdisciplinary perspective*, ed. H. M. Hoenigswald and L. F. Wiener, pp. 227–242. Philadelphia: University Pennsylvania Press；O'Hara, R. J.（1996）Trees of history in systematics and philology. *Memorie della Societa Italiana di Scienze Naturali e del Museo Civico di Storia Naturale di Milano*, 27: 81–88；Atkinson, Q. D. and Gray, R. D.（2003）Curious parallels and curious connections: phylogenetic thinking in biology and historical linguistics. *Systematic Biology*, 54: 513–526 で論じられている。

(24) たとえば，イギリス中世のジェフリー・チョーサー（Geoffrey Chaucer）の手になる『カンタベリー物語』の写本群については，生物の系統推定ソフトウェアを援用して写本系図が解析されている。Barbrook, A. C., Howe, C. J., Blake, N., and Robinson, P.（1998）The phylogeny of *The Canterbury Tales*. *Nature*, 394: 839；O'Hara, R. J. and Robinson, P.（1993）Computer-assisted methods of stemmatic analysis. In *The Canterbury Tales Project occasional papers, volume 1*, ed. N. Blake and P. Robinson, pp. 53–74. Oxford: Office for Humanities Communication Publications；Robinson, P. M. W. and O'Hara, R. J.（1992）. Report on the textual criticism challenge 1991. *Bryn Mawr Classical Review*, 3: 331–337.

(25) Tucker, A.（2004）*Our knowledge of the past: A philosophy of historiography*. Cambridge: Cambridge University Press.

(26) 系統推定における推論様式としてのアブダクションに関しては三中（2006）の第1章と第3章で詳しく考察した。

(27) Whitehead, A. N. and Russell, B.（1910–13）*Principia mathematica (Three Volumes)*. Cambridge: Cambridge University Press.

(28) Woodger, J. H.（1937）*The axiomatic method in biology*. Cambridge: Cambridge University Press.

(29) Gregg, J. R.（1954）*The language of taxonomy: An application of symbolic logic to the study of classificatory systems*. New York: Columbia University Press.

(30) Greg, W. W.（1927）*The calculus of variants: An essay on textual criticism*. Oxford: Clarendon Press.

(31) 生物体系学を記述する「ことば」として集合論と半順序理論の適用を進めた包括的研究として下記を挙げる。Abe, J. M. and Papavero, N.（1992）*Teoria intuitiva dos conjuntos*. São Paulo: Makron Books; Papavero, N., Llorente Bousquets, J., and Abe, J. M.（1997–2009）*Fundamentos de biología comparada: a través de la teoría intuitiva de conjuntos, I and II. Ciudad Universitaria: Universidad Nacional Autónoma de México*.

(32) Maas, P.（1927）*Textkritik*. Leipzig: B. G. Teubner.

(33) 注（22）と同。

(34) Hoenigswald, H. M.（1973）*Studies in formal historical linguistics*. Dordrecht: D. Reidel.

(35) このエピソードについては Hull（1988）の第7章および Ebach, M. C. and Williams, D. M.（2010）[Book review] Nelson G. and Platnick, N. I.（1981）*Systematics and biogeography: Cladistics and vicariance*. New York: Columbia University Press. *Systematic Biology*, 59: 612–614 を参照されたい。

(36) Nelson, G.（1976）Classification. 未発表原稿。

(37) Nelson G. and Platnick, N. I.（1981）*Systematics and biogeography: Cladistics and vicariance*. New York: Columbia University Press.本書は現在インターネットでその全文がpdfファイルで公開されている：http://www.ucpress.edu/series.php?ser=spsy

(38) ネルソンの講演原稿は下記論文の付録として公開されている。Williams, D. M. and Ebach, M. C.（2004）The reform of palaeontology and the rise of biogeography - 25 years after 'ontogeny, phylogeny, paleontology and the biogenetic law'（Nelson 1978）. *Journal of Biogeography*, 31: 685–712.

(39) Nelson, G.（1973）Classification as an expression of phylogenetic relationships. *Systematic Zoology*, 22: 344–359.

(40) Platnick（1979）, p. 541.

(41) Hull, D. L.（1979）The limits of cladism. *Systematic Zoology*, 28:（4）416–440.

(42) グラフ理論を含む離散数学にもとづく数理系統学の理論については、下記を参照されたい：三中信宏（1993a）「組合せ論的視点から見た系統推定：最節約法と離散数学の接点」『千葉県立中央博物館自然誌研究報告』2:83–98；三中信宏（1993b）「分岐分類学の生物地理学への適用――分岐図、成分分析および最節約原理」『日本生物地理学会会報』48(2): 1–27；Semple, C. and Steel, M.（2003）. *Phylogenetics*. Oxford: Oxford University Press.

(43) Nelson, G.（1979）Cladistic analysis and synthesis: principles and definitions, with a historical note on Adanson's *Familles des plantes*（1763–1764）. *Systematic Zoology*, 28:1–21.

(44) パターン分岐学における「パターン対プロセス」に関わる哲学的論議については、Brady, R.H.（1985）On the independence of systematics. *Cladistics*, 1: 113–126；Rieppel, O.（1985）Muster und Prozeß: Komplimentarität im biologischen Denken. *Naturwissenschaften*, 72: 337–342；Rieppel, O.（1989）Über die Beziehung zwischen Systematik und Evolution. *Zeitschrift für zoologische Systematik und Evolutionsforschung*, 27: 193–199；Rieppel, O. and Grande, L.（1994）Summary and comments on systematic pattern and evolutionary process. In *Interpreting the hierarchy of nature: From systematic patterns to evolutionary process theories*, ed. L. Grande and O. Rieppel, pp. 227–255. San Diego: Academic Pressを参照されたい。

(45) Beatty（1982）による「パターン分岐学（pattern cladistics）」という命名は、分岐学派のなかでのその後の路線対立を予期していた。実際、パターン分岐学に反対する〝進化的〟な分岐学者たちは自らを「系統分岐学（phylogenetic cladistics）」と名乗った。分岐学派内のこの論争については、Ridley, M.（1986）*Evolution and classification: The reformation of cladism*. London: Longman；Scott-Ram, N. R.（1990）*Transformed cladistics, taxonomy and evolution. Cambridge: Cambridge University Press* ならびに Wiley, E. O. and Lieberman, B. S.（2011）*Phylogenetics: Theory and practice of phylogenetic systematics, second edition*. Chichester: John Wiley and Sonsを参照されたい。

(46) Sober, E.（1988）*Reconstructing the past: Parsimony, evolution, and inference*. Cambridge: The MIT Press.［『過去を復元する――最節約原理、進化論、推論』三中信宏訳。東京：勁草書房、2010］

(47) 生物の進化プロセスに関する統計モデルの系統推定への組み込みについては下記文献を参照されたい。Felsenstein（2004）；Yang, Z.（2006）*Computational molecular evolution*. Oxford: Oxford University Press.［『分子系統学への統計的アプローチ：計算分子進化学』藤博幸・加藤和貴・大安裕美訳。東京：共立出版、2009］；Lemey, P.,Salemi, M., and Vandamme, A. -M. eds.（2009）*The phylogenetic handbook: A*

practical approach to phylogenetic analysis and hypothesis testing, second edition. Cambridge : Cambridge University Press.

（48）言語進化と写本伝承のプロセスに関する研究を下記に挙げる。Forster, P. and Renfrew, C. eds.（2006）*Phylogenetic methods and the prehistory of languages.* Cambridge : The McDonald Institute for Archaeological Research ; Gray, R. D. and Jordan, F. M.（2000）Language trees support the express-train sequence of Austronesian expansion. *Nature*, 405 : 1051-1055 ; Gray, R. D. and Atkinson, Q. D.（2003）Language-tree divergence times support the Anatolian theory of Indo-European origin. *Nature*, 426 : 435-439 ; Reynolds, L. D. and Wilson, N. G.（1991）*Scribes and scholars: A guide to the transmission of Greek and Latin literature, third edition.* Oxford : Oxford University Press.［『古典の継承者たち――ギリシャ・ラテン語テクストの伝承にみる文化史』西村賀子・吉武純夫訳。東京：国文社、1996］; Robins, W.（2007）Editing and evolution. *Literature Compass*, 4 : 89-120 ; Ross, A. S. C.（1950）Philological probability problem. *Journal of the Royal Statistical Society, Series B*, 12 : 19-59 ; Weitzman, M.（1985）The analysis of open traditions. *Studies in Bibliography*, 38 : 82-120 ; Weitzman, M.（1987）The evolution of manuscript traditions. *Journal of the Royal Statistical Society, Series A*, 150 : 287-308 ; 山下浩（1993）『本文の生態学――漱石・鴎外・芥川』日本エディタースクール出版部。

（49）一般的なパターンをどのようなモデルによって記述すべきかについては、Kemp, C. and Tenebaum, J. B.（2008）The discovery of structural form. *Proceedings of the National Academy of Sciences of the United States of America*, 105 : 10687-10692を参照されたい。また、三中信宏（2010b）「系譜の存在パターンと進化の生成プロセス」東浩紀（編）『思想地図β・第1号』（pp.208-226）、コンテクチュアズでは、本章とは異なる視点からパターンとプロセスの問題を論じた。

おわりに――系統樹思考の裾野の広がり

三中信宏

本書の「はじめに」において、中尾は「系統学の目的は、対象の系譜関係を明らかにすることだ」（ⅱ頁）と述べ、文化系統学の新しい潮流に身を置こうとする本書全体を貫く一つの共通視点を呈示した。本書に収められた諸論考は、いずれも文化系統学が持つさまざまな側面に対して、各執筆者がそれぞれの観点から光をあて、そこに浮かび上がるトピックをめぐって議論を展開している。言語や写本をはじめとして、建築様式や美術図像、さらには人間社会のとる政治体制まで、さまざまな文化構築物を「系統」という統一的な視点のもとに考察していこうとする文化系統学のもくろみは、いまのところは一般にはもちろん、学問的にもまだ必ずしも受容されているとはいえない状況にある。

もしも系統学の対象が生物のみに限られていたならば、地球上に存在するおびただしく多様な生物に関する論議の土俵そのものは伝統的な「生物系統学」という限定された（それゆえ認知されやすい）科学の枠内におさまったにちがいない。しかし、この論文集では、系統学が研究する対象（オブジェクト）をあえて生物だけに限らず、系統学的な思考法をもっと一般的なオブジェクトに適用するという目標を据えている。この一般化によってどのような問題群が統一的に解決できるのだろうか。そして、いかなる新たな問題群が生起するのだろうか。以下では、本書全体の総括としてこれらの疑問点をあぶり出すとともに、それらに対する今後の解決の見通しについて考えよう。

オブジェクト間になんらかの由来関係を想定するとき、祖先的オブジェクトと子孫的オブジェクトは一つの構造的パターンを形成する。生物というオブジェクトが、エルンスト・ヘッケルやチャールズ・ダーウィンが描いたような「生命の樹」という図像で図示されるように、言語や写本など文化的オブジェクトの由来は生物と同じく「樹」や「ネットワーク」として表示できる。

もちろん、由来のパターンを生成する因果のプロセスの詳細はオブジェクトごとに異なるにちがいない。生物であれば世代間の遺伝子の伝達プロセスや地質学的イベントなどによって因果的説明がなされる。一方、言語であればその話者である人間社会の時空的変遷や分裂・融合が因果プロセスとなるだろう。写本ならば祖本からの書写を行った人間の犯したミスが伝承プロセスを通じて伝わっていく。同様に、芸術作品ならば芸術家のスタイルがどのように模倣されたり変更されたりしたかが作品の系譜を説明するプロセス仮説として立てられるだろう。

オブジェクトが形作る由来関係のパターンとそれを説明するプロセスに着目しながら、本書を見渡すと、以下に列挙するように、オブジェクトの差異を越えて各章の間を結びつける共通のテーマがいくつかクローズアップされてくる。

どんなデータを用いて系統推定するか

田中（第7章）はアビ・ヴァールブルクにおける「系譜」の思想を図像学史の観点から読み解いている。三中（第8章）も言及しているように、系統学的な思考の起源は「図的思考」につらなっている。方々の文明に広くみられる「生命の樹」あるいは「唐草模様」という古来のイコンは、キリスト教的な「エッサイの樹」のイメージとないまぜになって、系統樹あるいは系統ネットワークの文化的な基底を形成している。オブジェクトの別を問わず、そのような背景を持つツリーあるいはネットワークをモデルとして採用することにより、系統推定の作業はさまざまな情報源と照らし合わせてその時点でベストの系統関係を推論する。

生物学についていえば、かつての形態データにもとづく系統推定に代わって、最近ではもっぱらＤＮＡ塩基配列やタンパク質アミノ酸配列のデータにもとづく分子系統学が主流になっている。文献系図の推定においては、矢野（第3章）が示している本文テキストの文章列がほぼ唯一の情報源だった。一方、山田（第2章）は、現存する百鬼夜行絵巻の写本間の差異を「編集距離」という類似度指数で定量化し、絵巻物に描かれている化け物の「図像」を情報源とする系統推定を試みている。これは文献系図学の新しい可能性を示唆する。架空生物にもとづく系統学についてはすでに先行研究があるからだ(1)。

山田が行った系統分析は図像の配置順序による距離計算にもとづいている。これは生物のゲノム情報学における遺伝子順序データからの系統推定と問題状況が驚くほど一致している。図像の配列順序を距離換算するという方法のほかに、多型的形質状態に関するステップ行列法による最節約系統推定が選択肢として利用できるだろう(2)。

さらに、百鬼夜行絵巻の化け物に関する比較形態学的な研究を行うことにより、配置順序以外の情報を付け加えることも今後は可能になる。分子データと形態データにもとづく生物の系統推定については、両者の相互比較を通じた検討がなされてきた(3)。同様の比較はほかのオブジェクトの場合も実行可能だろう。

ツリーか、ネットワークか

由来関係の系譜をどのような「グラフ」を用いて表示するかは、系統推定論におけるもっとも根本的なモデル選択の問題と解釈することができる。三中の章では分岐的なツリー（通常の意味での系統樹）を一般化することにより網状的なネットワーク（より複雑な系統ネットワーク）が導かれると述べた。その具体例は、いずれも写本系図を論じた山田と矢野の章ならびに建築様式の変遷を論じた中谷の章（第5章）で示されている。

山田はすべての写本を結びつける最短展開樹（minimum spanning tree）を計算することにより、最適なツリーを推定した。最短展開樹ではすべてのオブジェクトを直接的に結びつける最適化計算によって求められる。一方、樹長のさらなる最小化のため、仮想祖先（スタイナー点：Steiner point）を介在させてオブジェクトを結びつけるグラフ最適化によりとスタイナー最短樹（Steiner minimal tree）を計算させる系統推定法がある。たとえば、生物系統学における最節約法（maximum parsimony method）はこの方法を用いている。[4] 矢野は、写本間の距離とともに最節約原理のもとで計算される最節約系統ネットワークの計算事例を挙げている。

言語や写本の系統関係を推定する際には二次的借用や混交による系譜の網状化（reticulation）が生じる。生物の場合も、個体群の交雑や遺伝子の組み換えによる同様の網状化が現実に起こりうる生物学的現象として無視できない。一般には、ツリーではなくネットワークの方が、リアルな現象モデルとしてはよりふさわしいことはまちがいないだろう。[5]

しかし、現実に近いモデルを採用することは、同時に、それを読み解く人間にとって難問をもたらす。それは可視性と可読性の問題である。ヒトにとって階層的な分類はきわめて自然な多様性の構造化である。そして、階層性は半順序関係にもとづくツリーを含意する。一方、ネットワークによって表現された構造は非階層的であり、それゆえヒトにとっての可読性はツリーと比較して大きく損なわれる。データから推論される（ヒトにとって）複雑な系統ネットワークを十分に読み解くためには、ネットワーク可視化の手法をさらに洗練させる必要があるだろう。

最近のコンピュータの高い能力を背景にするとき、従来では考えられなかった複雑なモデルを構築し、絡みあったネットワークを推定することは、いまややろうと思えば誰でもできる作業である。しかし、その計算結果の意味するところを解読するリテラシーはまだ広まっているとはいえない。

系統推定の方法論をどうするか

ある形質情報源のもとで、どのような方法を用いて系統推定すればよいかについては、少なくとも生物系統学の分野では過去半世紀にわたって延々と論争が続けられてきた。上述の距離法と最節約法に加えて、最近では進化プロセスに関する統計モデルを前提にした最尤法あるいはベイズ法が急速に普及している。たとえば生物の分子進化学においては塩基やアミノ酸の置換モデルを定量的に仮定することができるので、このような統計学的推定法の導入は比較的容易だった。カリー（第4章）は言語系統樹の推定に関してベイズ法にもとづく系統推定を実行することにより、オーストロネシア語族の系統発生と政治体制との関連性を考察している。

最尤法の場合は形質の進化プロセスに関する統計モデルをまずはじめに立てなければならない。ベイズ法では、さらに加えて、その統計モデルを構成するパラメーターについての事前分布をも仮定しなければならない。最尤法やベイズ法ではそのような前提条件の妥当性と頑健性がつねに議論の対象となっている(6)。たしかに、DNAの塩基配列やタンパク質のアミノ酸配列のようなタイプの形質ならば、形質状態の遷移に関する確率論的なモデルを立てることは比較的容易だろう。一方、従来の形態形質のように、あるいはカリーが考察したような文化的形質の場合、そのような定量的形質変化モデルの仮定の妥当性について、つねに検討し続ける必要があるだろう。

さらにいうならば、同じ統計学的アプローチではあっても、最尤法とベイズ法ではよって立つ概念的枠組みが大きく異なっている。確率概念における頻度主義と主観主義との対立をはじめとして、統計学のなかでもいまだに対立はくすぶり続けている。ところが、大多数のユーザーにとっては、最尤法とベイズ法はそれぞれ利用可能な「道具」の選択肢の一つにすぎない。ベイズ法にもとづく系統推定は、実践的には、複雑な進化モデルのもとでリーズナブルな計算時間で解を求める便法という位置づけを与えられている。ベイズ法の背後にひそんでいるベイズ確証理論の問題点は研究現場ではけっして表立っては論じられない。しかし、かつてカール・ポパーの仮説演繹主義が流行し、その後、尤度主義が席巻した経緯のある体系学の領域で、この論点がいつまでも表面化しないとはとうてい考えられない。

系統推定論とは、データにてらして対立仮説間の合理的な選択をする推論をすることである。その合理性の基準をどこに置くかで、長年にわたって論争が続けられてきた。オブジェクトとは関係なく一般的に系統推定が据える目標は、利用できるデータのもとで最良の系統仮説を相対的に選択することである。データの属性によって適用可能な系統推定法の選択肢が変わることもあるだろう。系統推定法のリーズナブルな選択については、オブジェクトの特性と利用できる形質情報源に依存しつつ、これからも論議が続くことはまちがいない。そして、生物体系学がたどってきた現代史を、ほかのオブジェクトに関わる体系学コミュニティ（言語学・考古学・文献学など）がどのようにみずからのものとしてこれから消化していくのかはたいへん興味深い。

複数の系統樹を束ねるには

中谷は、建築様式における「擬洋風」スタイルの変遷を系統学的に追跡した。興味深いのは擬洋風建築様式はそれ自身が複数のパーツから形成され、パーツそのものが独自の系譜を有しているという点である。中谷はジョージ・クブラーの「シーケンス」の考えを援用することにより、変遷しつつあるパーツがある時点で組み合わさった建築様式の集合体を想定している。クリストファー・アレグザンダーのセミラティス論（パタン・ランゲージ）は一般的な意味での系統推定論とつながりがあると私は考えている。クブラーのシーケンス論もまたセミラティス的な系統ネットワーク構造を持つので、たしかにこの点では関連性が指摘できる。

しかし、複数のパーツから構成される建築様式の系譜は、別の観点からアプローチできるかもしれない。それは生物系統学においては遺伝子系図学における「種系統樹（species-tree）」と「遺伝子系統樹（gene-tree）」の関係として長らく論じられてきた問題と共通点を有しているからだ。生物が持つ多くの遺伝子はそれぞれが個別の遺伝子系譜（gene-tree）を有している。生物個体は複数の遺伝子系譜が時空的に束ねられたものだと考えるならば、遺伝子系譜の「束《たば》」として個体あるいは個体群の系譜（species-tree）を解釈することは自然だろう。それと同様に、建築様式の系譜はパーツの系譜の「束《たば》」であるとみなすことはできないだろうか。解かれるべき共通問題がそこにはひそんでいる。

低次の系統樹から高次の系統樹への推論問題は、遺伝子系譜学における遺伝子系統樹／種系統樹の関係だけにはとどまらない。歴史的生物地理学における種分岐図／地域分岐図の関係、さらには共進化分析における共生者系統樹／宿主系統樹もそれと同一の問題構造を共有していることが示されている。(7) 文化系統学においても同様の問題状況が生じるのは、このテーマがオブジェクトを越えた普遍性と一般性を有していることを強く示唆している。

系統樹をふまえてさらなる考察を進める

中尾は第1章において考古学的な遺物の系統推定の事例を挙げている。文化的構築物としての考古学的遺物の「系統関係」とは何かを考察することは大きな意味がある。系統学的な考古学研究に対する頑強な反対意見の一つとして、生物学的な現象を前提とする系統発生の概念と系統推定法をこれらの遺物にそのまま適用することはそもそもまちがいではないかという反論である。

たしかに、生物が生物を生殖によって生み出すという意味で、遺物が遺物を生むわけではない。考古学的な遺物には必ずそれを工作した原始人がいる。その工作者の知能や心象あるいは文化的伝承を通じて、遺物は遺物を生み出すといえる。板倉・中尾の第6章が論じている文化進化とその心理的な因果プロセス（模倣と教育）は、まさに人間進化におけるオブジェクトの「系統発生」にとってもっとも重要な論点の一つである。

しかし、研究対象であるオブジェクトがどのような因果的背景のもとに祖先から子孫への伝承で生じてきたかは、系統発生のパターンの問題ではなく、むしろそれぞれのオブジェクト固有の由来に関するプロセス仮定であると解釈すればいいのではないだろうか。古写本の伝承仮定はある一つの祖本を手本とする書写という因果プロセスが前提となる。一方、有性生殖をする生物集団ではそれぞれの個体だけでは遺伝は生じない。雌雄が存在する個体群を前提としてはじめて系統発生の素過程が進行しうる。また言語ならば複数の話者からなる集団（部族）を仮定してはじめて言語や方言の進化を論じることができるだろう。

オブジェクトを問わず、系統推定はマーカー（標識）となる情報源にしたがってベストの系統仮説を選び出す。生物の場合であっても、たとえば形態形質にてらした系統推定の場合、表現型である個々の形質（たとえばカエルの前肢とかクワガタの角）にもとづく系統推定は「足が足を生む」とか「角が角を生む」というような仮定を置いているわけではけっしてない。足や角の形状は系統推定のためのマーカーにすぎないからである。

それとまったく同様に、系統推定の情報源としての遺物を考古学的マーカーとみなすならば、最初に挙げたような反論は退けることができるだろう。カリーはオーストラロネシア族の言語系統樹をふまえて、太平洋諸島の部族における政治体制の時空的変遷を論じた。これもまた言語という人類史的マーカーを用いて系統推定をしたうえで、それをふまえた考察を重ねているということができる。

推定されたオブジェクト系統樹は、それに続く考察や立論の前提として幅広い利用が期待できる。生物系統学ではすでに系統樹をふまえた種間比較研究や進化プロセス理論の検証が成果を生みつつある。ほかのオブジェクトについて同様の研究が今後さらに大きく進展するにちがいない。

以上の共通テーマを列挙したうえで、再び冒頭の「はじめに」での中尾の見解に戻ろう。彼は、文化系統学の方法論について次のような指摘をしている。

文化においても系譜関係は存在し、それを考察することは文化研究においてもなんら不自然なことではない（これこそが系統学の背後にある系統樹思考である）。しかし、いうまでもなく対象が異なる。そもそも系統学は生物学の方法論ではなかったか。だとすれば、文化に生物学的な方法論が適用できるのだろうか。（ii頁）

これまで文化進化について議論してきた多くの研究者を含め、文化系統学という研究分野は生物系統学の延長線上に位置する新興分野なのではないかという見解が一般に広がっていたとしても不思議はない。「文理の壁」は、一般社会であっても研究者コミュニティであっても、向こう側が見えないほど高くそびえ立っていることがあるからだ。オブジェクトに依存しない系統学という立場をとるとき、この「壁」をいかに乗り越えるかがポイントだという意見もあるかもしれない。研究分野の間で〝外挿〟をするときにはよくそういう懸念に遭遇する。

しかし、系統学的思考に関する「文理の壁」はじつは幻影にすぎない。系統樹思考の歴史とその展開をたどるとき、生物の系統関係が論じられるよりもはるか前に写本や言語の系統関係の研究が進んでいたという科学史的事実に目を向ける必要がある。一九世紀の生物学者たちが「生物系統樹」を描き始める前に、「言語系統樹」や「写本系統樹」が描かれており、しかも生物学者たちよりもはるかに精緻な系統推定の方法論が確立されていた。これらオブジェクトの歴史を探究する諸科学――ウィリアム・ヒューウェルのいう古因科学（palaetiological sciences）あるいはアヴェジール・タッカーのいう歴史叙述科学（historiographic sciences）――において、系統を復元する方法論が収斂的に類似するにいたった経緯は、普遍的な系統樹思考が分野横断的に独立発生してきたことを示唆する。(8)

田中が指摘するように、与えられた知見にもとづいてよりよい仮説を目指す「アブダクション」は、オブジェクトのいかんを問わないごく一般的な推論様式である。とりわけ、文化系統学という研究分野が歴史科学的な性格をもともと持っていることが繰り返し確認できる。利用可能な限られたデータからの推論にもとづいて直接的な観察が不可能な系譜全体をアブダクション的に推論することは、修辞学でいう部分から全体への「メトニミー（換喩）」に通じる。オブジェクトに依存しない普遍系統学の共通のコアは、推論様式とレトリックに関するこの一貫した思考の共通性にあると私は考えている。

科学それ自身の発展もまた歴史の産物であることを理解するならば、現在の科学の区別は歴史的な偶然であることは誰もが理解できるだろう。事実上同一の系統学的な目標と方法論を備えたこれらの科学が統一された研究領域として機能するかどうかは、「文理の壁」が実体のない幻であるという共通理解が当事者の間に広まるかどうかにかかっているように私は考えている。本書を通読する読者には、章ごとに異なるオブジェクトの違いを越えて、系統学的研究の持つ共通ヴィジョンあるいは到達目標がいずこにあるかをぜひ読み取っていただきたいと思う。

注

（1）架空生物の体系学・系統学についての形態学的な先行研究としては、ハナアルキ類（Rhinogradentia）に関する：Stümpke, H.（1952）*Bau und Leben der Rhinogradentia.* Jena: Gustav Fischer Verlag.［『鼻行類：新しく発見された哺乳類の構造と生活』日高敏隆・羽田節子訳。東京：思索社］、ならびにCaminalcules類に関する形態データベース：Sokal, R. R.（1983）A phylogenetic analysis of the Caminalcules: I. The data base. *Systematic Zoology* 32: 159–184を参照されたい。

（2）配列データから距離を計算する一般的方法についてはDeza, M. M. and Deza, E.（2006）*Dictionary of distances.* Amsterdam: Elsevierの第11章「Distances on sequences and permutations」に詳しく説明されている。また、遺伝子順序データからの距離を介さない系統推定に関してはSankoff, D., Leduc, G., Antoine, N., Paquin, B., Lang, B. F. and Cedergren, R.（1992）Gene order comparisons for phylogenetic inference: evolution of the mitochondrial genome. *Proceedings of the National Academy of Sciences of the United States of America*, 89:

6575-6579; C. Gallut and V. Barriel (2002) Cladistic coding of genomic maps. *Cladistics*, 18: 526-536 ならびに Moret, B. M. E., Tang, J. and Warnow, T. (2005) Reconstructing phylogenies from gene-content and gene-order data. In *Mathematics of evolution and phylogeny*, ed. Gascuel, O., pp. 321-352, Oxford: Oxford University Press を参照されたい。多型的形質状態に関するステップ行列法については Forey, P. L. and Kitching, I. J. (2000) Experiments in coding multistate characters. In *Homology and systematics: Coding characters for phylogenetic analysis*, ed. Scotland, R. and Pennigton, R. T., pp. 54-80, London: Taylor and Francis に解説がある。

(3) 生物系統学における情報源としての分子データと形態データの比較については下記を参照されたい。Patterson, C., Williams, D. M. and Humphries, C. J. (1993) Congruence between molecular and morphological phylogenies. *Annual Review of Ecology and Systematics*, 24: 153-188 ならびに Wiens, J. J. (ed.) (2000) *Phylogenetic analysis of morphological data*. Washington: Smithsonian Institution Press.

(4) 系譜の由来構造を表示するモデルのうち、とりわけ最短展開樹とスタイナー最短樹のちがいについては下記を参照されたい。Hwang, F. K., Richards, D. S. and Winter, P. (1992) *The Steiner tree problem*. Amsterdam: North-Holland および Penny, D., Lockhart, P. J., Steel, M. A. and Hendy, M. D. (1994) The role of models in reconstructing evolutionary trees. In *Models in phylogeny reconstruction*, ed. Scotland, R. W., Siebert, D. J. and Williams, D. M., pp. 211-230, Oxford: Oxford University Press.

(5) 系統推定におけるネットワークの利用に関しては、包括的な参考書である Huson, D. H., Rupp, R. and Scornavacca, C. (2010) *Phylogenetic networks: Concepts, algorithms and applications*. Cambridge: Cambridge University Press を参照されたい。また、ツリーおよびネットワークの可読化と可視化については Lima, M. (2011) *Visual complexity: Mapping patterns of information*. New York: Princeton Architectural Press をみられたい。

(6) 生物系統学における統計学的系統推定法については Felsenstein, J. (2004) *Inferring phylogenies*. Sunderland: Sinauer Associates, Yang, Z. (2006) *Computational molecular evolution*. Oxford: Oxford University Press. [『分子系統学への統計的アプローチ：計算分子進化学』藤博幸・加藤和貴・大安裕美訳。東京：共立出版、2009] を、また言語系統推定への最尤法とベイズ法の適用については Forster, P. and Renfrew, C. eds. (2006) *Phylogenetic methods and the prehistory of languages*. Cambridge: The McDonald Institute for Archaeological Research をそれぞれ参照されたい。ベイズ確証理論をめぐる科学哲学的論議の経緯については Earman, J. (1992) *Bayes or bust? : A critical examination of Bayesian confirmation theory*. Massachusetts: The MIT Press が参考になる。

(7) 複数の系統樹を相互に関連づける問題は、生物学では遺伝子系図学だけでなく共進化や生物地理学でも別々に生じている。詳しくは Page, R. D. M. (ed.) (2003) *Tangled trees: Phylogeny, cospeciation, and coevolution*. Chicago: The University of Chicago Press をみられたい。

(8) Whewell, W. 1840[1847]. *The philosophy of the inductive sciences, second edition. 2 volumes*. London: John W. Parker ならびに Tucker, A. (2004) *Our knowledge of the past : A philosophy of historiography*. Cambridge: Cambridge University Press を参照のこと。

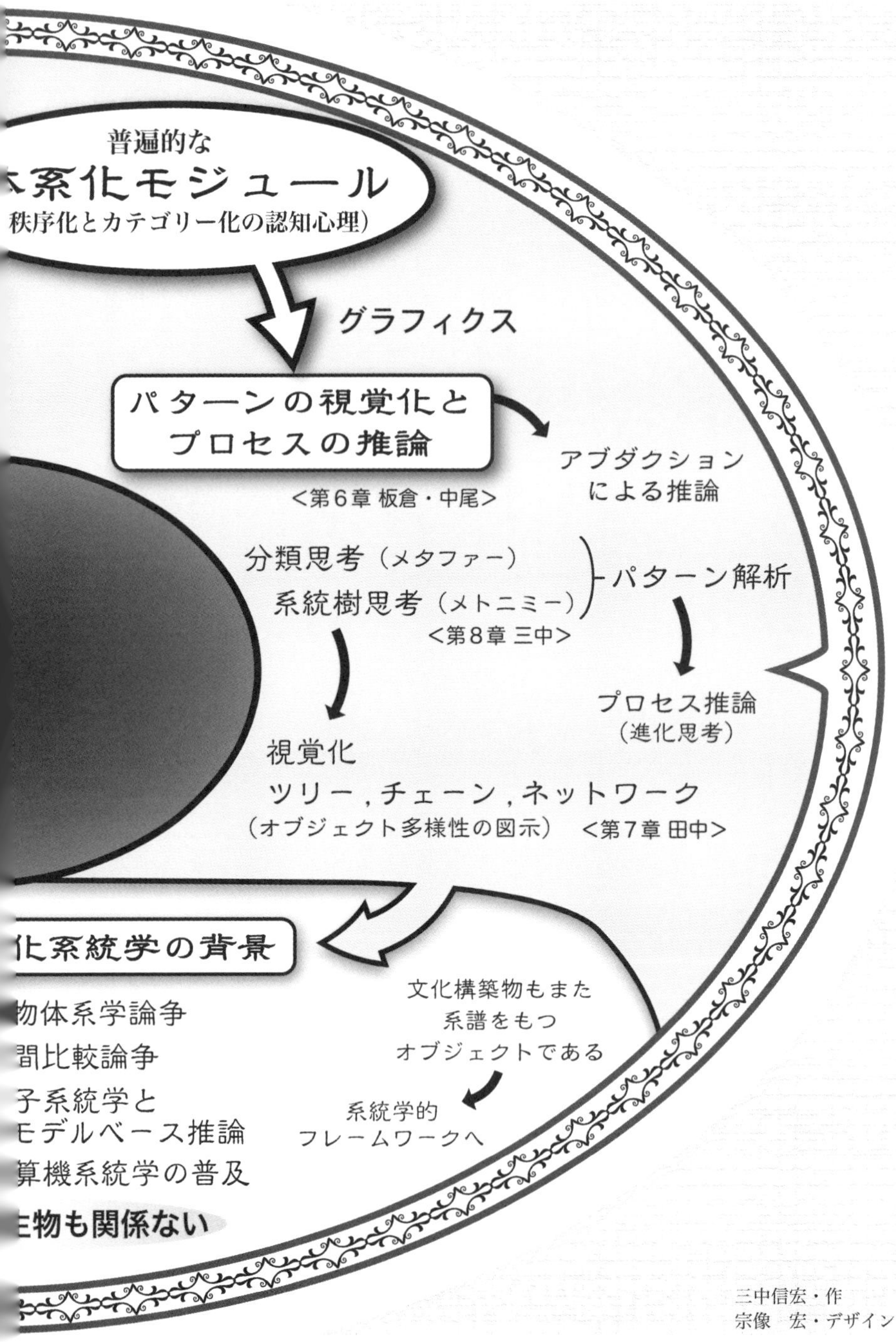
普遍的な
本系化モジュール
秩序化とカテゴリー化の認知心理）
グラフィクス
パターンの視覚化と
プロセスの推論
<第6章 板倉・中尾>
アブダクション
による推論
分類思考（メタファー）
系統樹思考（メトニミー）
パターン解析
<第8章 三中>
プロセス推論
（進化思考）
視覚化
ツリー，チェーン，ネットワーク
（オブジェクト多様性の図示）
<第7章 田中>
化系統学の背景
物体系学論争
習比較論争
子系統学と
モデルベース推論
算機系統学の普及
生物も関係ない
文化構築物もまた
系譜をもつ
オブジェクトである
系統学的
フレームワークへ

三中信宏・作
宗像　宏・デザイン

文化系統学曼荼羅

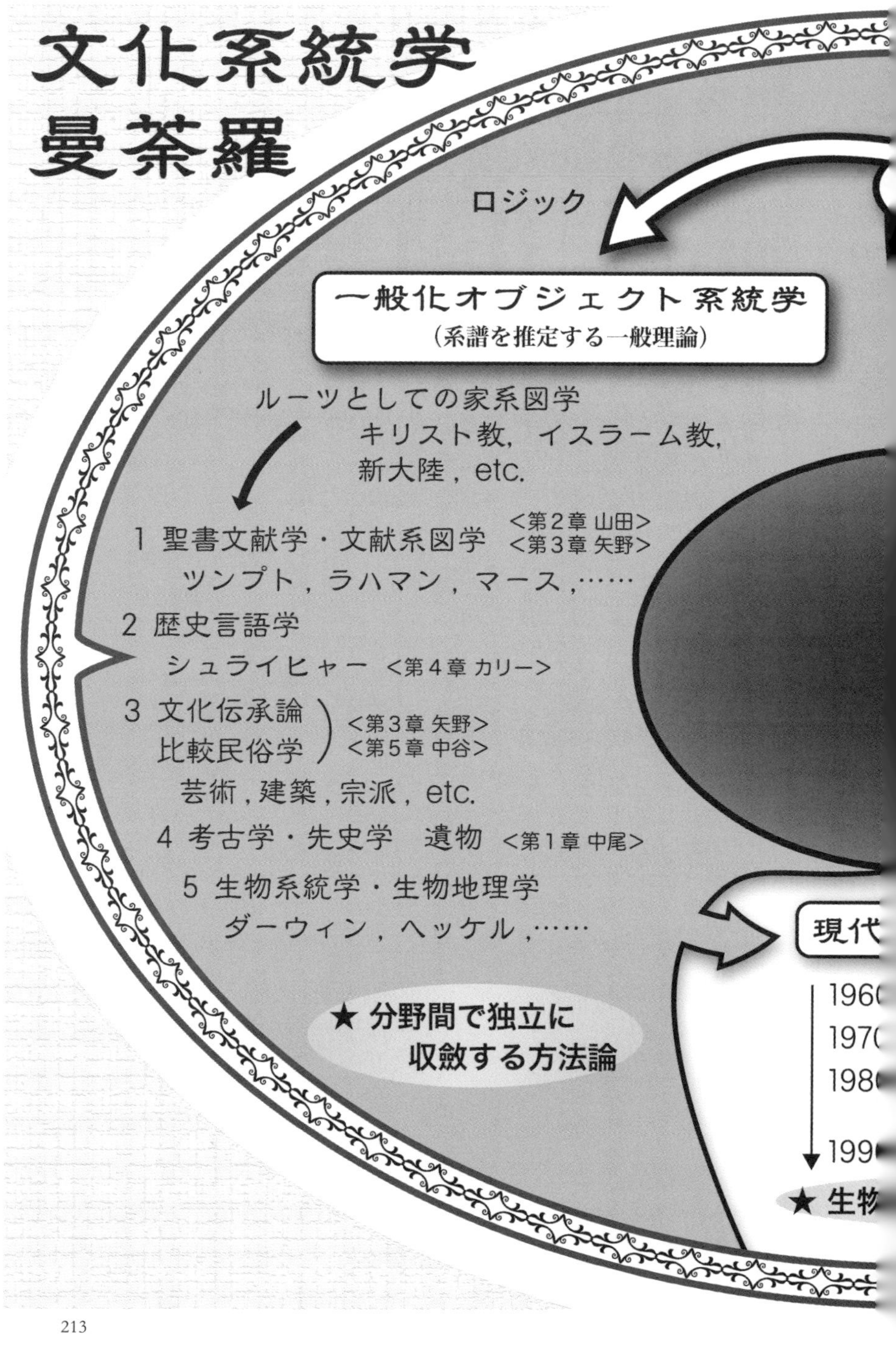

ロジック
一般化オブジェクト系統学
(系譜を推定する一般理論)
ルーツとしての家系図学
キリスト教，イスラーム教，
新大陸，etc.
1 聖書文献学・文献系図学 <第2章 山田> <第3章 矢野>
ツンプト，ラハマン，マース，……
2 歴史言語学
シュライヒャー <第4章 カリー>
3 文化伝承論 比較民俗学 <第3章 矢野> <第5章 中谷>
芸術，建築，宗派，etc.
4 考古学・先史学 遺物 <第1章 中尾>
5 生物系統学・生物地理学
ダーウィン，ヘッケル，……
★ 分野間で独立に
収斂する方法論
現代
196
197
198
199
★ 生物

執筆者略歴（＊印は編者）

板倉昭二（いたくら・しょうじ）
1959年生まれ。京都大学理学研究科博士課程霊長類学専攻修了。博士（理学）。現在、京都大学大学院文学研究科教授。専門、発達科学。
著作：『心を発見する心の発達』（京都大学学術出版会、2007)、『「私」はいつ生まれるか』（ちくま新書、2006）ほか。

トーマス・E.カリー（Thomas E. Currie）
1978年生まれ。ユニヴァーシティ・カレッジ・ロンドン人類学部修了。Ph.D。現在、ユニヴァーシティ・カレッジ・ロンドン、ポストドクトラル・リサーチフェロー。専門、文化系統学。
著作：Currie, T.E., Greenhill, S.J., Gray, R.D., Hasegawa, T. & Mace, R.(2010) Rise and fall of political complexity in island South-East Asia and the Pacific. *Nature*. 467: 801-804.; Currie, T.E. & Mace, R. (2011) Mode and Tempo in the Evolution of Socio-Political Organization: Reconciling 'Darwinian' and 'Spencerian' Evolutionary Approaches in Anthropology. *Philosophical Transactions of the Royal Society B*. 366: 1108 - 1117.ほか。

田中　純（たなか・じゅん）
1960年生まれ。東京大学大学院総合文化研究科修士課程修了。博士（学術）。現在、東京大学大学院総合文化研究科教授。専門、思想史・イメージ分析。
著作：『ムネモシュネ・アトラス』（共著、ありな書房、2012)、『アビ・ヴァールブルク　記憶の迷宮』（青土社、2001；2011)、『イメージの自然史』（羽鳥書店、2010)、『残像のなかの建築』（未來社、1995；2007)、『死者たちの都市へ』（青土社、2004)、『都市の詩学』（東京大学出版会、2007)、『政治の美学』（東京大学出版会、2008）ほか。

中尾　央（なかお・ひさし）＊
1982年生まれ。京都大学大学院文学研究科博士後期課程研究指導認定退学。現在、日本学術振興会特別研究員（名古屋大学)。専門、生物学・社会科学の哲学。
著作：『進化論はなぜ哲学の問題となるのか』（共著、勁草書房、2010)、『セックス・アンド・デス』（翻訳、キム・ステレルニー、ポール・E.グリフィス著、春秋社、2009)。

中谷礼仁（なかたに・のりひと）
1965年生まれ。早稲田大学大学院博士課程修了。博士（工学)。現在、早稲田大学理工学術院教授。専門、歴史工学・建築史。
著作：『国学・明治・建築家――近代「日本国」建築の系譜をめぐって』（一季出版、1993)、『セヴェラルネス＋（プラス）――事物連鎖と都市・建築・人間』（鹿島出版会、2011)、『磯崎新の革命遊戯』（共著、TOTO出版、1996)、『日本建築様式史』（共著、美術出版社、2000)、『近世建築論集』（共著、アセテート、2004）ほか。

三中信宏（みなか・のぶひろ）*

1958年生まれ。東京大学大学院農学系研究科博士課程修了。博士（農学）。現在、独立行政法人・農業環境技術研究所・生態系計測研究領域上席研究員ならびに東京大学大学院農学生命科学研究科教授。専門、生物統計学・生物系統学・生物学の哲学。

著作：『進化思考の世界』（NHKブックス、2010）、『過去を復元する』（翻訳、エリオット・ソーバー著、勁草書房、2010）、『分類思考の世界』（講談社現代新書、2009）、『系統樹思考の世界』（講談社現代新書、2006）、『生物系統学』（東京大学出版会、1997）ほか。

矢野　環（やの・たまき）

1949年生まれ。京都大学大学院理学研究科博士課程修了。博士（理学）。現在、同志社大学文化情報学部博士後期課程教授。専門、数学・文化系統学。

著作：『秀吉の智略「北野大茶湯」大検証』（共著、淡交社、2009）、『茶の古典』（共著、淡交社、2001）、『君台観左右帳記の総合研究』（勉誠出版、1999）ほか。

山田奨治（やまだ・しょうじ）

1963年生まれ。筑波大学大学院修士課程医科学研究科修了。博士（工学）。現在、大学共同利用機関法人・人間文化研究機構・国際日本文化研究センター教授。専門、情報学、文化交流史。

著書：『日本の著作権はなぜこんなに厳しいのか』（人文書院、2011）、『〈海賊版〉の思想——18世紀英国の永久コピーライト闘争』（みすず書房、2007）、『日本文化の模倣と創造——オリジナリティとは何か』（角川書店、2002）ほか。

人名索引

タ　行

ナ　行

ハ　行

マ　行

ヤ　行

ラ　行

事項索引

サ　行

タ　行

ナ　行

ハ　行

マ　行

ヤ　行

ラ　行

ワ　行

文化系統学への招待　文化の進化パターンを探る

2012年5月25日　第1版第1刷発行
2012年10月10日　第1版第2刷発行

編著者　中《なか》尾《お》　央《ひさし》
三《み》中《なか》信《のぶ》宏《ひろ》

発行者　井村寿人

発行所　株式会社　勁《けい》草《そう》書房

112-0005 東京都文京区水道2-1-1　振替　00150-2-175253
（編集）電話 03-3815-5277／FAX 03-3814-6968
（営業）電話 03-3814-6861／FAX 03-3814-6854
日本フィニッシュ・牧製本

ISBN978-4-326-10216-7　Printed in Japan